情報視覚化と問題発見支援
問題構造の可視化による仮説生成

Information
Visualization
and
Problem
Finding

土橋 喜 著

あるむ

はじめに

　我々は日常的に些細な問題を解決する場合にも，いくつかの思考方法を繰り返しているといわれている．その思考方法のひとつに仮説生成と呼ばれているものがある．本書における研究の主な目的は，情報視覚化技術を活用して，問題を考えるときの仮説生成の支援を行なうシステムの開発とその効果を評価することにある．内容的には発想支援と呼ばれる分野に属する学際的な研究であり，発想支援の研究には人間の思考や発想を効果的に支援したいという願望と目的がある．

　このような研究の背景には，そもそも人間の記憶や情報処理能力には限界があり，その限界を克服しようと思うならば，適切な方法を考えねばならないということがある．KJ法に代表されるような手作業の発想法は以前からいくつも考案されてきたが，これらは最近の情報科学におけるさまざまな技術革新を取り入れ，新たな発想技法として発展している．本書における研究も、このような流れの中で，情報視覚化や知識発見などの最近の研究成果を取り入れ，問題発見・問題解決において仮説生成を適切に支援できるシステムの開発を目標にしている．

　人間の記憶の構造やその中で行なわれている情報処理過程などの解明は，現在までにかなり進んできているがいまだに未解明の部分が多いといわれる．現在の情報科学では解明された部分だけでもシステム開発に取り入れ，人間の発想方法にシステムの機能を近づけようという方向に研究開発が向いているように思われる．

　人間の記憶などの情報処理機能と同様のものがソフトウエア上で実現できれば，かなり使い勝手のよい優れたものとなることは間違いないと思われ，仮説生成における推論機能をシステム開発に取り入れようと試みたのはこのような視点からである．さらに仮説生成における推論機能を高めることができれば，問題発見・問題解決においてきっかけを得る支援効果が期待できると思われる．

本研究では仮説生成を刺激して発想を支援するために，最近の情報工学の研究成果を活用することによって，概念ネットワークという知識の表現方法をもちいて，問題構造を視覚化することを提案している．問題の構造が把握できれば，解決策をまとめるための仮説を組み立てやすくなる．また問題のとらえ方は人によって大きな違いがあるため，問題構造を生成して視覚化する手法にいろいろな工夫が必要になってくる．

　最近の地球環境問題などに代表される大規模複合問題は，因果関係が地球全体にグローバル化して複雑になっており，因果関係を明確に把握することが緊急に求められているにも関わらず非常に困難になっている．問題構造の視覚化による仮説生成支援は，このような大規模複合問題における研究テーマの策定や解決策の立案などに効果が期待される．

　発想支援システムの評価は，本研究のもうひとつの課題であるが，発想支援の効果を明確に把握することは，意外に困難な研究課題とされている．発想に効果があるかどうかは，発想支援システムを使うことによって，知的活動がどのように改善され，発展させられるかという観点から評価を行なう必要がある．そのためには知的活動を総合的に把握するための評価基準も考えねばならない．本研究では評価方法を開発すること自体をひとつの課題として取り組んでいる．

謝　辞

　本書は，東京大学大学院工学系研究科先端学際工学専攻（東京大学先端科学技術研究センター知能工学研究室）において行なった研究をまとめ，1996年に学位論文として提出したものをもとに，平成11年度文部省科学研究費補助金「研究成果公開促進費（一般学術図書）」の交付を受けて刊行したものです．

　本書における研究を進め，学位論文としてまとめるにあたり，多くの方々に大変お世話になりました．東京大学先端科学技術研究センターの堀浩一教授には，指導教官として研究全体にわたり御指導いただき，たくさんの有益な御意見をいただきました．本研究が論文としてまとめられたのは，ひとえに堀先生の御指導によるものです．問題構造の視覚化と創造活動支援を結び付けて問題解決を考える発想は，本研究の主要なテーマですが，これは堀先生との議論から生まれてきたものです．ここに改めて心から感謝いたします．

　同じく中須賀真一助教授には，本研究で開発したシステムにとって，大変貴重なアイディアをいただきました．中須賀先生のアイディアが手掛かりとなって，本システムが大きく充実し，より発展させることができました．中須賀先生の思いやりのある御指導に，心から感謝の意を表します．

　また大須賀節雄教授，廣松毅教授，河内啓二教授，児玉文雄教授，溝口博助教授にも，並々ならぬ御指導と御鞭撻をいただき，ここに感謝申し上げます．

　本システムが当初のアイディアに近い機能を実現できたのは，山内平行助手の御指導によるものです．山内氏の御指導によって，システム開発の行き詰まりを，何回となく打破することができました．そして立花隆輝氏（現IBM）にも，大変お世話になりました．立花氏からは，彼が開発したツールを提供していただきました．山内氏と立花氏の手助けがあって，本システムをここまで開発することができました．ここに深く感謝の意を表します．

　また角康之氏（ATR），杉本雅則氏（東京大学），吉住英典氏（ジュネーブ

大学），矢野新一郎氏（川崎重工）にも，システム構築上重要なプログラムを提供していただき，ここに深く感謝いたします．

　本研究で構築したシステムの試用実験は，筆者が所属した知能工学研究室で行なわせていただきました．そのほか広松研究室および先端科学技術研究センターにおいて，地球環境問題を研究している院生の方々にも，非常に時間を要する実験にも関わらず，お忙しい中を快く協力していただき，システムの評価について多くの御意見をいただくことができました．ここに深く感謝の意を表します．

　また研究室の秘書である二木晶子さんには，常に励ましの言葉をかけていただき，心から感謝の意を表します．

　本書にまとめた研究の一部には，電気通信普及財団，愛知大学研究助成，シキシマ学術・文化振興財団の助成を受けました．これらの助成に対し感謝の意を表します．

　本書の出版にあたり，たいへんお世話になった「あるむ」の川角信夫氏および鈴木忠弘氏に，厚く御礼申し上げます．

　最後にこれまでの研究生活をとおして，精神的に私の研究を支えてくれた妻と，本システムのデータ作成を手伝ってくれた，2人の子供たちに感謝の気持を記します．

目 次

はじめに …………………………………………………………… i
謝　辞 ……………………………………………………………… iii
図表一覧 …………………………………………………………… x

1. 序　論 ………………………………………………………… 3
   1.1 研究の目的 ………………………………………………… 3
   1.2 研究の背景と位置付け …………………………………… 4
   1.3 研究の基本的方法論 ……………………………………… 5
   1.4 論文の構成と概要 ………………………………………… 7
   1.5 本書における用語について ……………………………… 10

2. 問題構造の視覚化支援 ……………………………………… 15
   2.1 問題解決支援における新たな視点からのアプローチ … 15
   2.2 仮説生成支援 ……………………………………………… 16
   2.3 問題構造の視覚化の意義と現状 ………………………… 18
   2.4 問題解決過程における仮説生成 ………………………… 20
   2.5 仮説生成と因果関係推論 ………………………………… 22
   2.6 発想支援技術との結合 …………………………………… 24
   2.7 地球環境研究の隘路 ……………………………………… 25
   2.8 本章のまとめ ……………………………………………… 27

3. 概念ネットワークの自動生成手法の開発 ………………… 29
   3.1 知識表現における概念ネットワークの定義 …………… 29
   3.2 概念ネットワークと問題構造の表現 …………………… 30

3.3	知識発見と情報視覚化の統合	34
3.4	テキストマイニングによる専門用語の抽出	36
3.5	専門用語の自動獲得	38
3.6	文脈に基づく専門用語の組み合わせの生成	40
3.7	概念ネットワークによる問題構造図の生成	41
3.8	知識ベースとインデックスの視覚化	43
3.9	新たな概念構造の生成	46
3.10	本章のまとめ	48

4. 概念ネットワークと連結した発想支援法の開発　49

4.1	概念ネットワークとKJ法の連結	49
4.2	自動初期配置と自動グループ化	50
4.3	多様な視点からの視覚化支援機能	52
4.4	KJ法による概念ネットワークの編集	58
4.5	ディジタル・ライブラリと認知構造の形成支援	60
4.6	本章のまとめ	61

5. 仮説生成支援システムの開発　65

5.1	仮説生成支援のためのシステム統合	65
5.2	リンクの自動生成と検索機能	68
5.3	類似文献の提案	70
5.4	分析結果の表示	72
5.5	仮説生成支援システムの全体構成	75
5.6	システムの知識ベース	77
5.7	問題構造図の生成実験	79
5.8	本章のまとめ	84

6. 仮説生成支援の実験　85

6.1	これまでの評価方法	85

6.2	実験方法の検討	87
6.3	対象とする被験者	89
6.4	実験の手順	90
6.5	実験の条件設定	93
6.6	実験課題の設定	94
6.7	本章のまとめ	95

7. 被験者の初期状態の把握 … 97

7.1	初期仮説の定量的概要（実験1）	97
7.2	初期仮説の例	99
7.3	仮説生成の手掛かり	103
7.4	仮説の正確さ	106
7.5	仮説生成の障害	108
7.6	仮説生成の有利な点	112
7.7	システムに期待する機能	114
7.8	Mosaicによる仮説生成作業の特徴	116
7.9	本章のまとめ	118

8. 問題構造の視覚化支援への効果 … 119

8.1	実験の概要	119
8.2	単一文献による概念ネットワークの効果	121
8.3	複数文献による概念ネットワークの効果	125
8.4	特定の表現を含む文章をもとにした概念ネットワークの効果	128
8.5	キーワードによる概念ネットワークの効果	130
8.6	本章のまとめ	133

9. 新たな認知構造の形成支援 … 135

9.1	仮説修正の手掛かり（実験2）	135
9.2	仮説の精緻化	140

9.3	発散的思考と収束的思考の支援	143
9.4	概念ネットワークと KJ 法の効果	146
9.5	本章のまとめ	151

10. 問題解決過程への支援効果 ……… 153
10.1	定量的な仮説の変化	154
10.2	仮説の量的変化に対するアンケート	164
10.3	認知構造の変化の定性的分析	168
10.4	仮説の文章上の変化	170
10.5	被験者の作成した問題構造図	173
10.6	検索履歴の定性的分析	176
10.7	被験者の認知構造の変化	179
10.8	本章のまとめ	184

11. 問題発見支援への試み ……… 185
11.1	問題発見と創造的思考	185
11.2	本実験における問題発見	187
11.3	問題発見における定量的分析	189
11.4	定量的分析における専門分野の特徴	192
11.5	問題発見における仮説の量的変化に対するアンケート	196
11.6	問題発見における認知構造の変化の定性的分析	199
11.7	本章のまとめ	215

12. 評　価 ……… 217
12.1	今後のシステムに必要な機能	217
12.2	システム全体に関する評価と問題点	219
12.3	本実験の位置付けと考察	225
12.4	本章のまとめ	227

13. 結論 …… 229
13.1 研究の成果 …… 229
13.2 今後の展望 …… 232
13.3 むすび …… 233

参考文献 …… 235

付　録 …… 244

おわりに …… 283

索　引 …… 285

図表一覧

図1.1	本書の構成	8
図2.1	Basic Method of Thinking［大須賀92］	21
図2.2	文献内容の論理的関係による関連構造（概念図）	23
図3.1	システムで生成された概念ネットワークによる問題構造の視覚化例	31
図3.2	概念ネットワーク，インデックス，知識ベース間の関係（概念図）	33
図3.3	テキストからの概念ネットワークの生成過程（概念図）	37
図3.4	システムによる概念の組み合わせと基本的な概念ネットワークの生成	42
図3.5	Title Index の例	44
図3.6	Keyword Index（その1：キーワードリスト）	45
図3.7	Keyword Index（その2：詳細部分）	46
図4.1	単一文献のマップによる問題構造図の視覚化例	54
図4.2	複数文献のマップによる問題構造図の視覚化例	55
図4.3	キーワードのマップによる問題構造図の視覚化例	56
図4.4	仮説生成支援システムと利用者の関係（概念図）	62
図5.1	メッセージブラウザのイメージ	74
図5.2	システムの全体構成（概念図）	76
図5.3	システム全体のイメージ	77
図5.4	単一文献による問題構造図の生成例	80
図5.5	複数文献による問題構造図の生成例	82
図5.6	キーワードにもとづく問題構造図の生成例	83
図10.1	文章上の仮説の変化（被験者E）	171
図10.2	文章上の仮説の変化（被験者L）	172
図10.3	被験者がシステムを利用して作成した問題構造図（被験者E）	174
図10.4	被験者Lの実験2における検索履歴	178
図10.5	2つの実験における被験者Eの認知構造の変化	181
図10.6	2つの実験における被験者Lの認知構造の変化	183
図11.1	被験者*Fの仮説の文章における変化	201
図11.2	被験者*Fがシステムを利用して作成した問題構造図（その1）	202
図11.3	被験者*Fがシステムを利用して作成した問題構造図（その2）	203

図11.4	被験者*Fがシステムを利用して作成した問題構造図（その3）	203
図11.5	被験者*Fの検索履歴	205
図11.6	キーワードインデックス（biodiversity）の一部	206
図11.7	問題発見における被験者*Fの認知構造の変化	208
図11.8	被験者*Cの仮説の文章における変化	210
図11.9	被験者*Cがシステムを利用して作成した問題構造図（その1）	211
図11.10	被験者*Cがシステムを利用して作成した問題構造図（その2）	212

* * *

表4.1	ネットワークエディタの機能	59
表5.1	知識ベースの内容	78
表6.1	被験者全体の構成	90
表6.2	実験の手順	91
表6.3	実験の課題	92
表7.1	Mosaicによる仮説生成作業の定量的結果	98
表7.2	被験者の初期仮説の例（実験1 課題1）	99
表7.3	地球環境関係の被験者が策定したテーマ	101
表7.4	情報科学・情報工学関係の被験者が策定したテーマ	101
表7.5	被験者の仮説（実験1 課題2）	102
表7.6	仮説生成の手掛かり（実験1：地球環境関係）	104
表7.7	仮説生成の手掛かり（実験1：情報科学・情報工学関係）	105
表7.8	仮説の正確さ［課題1］について	107
表7.9	仮説の正確さ［課題2］について	108
表7.10	仮説作成上の障害	109
表7.11	仮説作成上の有利な点	113
表7.12	システムに期待する機能	114
表8.1	単一文献による概念ネットワークの効果	122
表8.2	複数文献による概念ネットワークの効果	126
表8.3	特定の表現を含む文章をもとにした概念ネットワークの効果	129
表8.4	キーワードによる概念ネットワークの効果	131
表9.1	仮説修正の手掛かり（実験2：課題1）	137
表9.2	仮説修正の手掛かり（実験2：課題2）	139

表 9.3	仮説の精緻化（課題1）	141
表 9.4	仮説の精緻化（課題2）	142
表 10.1	［課題1］の実験1と実験2の変化	156
表 10.2	［課題1］における仮説の増減率	158
表 10.3	［課題1］における仮説の増減率（地球環境関係）	160
表 10.4	［課題1］における仮説の増減率（情報科学・情報工学関係）	161
表 10.5	［課題1］における専門分野による増減率の差	162
表 10.6	［課題1］における仮説の増減（被験者のアンケート）	165
表 10.7	［課題1］における仮説の数の変化（被験者のアンケート）	167
表 11.1	［課題2］の実験1と実験2における変化	190
表 11.2	［課題2］における仮説の増減率	191
表 11.3	［課題2］における仮説の増減率（地球環境関係）	192
表 11.4	［課題2］における仮説の増減率（情報科学・情報工学関係）	193
表 11.5	任意な課題における専門分野別の増減率の差	193
表 11.6	被験者の課題間における増減率の差（地球環境関係）	194
表 11.7	被験者の課題間における増減率の差（情報科学・情報工学関係）	195
表 11.8	［課題1］と［課題2］における分野別増減率の差	196
表 11.9	［課題2］における仮説の増減（被験者のアンケート）	197
表 11.10	［課題2］における仮説の数の変化（被験者のアンケート）	198
表 12.1	今後のシステムに必要な機能	217

情報視覚化と問題発見支援

問題構造の可視化による仮説生成

Information Visualization and Problem Finding

第1章 序　論

1.1 研究の目的

　本書は，情報視覚化と問題発見支援に関するひとつの研究をまとめたものである．

　本研究では，問題発見・問題解決に必要な新たな思いつきや着想を見出すための支援方法として，問題の関連構造すなわち問題構造を視覚化するひとつの方法を提案している．

　人間の思考過程では，何か問題があることを感じて解決策を模索するようなとき，問題とその構成要素の関連構造をさまざまな視点から考え，関連性を理解しやすい形に表現して，思考を巡らす作業が必要になる．問題を考える時に試行錯誤的な思考を巡らすためには，問題がどのような言葉のつながりとして表現できるか，そしてそれらを理解しているかどうかが重要になる．

　例えば，ある一つの問題に直面した状況を思い浮かべて見る．問題のとらえ方や考え方は人それぞれであるが，その問題を考えるために，ある言葉から考えていたとしよう．その言葉から解決策が上手く導き出せればよいが，そうでない場合も多い．その言葉による思考に行き詰まった時には，その言葉と関連のありそうな別な言葉を探し，より適切な言葉から再度思考を巡らすと，異なる視点から問題を見直すことになる．別な言葉を選ぶことによって，知識の組み合わせを試み，知識の関連性をたどることにもつながる．このような思考過程を経ることで，新たな問題発見・問題解決に結びつくことも多いのである．

　しかし問題が大規模になって複雑化すると，人間の曖昧な記憶と限界のある情報処理機能では，問題構造の把握と理解に限界が生じる．問題を正確な意味で正しく認識するためには，問題の構造を理解することが必要である．

何らかのきっかけで問題の存在に気づいただけでは，問題を正しく認識できたとはいえない．問題を解決するということは，その問題の関連構造あるいは論理構造を解明するということなしには不可能である［佐藤 84］．

　このような場合に問題と問題を構成する要素のつながりを視覚化できれば，問題の本質の理解や関連性の認識に対して支援効果が期待できる．さらには，問題解決を行なうための新たな手掛かりを示唆することができるような，仮説の生成支援が可能になるものと思われる．

　こういった観点から，人間の問題発見・問題解決の思考過程において，何らかの新たな視点に気が付くような，問題構造の視覚化が実現できれば，それは発想を支援するひとつの役に立つ方法になると期待できる．

　そのため本研究では地球環境問題のような，大規模に複雑化した問題解決を対象にして，問題構造を概念ネットワークの形に自動生成し，視覚化するためのシステム開発を行なっている．さらに開発したシステムを利用して，実際の人間の思考過程における仮説生成支援に関する実験を行ない，システムの効果を評価することを試みている．

1.2　研究の背景と位置付け

　人間の問題解決における思考過程のひとつに仮説生成がある．仮説生成の一部は論理学的にはアブダクション（abduction）と呼ばれる推論に対応するが，問題解決における意志決定を支援するうえで，演繹推論や帰納推論と並ぶ基本的な思考方法として極めて重要な役割を果たしている．

　ここでは仮説生成を大きくとらえ，人間の問題解決の思考過程における「思いつき」や「ひらめき」「着想」などを対象として考えることにする．例えば何度も文章を読んだ後で「わかった」と感じるような場合，あるいは些細なきっかけで問題の新たな視点に「気づく」ような時の仮説生成である．もう少し具体的な例を上げると，文献を探索したり，内容を読んだりするときに，考えが及ばないような言葉を見出す，忘れていた用語を思い出す，思いも寄らない関連性に気づく，アイディアをまとめるなどのときに行なわれる仮説

生成を中心に考える．

　仮説生成は問題を説明するための仮説を生成する創造的な行為であり，問題解決における重要な思考過程であるといわれる［Davis 72］．つまり仮説生成は今までの経験とは異なる未知の状況に直面したとき，既知の情報を効果的に利用して解決策を見いだすための，一般的な推論方法である．また人工知能研究において，問題解決方法や学習などは人工知能システムが実現目標としている高度な機能であるが，これらの多くの機能の基盤となる人間の思考方法のひとつが仮説生成である［大須賀 92］．

　これらの仮説生成に対する考え方から，本研究で問題構造の視覚化を試みる主な目的は，問題解決における仮説生成を支援することにある．そのため問題構造を視覚化するための知識表現の方法として，概念ネットワークを動的に自動生成する手法を開発することが課題である．これらの開発をとおして，人間の問題発見および問題解決能力を増幅・拡大するための新たな支援方法の提案を目標にしている．

　そのため地球環境問題を例として，既存の知識体系では解決のできない，大規模で複雑な問題を対象として取り上げる．実際の問題解決における仮説生成支援において，開発したシステムの評価実験をおこない，発想支援システムの新たな評価方法を議論する．

　問題解決のための新たな着想やアイディアを得るための方法は，KJ 法［川喜田 86］などに代表されるようにいくつもの手法が開発されてきた．しかし概念ネットワークを利用した問題構造の視覚化を発想の刺激として取り上げた研究は少ない．

1.3　研究の基本的方法論

　最近ではコンピュータによって，人間の創造的な活動である思考や発想を支援しようとする研究が盛んに行なわれるようになっている．その中でも発想支援システムの研究開発が数多く行なわれている［國藤 93，折原 93］．しかしながら，これまで開発されてきた発想支援システムのほとんどは，明確

な理論的背景を持つことなく行なわれてきたことが指摘されている[堀94b].これは創造や発想という人間の知的活動が充分に解明されていないことがその理由であるが,理論的な背景を正しく考察してシステム開発を行なわないと,構築したシステムの効果が無駄になってしまう危険性があることを示している.

本研究では,発想支援システムにおけるこれらの指摘を踏まえ,システム開発に必要な理論的な枠組みを検討することから始める.そしてまとめた枠組みを基にシステム開発を行なう.さらに開発したシステムをもちいて,問題解決支援と問題発見支援における実験によって,システムの効果を確認するという基本的な方法に従っている.

研究の基本的な手法となるものは,仮説生成,因果関係推論,ハイパーテキスト・ハイパーメディア,概念ネットワーク,発想支援,データマイニング,知識発見,情報視覚化などの理論と技術である.本研究では,問題解決や問題発見における仮説の生成支援をめざし,これらの理論や技術を統合化し,問題構造の視覚化を実現するためのシステム開発に応用する.

仮説生成や因果関係推論は,人間の問題解決における思考過程の特徴をあらわすもので,これらの思考過程を解明しようとする研究は,哲学や心理学で古くから行なわれてきた[Peirces 68].発想支援システムは,人間の創造的な思考を何らかの形で支援するコンピュータシステムであるといわれることがある[折原 93].またハイパーテキスト・ハイパーメディアなどの開発も人間の思考過程における探索手法を実現しようとして開発されてきた技術である[金子 93].概念ネットワークは,人間の知識表現をコンピュータ上で再現するために研究されてきた,知識の表現方法である[ICOT-JIPDEC 91].さらにデータマイニングと知識発見の考え方は,大規模なデータベースから,有用な知識を迅速かつ的確に発見することによって,大量なデータを有効利用し,科学的発見などの知的活動を支援しようとする考え方である[西尾 93].情報視覚化は,膨大なデータの性質や関連性を直感的に把握するために,データをコンピュータの画面上にわかりやすく表現する技術である[Card 99].

これらの理論や要素技術に共通する特徴としていえることは，人間の創造的な問題解決や問題発見における，知的活動の解明や支援を目的にしている点である．これらの研究成果をシステム開発に取り入れることができれば，人間の思考の流れに適合したシステムを構築できる可能性が高いと考えられる．

すでに触れたように人間の創造的な思考や発想をコンピュータで支援しようとする研究は多いが，今後の研究の方向として，情報技術を統合化したシステムの開発が活発になるものと思われる．このような傾向はシステムのマルチメディア化，あるいはネットワーク化などの傾向としてすでにOSの開発やアプリケーションの開発に取り入れられている．

1.4 論文の構成と概要

本書の構成と概要は次のようにまとめられる（図1.1）．

第2章では，問題構造の視覚化支援についての理論的な背景をまとめ，システム開発の必要性を議論し，問題解決において，問題構造を視覚化することが重要であることを議論する．また仮説生成や因果関係推論，発想支援などの理論を検討し，これらの理論の統合化を行ない，地球環境問題を例として，問題構造を視覚化するため，現実問題へ適用可能な枠組みとしてまとめる．

第3章では，問題構造を視覚化するためのシステム上の手法についてまとめる．問題構造は，概念ネットワークによる表現が適切であることを明らかにし，自動的な生成手法の開発について述べる．

第4章では，問題構造の視覚化を実現するため，概念ネットワークと発想支援法の統合をめざした議論を行なう．また概念ネットワークとKJ法を統合することによって，問題構造を多面的に視覚化するための手法の開発について述べる．さらに問題構造を新たな視点から検討するために，認知構造の形成支援について論じる．

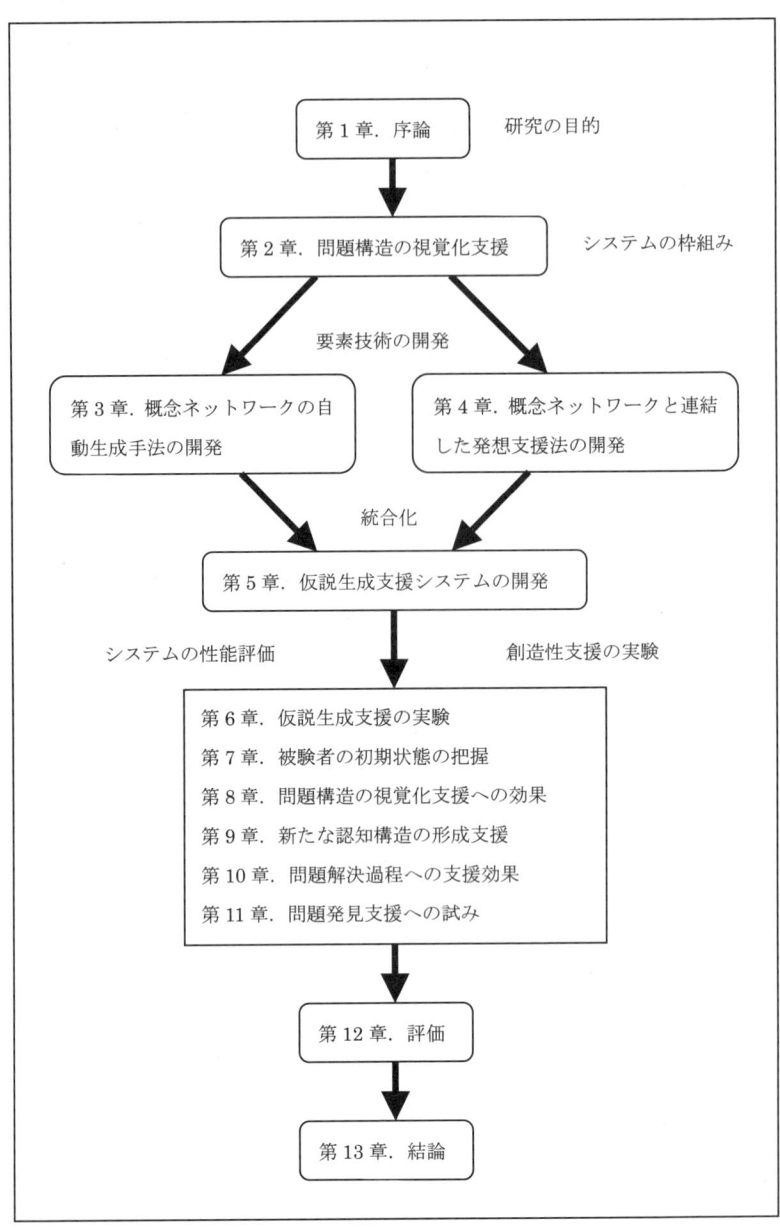

図1.1 本書の構成

第1章 序論

　第5章では，本システムとの関連研究についてまとめ，仮説生成支援システムの全体構成について述べる．問題を視覚化するためには，概念ネットワークだけでなく，インデックスの視覚化やリンクの自動生成，類似文献の提案など支援機能が重要であることを述べる．また本章ではシステムの全体構成を示し，システムで利用する知識ベースについて言及する．

　第6章から第12章までは，仮説生成支援の実験をとおして開発したシステムの性能評価を行なうために，認知心理学的な側面から創造性支援の実験と考察を行なうことが目的である．
　そのため第6章では，この章以降の実験の位置付けを明確にし，実験方法全体の検討を行ない，対象とする被験者および実験の手順について検討する．また，実験を行なうための条件と，実験課題の設定について述べる．

　第7章では，被験者の初期状態を把握する実験を行なう．これは実験における被験者の仮説生成の変化を比較するため，Mosaicをもちいて被験者の初期的データを収集することを目的としている．加えて他システムを利用した場合の仮説生成の問題点を把握することも目的である．

　第8章では，開発したシステムが，問題構造を視覚化支援するための機能を，実現しているかどうかについて考察をまとめる．具体的には文献を利用して，複数の視点から生成した概念ネットワークが，問題の構造を視覚化しているかどうか，被験者のアンケートを分析することによって考察する．

　第9章では，被験者がシステムを利用することによって，問題の構造に対して，新たな認知構造を形成できるかどうかを考察する．具体的にはシステムが被験者に対して，仮説を修正する手掛かりを与えているかどうか，仮説が正しく精緻化されたかどうかなどについて考察を加える．さらに発散的思考と収束的思考の2つの側面からの支援効果について分析を行ない，概念ネットワークとKJ法の統合が被験者の認知構造にどのような刺激を与えている

かを考察する．

　第10章では，課題を指定した問題解決において，開発したシステムを利用した仮説生成の実験と結果について評価する．分析は定量的分析と定性的分析の両方から行ない，問題解決における被験者の仮説がどのように変化したかを分析する．また発想支援における認知心理学的な新たな定性的分析手法として，被験者の仮説の変化から，問題構造に対する，被験者の認知構造の変化を視覚化する方法を提案している．

　第11章では，問題発見におけるシステムの評価を行ない，認知心理学的な側面から分析と考察を行なう．そのため仮説をまとめる課題を被験者自身が発見することから実験を始め，前章で提案した手法を利用して，問題発見におけるシステムの支援効果を分析する．本章における実験の分析から，問題発見における専門家と非専門家のいくつかの特徴が明らかにされた．

　第12章では，システム開発と実験における全体的な評価を行ない，今後のシステムに必要な機能を検討し，システム全体に対する被験者の意見と問題点をまとめる．またシステム評価と認知心理学的側面の両方から，実験全体の位置付けを考察する．

　第13章では，結論として，研究の成果について述べ，今後の展望についてまとめる．

1.5　本書における用語について

1．概念
　概念（concept）という用語は極めて多義的にもちいられる傾向があり，概念とは何かという問題は，哲学者が古くから問題にしてきたもので，その本質に立ち返って定義することは難しい．ここでは概念を，問題やその構成要

素を説明する言葉の意味内容である考えることにする．

　この場合に大事なことは，問題や構成要素について，構造や性質などいくつかの側面と，言葉で表わされる部分の総体を概念であると考えることである．例えば「酸性雨」という場合には，酸性雨としての特徴や性質などのほかに，酸性雨ということばを含めた総体が酸性雨の概念となる．

2．概念ネットワーク

　概念ネットワーク（concept network, conceptual network）は，知識の関係を表現するための一つの手法である．これ以前に意味ネットワークという知識の表現手法が開発されており，言葉の意味的なつながりをネットワークの形式に表現したものである．概念ネットワークは，この意味ネットワークの発展型として考案された．概念ネットワークは，意味的なつながりよりも，概念間の上下関係や包含関係，あるいは is-a 関係や part-of 関係などを重視して，ネットワークを形成する．

　本書では，概念ネットワークの知識表現の特徴を，問題の構造を表現するために利用している．本書における概念ネットワークは，問題とその構成要素の関連構造をネットワーク形式に表現する方法と定義する．問題と問題に関連した構成要素を中心につながりが構成されるもので，意味的なつながりよりも，因果関係などの関連性が中心である．そのため本書では地球環境問題を例に取り上げている．開発したシステムでは，文献から抽出した問題とその構成要素を連結して，問題構造を表現する概念ネットワークを自動的に生成している．

3．問題構造

　問題（problem）をどのようにとらえるべきか，極めて難しい．人それぞれにとらえ方があり，さまざまな見方があるためである．また，地球環境問題のように大規模な複合問題は，問題が複雑に入り組んでおり，その全体構造を把握することが，緊急の課題となっているにもかかわらず，困難を極めている．問題構造（problem structure）を考える場合もこれと同じことがいえる．

本書では，問題と問題構造をほぼ同義として扱っている．

　本書では，問題構造は論文の中で専門用語の関連性によって表現されたものというふうに考える．システムの上では，文献から抽出した専門用語のつながりによって生成される関連性である．システムによって生成される概念ネットワークでは，文献に表現された問題の構造を表現しようと試みている．

4．仮説

　一般的な仮説（hypothesis）は，未知の現象をある程度統一的に説明するための仮定というように考えられる．しかし，仮説も問題と同じように人それぞれのとらえ方があり，最初から未知の現象を統一的に説明できるほどまとまっていないことも多い．

　本研究では，仮説をできるだけ広く考え，統一的な説明を思いつく手掛かりやきっかけのようなものも，仮説として考えていく．例えば文献を何度も読んで「わかった」と感じたときの内容や，問題の新たな視点を見いだした時のきっかけなども仮説と考える．

　このように小さな新しい概念に気づき，それが刺激となり，いくつか関連付けられて仮説になるといったように考えていく．本研究の実験で被験者がまとめた仮説は，問題解決を行なうときに，自分で「思ったことや考えたこと」が中心である．また仮説と概念の関係は，概念が元になって，概念の組み合わせによって仮説が生成されるというように考える．

5．視覚化（可視化）

　本書では，問題構造の視覚化（visualization）が重要な位置付けとなっている．視覚化のもともとの意味は，目に見えないものを見えるようにするというものであった．しかし，コンピュータによるシミュレーションやグラフィックスの研究が盛んに行なわれるようになってからは，シミュレーションや計算結果から知識を抽出することも視覚化として考えるようになった．

　本研究における視覚化は，文献から抽出した言葉のつながりを利用して，問題構造を概念ネットワークに表現することによって，視覚化しようとする

ものである．この点では人間の思考や知識の構造を視覚化しようとする試みであり，これまでの科学技術の視覚化では，取り上げられることが少なかった分野の視覚化である．

6．概念構造と認知構造

本システムが生成する概念ネットワークは，部分的な概念構造（concept structure）の集合と見なすことができる．概念は言葉が単独の場合もあるが，概念構造は複数の概念がネットワーク形式に連結されたものである．いいかえれば，概念構造は概念ネットワークの一部を構成している．

本書の中では，システムが利用者に提示する構造を，概念構造と呼ぶことにしている．そしてシステムが提示する情報によって，利用者の意識の中に形成された構造を認知構造と呼び，できる限り区別するようにしている．本研究における仮説と認知構造の関係では，利用者の問題に対する認知構造の一部または特定の部分に変更を促すような刺激が，新たな言葉や文章となって外在化したものが仮説であると考えても良い．

7．マップ

本システムでは，問題構造を概念ネットワークの形に生成するが，これを画面上のネットワークエディタ上に描画することを，「マップ（map）する」あるいは「マップを生成する」と言う．また，生成された概念ネットワーク自体を指して，マップという場合がある．これらの違いは文脈から容易に判断することができる．また被験者などシステムの利用者がネットワークエディタを使って，自分にとってわかりやすく整理したマップを問題構造図と呼ぶことにしている．

8．問題解決と問題発見

本書では，実験の部分は問題解決（problem solving）と問題発見（problem finding, problem indentification）を，できる限り明確に区別して考えている．しかし，実験以前の部分では，文脈上やむを得ず，必ずしも問題解決と問題

発見を区別していないことがある．明確に区別していない場合は，問題発見を問題解決の中に含めて考えている場合である．

　なお，本研究における問題解決は与えられた課題に回答することを指しており，これに対して，問題発見は解決が必要とされる新たな問題点を見いだすことを指している．しかし，問題発見と問題解決を全く切り離して考えるのではなく，全体的には人間の思考過程の一部を構成するものとして考えている．

第2章　問題構造の視覚化支援

2.1　問題解決支援における新たな視点からのアプローチ

　問題解決のための支援方法は，さまざまな分野で多くの手法が考案されてきた．本研究における問題構造の視覚化が目的にしていることは，問題解決支援のための仮説生成支援を行なうことである．そのため人間の思考を支援することを目標にした基礎的な研究が必要となる．
　ここでは地球環境問題のような，大規模に複雑化した問題解決を対象とするが，こういった問題における問題構造の視覚化によって，研究テーマや政策の策定などを対象にした，仮説の生成支援を目標にしている［土橋95］．
　問題構造をシステムで自動的に視覚化する研究は，これまでの発想支援システムの研究などでは報告されている例は少ない．しかし，地球環境問題の特徴である不透明性や複雑性などを分かりやすくとらえるためには，問題構造を視覚化する研究が極めて重要であると考える．

　本研究では例として地球環境問題を取り上げるが，これまでの地球環境研究との相違を明らかにしておく．
　例えば国立環境研究所では，環境問題に関するいくつもの支援システムが開発（多集団デルファイ（IPEM），人間環境影響評価実験施設（ELMES），環境評価のための総合解析情報システム（SAPIEN）など）されてきた．近年ではこのような研究の中心となっているのは，各種のシミュレーションを行なうためのモデル開発であり，これまでは一般均衡モデルおよびシステム・ダイナミックスなどに関連した開発が中心に行なわれてきている［科学92, 国立94］．
　こういったシミュレーションモデルの構築が中心の研究において，本研究

の主要な目的の一つであるハイパーメディアを用いて問題構造の視覚化を支援し，問題点を見いだすための，概念形成支援を目的にする基礎的研究は少ない．また国立環境研究所における研究は，地球環境問題を中心とした問題解決をめざす立場が中心であり，ここで採用されている手法もそのような傾向を重視しているといえる．

またこれまでも社会工学的な側面から環境問題のような複雑な社会現象を解明しようとして ISM などに代表される構造モデリングと呼ばれる手法が開発されてきた［田村 79, Warfield 74］．これらの手法はその後に発展的な改良も行なわれ，これらの理論に基づく FISM［遠藤 93］などいくつかのアプリケーションも開発された．

しかし，もともとこれらの手法は最近におけるハイパーテキストなどの情報工学における研究成果の恩恵を受けて開発されたものではない．この点でヒューマンインタフェースなどの観点から不十分なところを持っている．ハイパーメディアなど最近の情報工学の研究成果は多様な情報媒体を扱うことを可能にしたことで，これまでの部分的研究を統合するた新たな研究開発を推進するものと期待される．

2.2 仮説生成支援

本研究は情報視覚化により，問題発見・問題解決の支援を目標に，基本的な枠組みを構築してシステムを開発するために，人間の思考過程における仮説生成の理論を援用する．ここでは仮説生成における理論的な研究を参考に，その中心となる理論を考察する［Davis 72, O'Rorke 94, Peirces 68］．仮説生成の理論的な分析から，システムに支援機能を実現するために必要な，理論的な背景をまとめることがねらいである．またここでは仮説を，未知の現象をある程度統一的に説明するための仮定というように考えることにする．

論理学の観点から，一般的に仮説生成における推論方法を考えると，学問の研究［村上 84］や日常の生活のさまざまな場面において，仮説生成が果たしている役割は演繹推論に劣らないものがあり，その推論機能を無視するこ

とはできず，逆に支援することによって，人間の問題解決能力を拡大することが考えられる．問題構造を視覚化する目的は，仮説生成が持つ推論機能を，システムによって増幅させたいということにある．また地球環境問題のような大規模な複合問題の関連構造を説明するための仮説生成にも適用することができる．

仮説生成の推論機能の特徴として，次のようなことがいえる．仮説生成は蓋然的な推論方法であり，結論をそのまま真実であると認めることは適切ではない．しかし，ほぼ正しいであろうと認めることができ，ほとんど間違いのない命題を引き出す推論方法である．そのため結論が絶対的な確実性を持つものではなく，厳密には得た結果に対して検証が必要になる．つまり仮説生成では，問題解決の要求に合わせて，最初に可能性のある仮説を作る．そしてその仮説が目的に適合しているかどうかを検証し，適合していない場合にはその仮説を修正して，再度目的に適合しているかどうかを再検討しなければならない．

パース（Peirce, C. S.）などによれば一般的な問題解決において，このような仮説生成にも一定した類型が存在し，これらの類型は論理学的に検討を加えることができる．仮説生成の類型は，普通，次の3つに分けられる．最初の2つはパースがアブダクション（abduction）と呼んだものである[久野69]．

(1) Bは不可思議だ．だが，もし《AならばBである》ならば，不可思議ではない．故に，Aであろう．
(2) BはP1, P2, P3などの性質を持つ．Aもそうだ．故に，BはAであろう．
(3) Bである．AならばBではない．故に，Aではない．

(1)はある事柄Bの原因Aを想定して，AによりBを説明するための発想法である．(2)は何かよく分からないモノや事柄Bに出会ったとき，それが既知の事柄Aに属することを示して，これを説明するときに用いられる．(3)は純然たる演繹推論であり，これによって一見もっともらしい理由づけであるAを排除することができる．つまりこれらの推論は，Bという事象を見たとき

に，その原因となる A を探すことを意味している．

これらの類型によって，B から何を A として発想するかは，論理学の領域を越えたものになる．それは問題の内容そのものや学問研究の内容に関わっているからである．ここでは主に地球環境研究における問題の解決支援を発想の対象として考えていく．問題構造の視覚化支援によって，システムの利用者が問題を表わす用語のつながりを考えることを通して，問題解決の仮説を思い付くような発想支援が中心となる．またここで取り上げた推論の関係を見いだすことができるような，支援機能をシステム上において実現することを目標にしている．

2.3 問題構造の視覚化の意義と現状

問題構造の視覚化をどのように考えるべきか，本研究における立場を明確にしておく必要がある．これまでの文献データベースの検索を行なって見ると，研究テーマの内容を表わす論文タイトルの中に，「視覚化」(visualization)または「可視化」という用語を含んでいる研究は非常に多い．もともと視覚化が意味するところは，目に見えなかったものを見る人の知性あるいは想像力に対して見えるようにするという意味や，抽象概念など視覚に表現できないものの精神的なイメージを形成するというような認知心理学的な意味でも使われていた．

しかしコンピュータによるシミュレーションやグラフィックスの研究が盛んにおこなわれるようになってからは，視覚化の考え方にも新たな意味が加えられるようになった．いわゆる科学的な視覚化と言われる分野では，より特種な用語として定義される．つまりシミュレーションや物理的な測定によって得た複雑な科学的データを分析するために，コンピュータグラフィックスの技術を道具として使うことや，科学者や技術者に対してシミュレーションや計算結果から知識を抽出させる技術をも視覚化として考えるようになった[Brodlie 94]．このような視覚化に対する考え方の変化なかで，気体や液体の流れの視覚化，プログラム構造の視覚化，地球表面の視覚化，人体内部の視

第 2 章 問題構造の視覚化支援

覚化など科学技術に関連する視覚化の研究が盛んに行なわれている．

最近の情報視覚化ではヒューマン・コンピュータ・インタラクションの手段として，情報や情報要素間の関連を視覚化する技術のことをも含めている．コンピュータのグラフィックス機能の向上とともに，情報視覚化技術はあたかも当たり前のように日常的に使われている部分もある．例えば身近なものでは最近の多くのオペレーティングシステムが採用しているディスクトップメタファがある．これはコンピュータ内部の情報を視覚化するために開発された視覚化技術の典型的な例である．このように視覚化の対象を科学的なデータだけに限らず，コンピュータを操作するときのヒューマン・コンピュータ・インタラクションの重要な手段として広く考えられるようになっている[Card 99, 角 99, 増井 99]．

またこれまでの視覚化に関する研究において少なかった研究分野の一つに，人間の思考や知識に関する分野をあげることができる．本研究では問題構造の視覚化をテーマにしているが，問題の構造をどのようにとらえるかは，個人的な思考や考え方に大きく依存している．問題構造のとらえ方は，人それぞれであり，問題が大規模に複雑化してくると，構造が目に見えない部分が発生したり，あるいは局所的にしか把握できないことも起こってくる．また局所的にしか把握できない問題も，複数の研究者の知識を寄せ集めれば，一つのまとまった形に仕上げることができることも多い．そこから得られる刺激は，個別に得られるものとは異なるものが期待される．

このような全体構造が見えないようなデータ群から，何らかの潜在的な関係構造を発見するための視覚化支援が本研究のねらいである．実際の問題構造の把握においては，統計データなどを分析する数理的知識以外に，領域固有の体系化された知識や研究者の経験的知識などが極めて重要な役割を持っている．このような知識がスムーズに呼び出されて利用されるためには，問題構造の視覚化による刺激が必要であると考える．問題構造の視覚化によって，利用者の問題に対する考え方に適切な刺激を与えることが期待されるのである [土橋 98b]．

2.4 問題解決過程における仮説生成

我々が本当の意味で「思考」を必要とするのは，解決すべき問題に直面したときである．問題解決は人間の知的活動の中心となるものであるが，ここでは既存の情報世界から必要な情報を取り出す操作を，問題解決と呼ぶ［大須賀 92］．問題解決における思考過程においては，仮説生成などの推論方法はその部分として用いられるだけであり，問題解決全体を統合する枠組みが存在する．それは次の4段階から構成される［久野 69］．

(1) 問題設定
解決すべき問題を明確にとらえる．どんな問題をどんな方法で取り組むかによって，その解決の仕方も変わってくる．
(2) 仮説の決定
問題がつかめれば，それを解決する方法をいろいろと「思い付く」ことができる．この段階では演繹や帰納の論理が使われるが，考えることよりも思い付くことのほうが重要な要件である．
(3) 推論
仮説（解決のプラン）が得られれば，それをすでに持っている知識や理論を使って検討する．思い付いた仮説から，論理的な帰結を導く．またこれまでの知識や情報と矛盾しないかどうかなどを調べる．
(4) 検証
仮説から導かれる論理的帰結を事実と突き合わせて検証する．もしそれがうまくいけば，仮説は正しいものとされるが，もし正しくなければ，仮説に誤りありとして，はじめからやり直すことになる．

本研究では，問題解決の思考過程における仮説生成の位置付けと役割をこのように考え，問題構造を視覚化することによって，仮説生成を支援することを考える．このような方針によって，我々自身の問題解決能力の増幅・拡

大を支援することを目標にしている．

　これからのシステムは，地球環境問題のような現実世界に起こる多様で複雑な問題を扱わねばならない．これらの問題の多様性には多くの原因（例えば，非決定性，問題規模の差，実時間処理など）が存在し，これらの問題のそれぞれが，これまでに実現された技術に加えて新たな技術開発を要求している．情報モデリングは，コンピュータのなかに明確な対象世界のモデルを表現するための技術であるが，そのためには試行錯誤的な方法が不可欠である［大須賀93a］．問題構造の視覚化は，このような不明確で断片的な情報を関連付けるための仮説生成を支援することでもある．問題解決における仮説生成は，図2.1のようにモデル化して考えられており，本システムの開発においても，利用者の試行錯誤が自由に行なえることをめざして，システムの設計を行なっている．

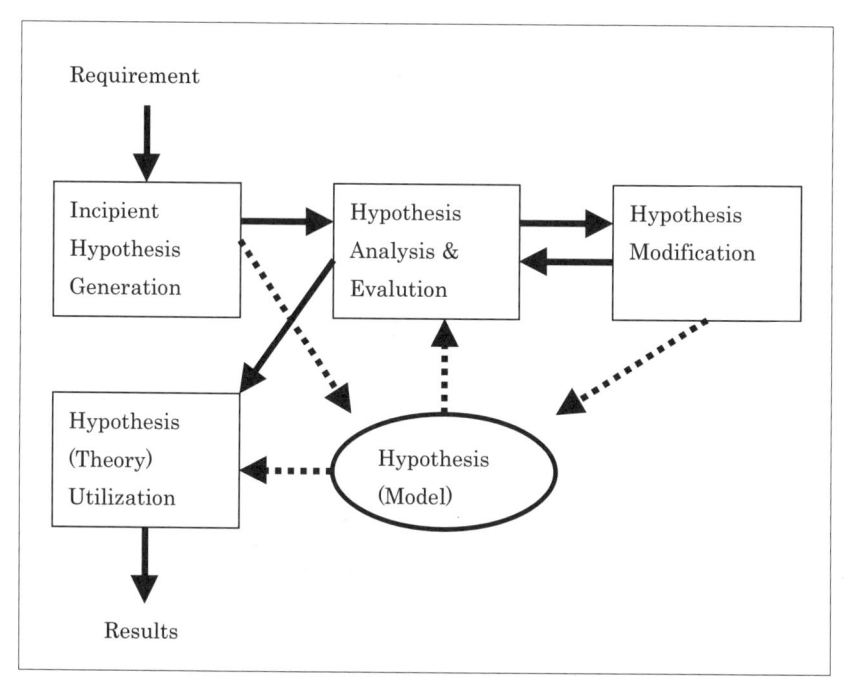

図2.1　Basic Method of Thinking ［大須賀 92］

2.5 仮説生成と因果関係推論

問題構造の視覚化を試みる目的は，すでに触れたように仮説生成支援を実現することにある．問題構造を視覚化する場合に，漠然と仮説の生成を支援するのではなく，特定の関係に注目して問題構造を生成し，収束的な発想をめざす支援の方法も考えられる．例えば本研究では，因果関係の利用やキーワードの例がそれにあたる．ここでは因果関係推論を問題構造の生成に利用する方法について述べる．

1．仮説生成
パースによれば新しい認識は仮説生成を経て生まれ，帰納と演繹は仮説生成を検証する役割を果たす．帰納と仮説生成は独立しておらず，帰納における因果関係推論の結論と仮説生成の結論の一部は同一である．ここで取り上げる地球環境問題のような大規模な複合問題の関連構造を説明する場合，問題と問題のあいだに潜在する因果関係を顕在化させることができれば発想の刺激につながるものと期待される．

ここでは仮説生成を補完する形で，因果関係推論を利用する［久野69］．ある事柄と他の事柄に因果関係があるかどうかを推論する場合，次の2つの方法がある．
(1) ある事柄Cが生じ，それによって他の事柄Eが生じるならば，CはEの原因である．（CはEの十分条件）
(2) Cが生じなく，これによってEが生じないならば，CはEの原因である．（CはEの必要条件）

2．論理的関係
因果関係推論はこのような推論方法であるが，これらの関係は，文献上では論理的な関係として表現されている場合が多い．例えば"AならばB"である」というような表現であるが，地球環境問題では「"AはBの原因"で

第2章　問題構造の視覚化支援

ある」というような言い方に因果関係が含まれているといえる．このような因果関係をシステムの支援によってたどることができれば，新たな知識や関連性の発見につながる可能性が高くなる．

これを文献間で考えると次のようなことがいえる [Long 91]．例えば，"AならばB" と "BならばC" をそれぞれ扱った2種類の文献群の間に，付与された索引語集合の類似性（共通性）や引用関係がない場合は，これらの文献群は表面的には結びつかない．しかし，両者を組み合わせれば，"AならばC" という論理的関係が導かれる可能性がある．

したがって，この論理的関係を抽出する何らかの方法・手段が開発できれば，新たな知識や事実を発見することにつながる [Swanson 87]．これは，表面的には何ら相互関係のない文献間に，換言すれば蓄積された文献集合中の独立に存在する知識間に，主観的な関連が潜在しており，それらを組み合わせることによって新たな知識が発見されることを示している [Ellis 90]．例えば，図2.2のような具体的な例で説明することができる．

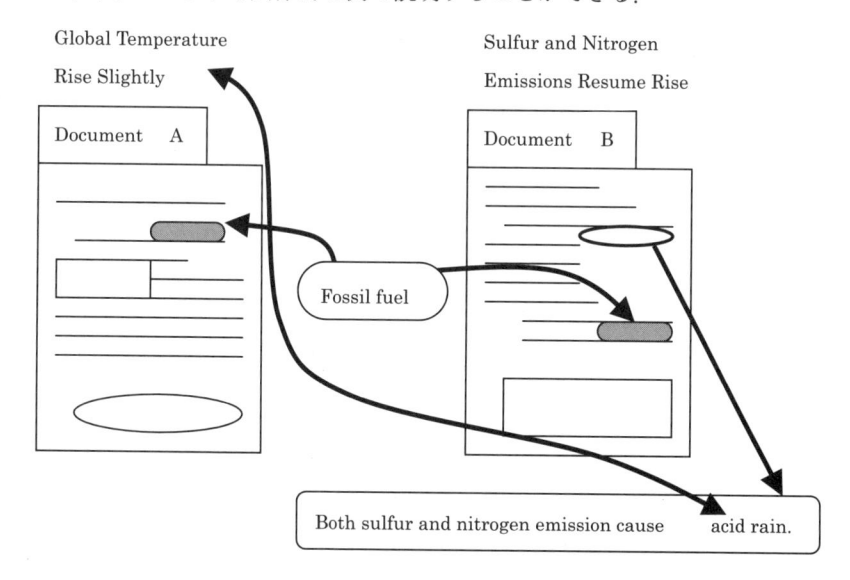

図2.2　文献内容の論理的関係による関連構造（概念図）

(1) 地球の温暖化について述べた文献Aのなかに，その主な原因として化石

燃料の燃焼が原因であることが示されている．
(2) 大気圏への硫黄と窒素の放出が再び上昇していることについて述べた文献Bの中で，その原因の一つとして，やはり化石燃料の燃焼があげられている．
(3) Bの文献のなかで，硫黄と窒素の放出は酸性雨の原因になることが指摘されている．

このような因果関係をたどっていくと，地球温暖化と酸性雨は深い関係にある可能性が高いことを新たに見いだすことができる．こういった全ての因果関係をシステムで正確に検出することはやさしいことではないが，本研究ではプロトタイプ的な機能として実装しており，今後の課題として検討されるべき点も残されている．

2.6 発想支援技術との結合

これまでの議論のなかで，問題構造の視覚化に必要な仮説生成や因果関係について，理論的な背景を中心に取り上げてきた．しかし，問題解決の仕方は，一面では問題解決に至るまでにたどる一連の心理的な状態と考えることができるが，これは多くの理由から個人によってかなり差異がある．特定のタイプの問題では，経験の量にさらに個人差がある．したがって，特定のタイプの問題を解決するのにいろいろな方略を採用する．また，問題の構造のいろいろな側面に注意を向ける，その方向に個人差がある．問題の表現の仕方に個人差があることも強調するべきことである．

問題を表現する方法は，問題の解決しやすさや問題が完全に解けるかどうかに強力で決定的な影響を与える [Kahney 89]．このような人間の問題解決に共通の特徴を考慮すれば，視覚化した問題構造が固定的なものであっては不都合が生じることになる．個人的な問題の見方に対応するためには，多様な視点から検討できるようにする必要があり，単に構造を生成して視覚化するだけでは効果を期待できない．

これまでの発想支援システムの研究では，このような問題を解決するためにさまざまな研究が行なわれてきた．なかでも KJ 法を取り入れた発想支援システムの開発に，本システムの開発に関する多くのヒントを得ることができる［渡部 95］．例えば，KJ 法の支援システムでは，メモした断片的な情報を試行錯誤によってグルーピングし，その過程から新たな意味や構造を見いだす支援機能が実現されているが，同様の機能を本システムでも採用しており，問題の構造を個人的に解釈して組み立てる作業に活用している．これによって KJ 法で行なう思考過程と同じような過程を，本システムでもたどることができる．さらに複数の文献から問題の構造を取り出すなど，問題構造の生成方法を多様化するための機能を備えているが，これらの方法はブレインストーミングにヒントを得たものである［上野 83］．

また NM 法では，問題の本質に対してキーワードを設定し，そのキーワードについて「たとえば…のように？」という問いかけをし，イメージ的な比喩を設定する．この問いかけの背後にあるイメージを思い描く．このイメージから一つずつ「これは問題の解決に何かヒントを与えないか？」という問いかけをしていく．これらの問いかけに対してアイディアが得られると言われている．本システムでは，NM 法のこのような問いかけを参考に，キーワードに関連した問題構造の生成や，生成した構造をキーワードによって限定を行なえるようにしている．またシステムが生成した問題構造に対して，NM 法と同じような問いかけをすることが可能である．本システムはこれらの問いかけの背後にある問題構造を生成することを試みている［中山 83］．

2.7 地球環境研究の隘路

本研究では，問題構造の視覚化の対象として，地球環境問題を取り上げる［石 88，石 92，石谷 93，市川 94］．その理由の一つには，地球環境問題が大規模な複合問題の特徴として複雑性・多様性を内包している典型的な問題であることがあげられる［Funke 91］．文献データベースを調査してみると地球環境問題，大気汚染，公害問題などのキーワードに該当する文献は数多く見

いだされ，多くの研究者と研究成果が存在することが分かる．しかしこれらの問題は相互に無関係ではなく，それぞれの問題が極めて複雑に関連し合っていることが指摘されている．このような問題に対するこれまでの取り組み方の特徴として，さまざまな分野の専門家がさまざまな問題提起や解決策を提案しているが，問題全体から見ればそれらは極めて断片的なものとなっていることが指摘される．

　従って問題を構成する要素の相互関連の解明と把握を行なうためには，既存の知識を統合した知識ベースを構築しなければならない．さらに構築した知識ベースを人工知能的な手法によって活用することにより，地球環境問題がどのようなところに存在し，どのような関連構造を持つものなのかを発見するための支援システムの構築が期待されている．相互関連を把握することによって，研究の方向づけや必要な知識の統合，モデル構築の簡易化などが可能になる．

　また研究の方向づけのためには問題の因果関係を分析しなければならない．そこでは常に全体の中で問題を把握できるようにし，全体との関連で部分を考え，あるいは全体を部分の相互作用として考える思考作業が必要である．このような課題に対応するために，情報科学や人工知能の研究成果の応用が考えられる [土橋98a]．

　これまでの地球環境問題研究には次のような問題点が存在することが明らかになっている [村上94]．
(1) 環境問題の多くは，必ずしも科学的に問題の因果関係が明確に立証されていない．
(2) 現代のような細分化された科学は，研究対象を極めて狭い範囲に限定しており，地球環境問題のように新しい領域概念に属する大規模な複合問題に対応できるようになっていない．
(3) 環境問題が研究者に強要しているのは，近代的な学問の概念自体の改革である．さらに環境問題が扱わなければならないのは，自然現象と人為現象との相互作用であり，それはより広い観点からみれば，むしろ人間活動そのものの関連性の解明である．

(4) いくつかの地球環境問題を分析してみると，多様な知識の組み合わせが必要であることがわかる．
(5) 地球環境問題が，自然科学と社会科学の広大な研究領域と政治とを結び付ける新しい課題であることは，世界中の研究者の常識である［米本 94, Avouris 95］．

　こういった多くの問題を解決していくことは非常に困難なことであるが，これらの問題点の指摘から要求されているのは新たな問題解決の方法論である．すなわち地球環境問題の解決の根底には，研究分野あるいは政策立案などの概念領域に依存しない方法論の確立が必要である．または全ての概念領域に共有可能な方法論の確立が求められているといえる．
　そして「そこで必要とされているのは，多くの一見関係のなさそうな領域におけるごく普通の知識に充分な目配りが効き，しかもそれらを必要でない情報や知識から選り分けた上で組み合わせ，そこから，絶対的な因果性に基づく演繹ではないながら，しかしありうべき様々な可能性を導出してみることができ，しかもその導出された結果を検討・評価して，未来についてのしかるべき判断を下すことができる，という能力である」［村上 94］と言われている．
　システム開発によって，このような高度な要求に応えることは，非常に困難な課題であるといえる．しかし問題構造の視覚化を支援することは，これらの要求を満たせるものではないが，問題解決の基本的な支援機能として，これらの要求における判断を下すための支援情報の提供をとおして，研究テーマや政策の策定に支援効果が期待できる．

2.8 本章のまとめ

　本章では，問題構造の視覚化の意義と，本研究に必要な理論的な背景についてまとめた．本研究は，広くとらえれば，問題解決支援の研究として位置付けることができる．問題を解決するためには，どこに問題が存在するかに

気がつくことが先である．問題構造の視覚化を試みる場合は，問題発見の支援と問題解決過程の支援を考慮する必要がある．

また問題構造の視覚化の目的は，問題解決のための仮説の生成にあることをまとめた．加えて，仮説生成が持つ推論機能と因果関係推論を，システム上で統合する意義を論じた．因果関係を取り入れるのは，主に新たな知識の関連を見いだすことによる問題発見の支援効果を高めるためである．さらに地球環境問題を例として取り上げる理由を述べ，研究上のいくつかの問題について言及した．

次章では，本章でまとめた理論に基づき，システムを構築するための技術的な手法について述べる．

第3章 概念ネットワークの自動生成手法の開発

3.1 知識表現における概念ネットワークの定義

問題解決における発想を支援するためには,問題の関連構造を説明するための,素材となる情報を提供することが一つの方法であると考える.この素材となるような情報をどこから取り出すかが問題となる.ここでは,文献の中から問題構造を分析するために必要な情報を抽出することを考える.これは文献のテキストの部分に,問題についての概念が最も多く含まれているためである.

また本研究では概念をどのように考えるかということも考えねばならない.概念という用語は極めて多義的にもちいられる傾向があり,概念とは何かという問題は,哲学者が古くから問題にしてきたもので,その本質に立ち返って定義することは難しい.ここでは概念を,問題やその構成要素を説明する言葉の意味内容であると考えることにする.

この場合に大事なことは,問題や構成要素について,構造や性質などいくつかの側面と,言葉で表わされる部分の総体を概念であると考える点にある.例えば「酸性雨」という場合には,酸性雨としての特徴や性質などのほかに,酸性雨ということばを含めた総体が酸性雨の概念となる.また仮説と概念の関係は,概念が元になって,概念の組み合わせによって仮説が生成されるというように考える.

次に問題となるのが,抽出した問題とその構成要素を,どのような形式で表現することが最も適切かということである.ここでは抽出した情報を,概念ネットワークを用いて表現し,問題とその構成要素における関連構造を視覚化することを試みる.概念ネットワークの元になった考え方は,人間の連想能力などに関する心理学的な知見から生まれた意味ネットワークである.

概念ネットワークは意味ネットワークの発展型として開発されてきたものである．意味ネットワークでは，概念と概念の間をリンクで結んでおり，それをたどることによって連想関係などを表わすことができる．このような考え方をもとにしたこれまでの概念ネットワークでは，主に概念間の上下や類似の関係，あるいは is-a や part-of の関係などを表現することに使われてきた．

ここではこれまでの概念ネットワークの使い方を異なる視点から利用することを考え，問題とその構成要素の関連構造をネットワーク形式に表現する方法を，概念ネットワークと定義して利用する．ここで言う概念ネットワークは，問題と問題に関連した構成要素を中心に構成されるもので，意味的なつながりよりも，問題における因果関係などの関連性が中心である．開発した実験システムでは，文献から抽出した問題とその構成要素を連結して，自動的に関連構造を概念ネットワークとして生成することを実現している（図3.1）［土橋 96b］．

ここで知識の表現方法として概念ネットワークを採用したのは，複雑な問題の関連性を分かりやすく視覚的に表現することができるためである．またディジタル・ライブラリのハイパーテキスト機能と概念ネットワークを連結することによって，人間の思考の特徴である非線形的な探索を支援するためである．ハイパーテキスト上で概念ネットワークによる探索が行なえると，人間の思考方法により近い試行錯誤的な探索手法が実現できる［Bolter 91］．

3.2　概念ネットワークと問題構造の表現

問題の構造を概念ネットワークで表現する場合，利用者にどのように提示すればよいか，ユーザインタフェースの観点から検討することが必要になる．一言で問題構造といっても，その関連性をどこまで考えるかも検討しなければならない．創造性研究の立場から，ブレインストーミングでは，より多くのアイディアを持ち寄ることが重要とされている．最初に持ち寄るアイディアは，回答そのものではなく，回答を生み出す《刺激材》として考えられている．刺激材は多量にあったほうが観点の変更も豊富に行なうことができる

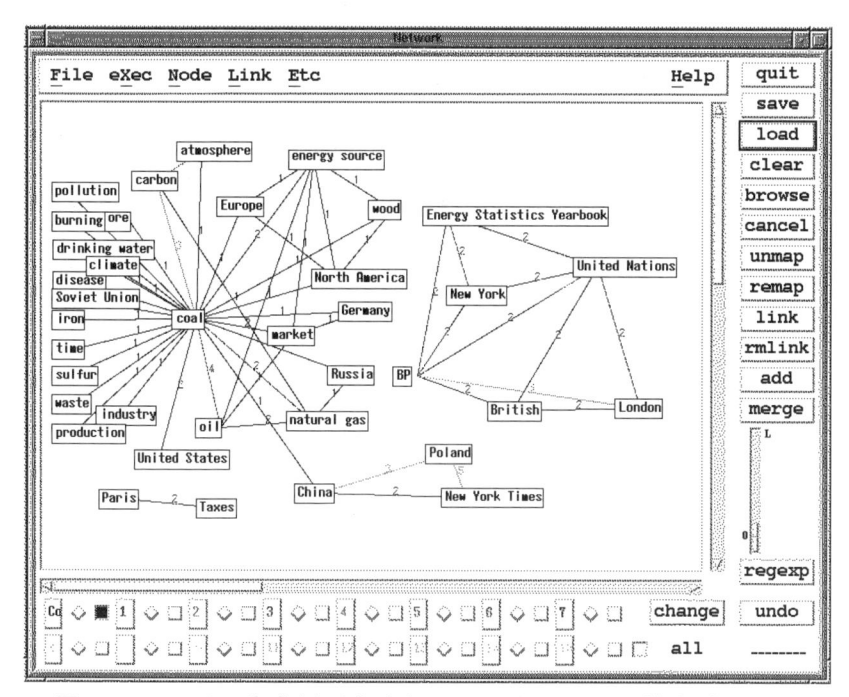

第3章 概念ネットワークの自動生成手法の開発

図3.1 システムで生成された概念ネットワークによる問題構造の視覚化例

図3.1は実験において被験者の一人が作成した問題構造図の例である．coal に関する文献から概念ネットワークを生成してマップし，被験者自身で見やすく再配置したものである．リンク上の数値は，出現頻度を表している．

ため，新奇性の高いアイディアを生み出すためには有利である．発散的思考を支援する場合には，検討すべき素材が多ければ多いほど，選択されたものが優れたものである可能性が高くなるのは当然である［村上 83］．

創造性研究におけるこのような考え方は，問題構造を考える場合にも取り入れることができる．概念ネットワークによる問題構造の表現には，2つの目的がある．一つはシステムが，問題の構造を分かりやすく提示することで，利用者にそれらのつながりを説明する役割を果たすことである．あと一つは利用者が，概念ネットワーク上のリンクをたどることによって，今まで気づかなかった関連性や用語に，新たに気づくことを支援することである．

これらの観点から，システムでは問題構造をできるだけ広く考えることに

している．可能性が少しでもありそうな関連性をできるだけ広く考えることで，新たな刺激を可能な限り生成することになる．しかし，人間の認識には限界があるため，狭い画面上に多量のデータを生成すると，認知的な限界に陥りやすい．

そのためシステムでは，認知的な限界を克服するための方法も取り入れなければならない．これら細部については第4章で触れることにして，ここでは本システムに備えた2つの概念ネットワークについて述べる．一つはネットワークエディタにマップされるもので，あと一つはインデックスと知識ベース上に構築されたものである．それぞれ形態と機能を異ならせており，それぞれの目的に応じて使い分けができるようになっている．

1．ネットワークエディタ上の概念ネットワーク

　システムによって生成された概念ネットワークは，ネットワークエディタと呼んでいる特殊なグラフィックエディタの上に描画して，視覚化することができるようになっており，利用者の要求に応じてマップされるものである（図3.1）．この概念ネットワークは，文献から抽出した専門用語を使って生成するもので，単一文献，複数文献，特定の表現，キーワードに基づいた4種類のマップ用のデータから生成することができる．このマップ上ではKJ法を行なって，データのグルーピングができるなど，概念ネットワークを自由に編集することができる．

　この概念ネットワークの特徴は，問題の構造を表わすリンクを全て表示するようになっている点である．例えば単一文献の場合は，文献内の関連した全ての用語間にリンクを生成する．従って，キーワードマップの場合などは，直接のリンク以外に2次的，3次的なリンクも表示される．このことは問題構造の層が深くなっている場合は，そのつながりを2次的，3次的なリンクで表示してネットワークを形成することを意味している．つまり問題構造の中で関連がありそうな部分は，基本的にリンクが張られている状態になり，全ての関連性を表現するようにしている．これは問題構造を全体的に把握したい場合に効果が期待できる．

第3章 概念ネットワークの自動生成手法の開発

またネットワークエディタ上にマップされた概念ネットワークとKeyword Indexとの間および知識ベースとの間には，システムによってリンクが生成されることにより，自動的に階層構造が生成される（図3.2）．これは，インデックスを階層化することによって，知識ベースの効率的な検索と視覚化の実現を目的にしている．

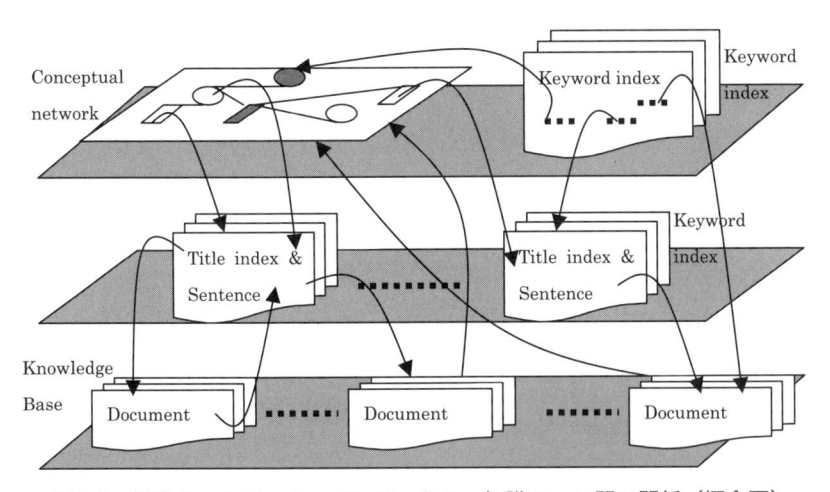

図3.2 概念ネットワーク，インデックス，知識ベース間の関係（概念図）

2．インデックスと知識ベース間の概念ネットワーク

インデックスと知識ベース間の概念ネットワークは，主に文献やキーワードのブラウジング用に利用するものである(図3.2)．全体的なリンクはKeyword Indexと文献間に自動的に生成されている．Keyword Indexは，Keyword Listとキーワードが出現する文章とそのタイトルをインデックス化した2つの部分から構成される．リンクの種類は共起するキーワード間およびタイトルや著者および図表のインデックスと該当する文献間に生成される．これらのインデックスと知識ベースの間は，リンクによって自動的に階層化されており，利用者が検索しやすいように，知識ベースを視覚化するための工夫を行なっている．

この概念ネットワークは，専門用語やタイトルなどの間で，直接つながっているリンクを視覚化していることが重要である．ネットワークエディタ上

のマップは，問題構造の全てのリンクを表示しているが，それとは対照的に直接のリンクだけを表示することによって，一面では問題の構造を部分的に表示する工夫をしている．ネットワークエディタ上の概念ネットワークは，利用者がかなり自由に変更することが可能であるが，インデックスと知識ベース間のリンクは，固定的なリンクである．しかし，リンクを追加・変更する機能が用意されており，利用者の要求するキーワード間でリンクの生成と削除が可能である．

また Keyword Index の中では，文献のタイトルおよびキーワードが出現する文章を表示しており，このインデックスをブラウジングすることによって，利用者の検索要求に関連の深いタイトルや文章が自然に目に入るようになっている．これは情報検索の観点から，利用者の検索要求に関連した部分を表示することによって，問題の関連構造を広く把握することがねらいである．情報検索では，必要な情報がダイレクトに得られればよい場合と，そうでない場合も必要なことがある．検索に対する要求があいまいなときは，情報検索の過程で接する関連したいろいろな情報が，利用者にとって役立つ場合がある．

仮説生成の場合もこれと同じようなことがいえる．つまり検索の過程で得られる関連したさまざまな情報が，問題の関連性を新たに認識することにつながる可能性もある．インデックスの中にキーワードが出現する文章を抽出していることは，このような支援効果が期待されるからである．

3.3 知識発見と情報視覚化の統合

本研究の重要な点として，知識発見と情報視覚化の統合をあげることができる．知識発見の研究は最近では data mining あるいは knowledge discovery [Piatetsky-Shapiro 91, Fayyad 96, 福田 96] と呼ばれるもので，人工知能とデータベースの境界分野で盛んに研究が行なわれている．そこではデータベースから統計的手法などによって，因果関係などの何らかの知見を見いだすことを目標に，新たな知識創造を支援しようとする研究が行なわれている．知

第3章 概念ネットワークの自動生成手法の開発

識発見の研究の中でも，テキストマイニングと呼ばれる研究は，文献などの大量のテキスト情報を高速に処理し，文献を読んだだけではなかなか気づかないような，有益な情報を取り出そうというものである［那須川 99］．これは本研究における概念ネットワークの自動生成と近い関係にある研究である［三末 99, 渡部 99］．実際のところ誰も気づかないような新たな関連性が見いだせれば，それは重要な発見につながる．

最近の情報視覚化の研究は information visualization と呼ばれており，科学的なデータを視覚化する scientific visualization の流れを汲むものである［Card 99］．情報の視覚化技術は，単にコンピュータが処理した結果を見せるだけの手段ではなく，情報を利用するための手段である．コンピュータによる処理結果を視覚化情報としてユーザに提示するだけの一方向の作用だけでなく，ユーザが視覚化された情報に直接操作を施し，自ら情報空間を探索し操作できるような，双方向の作用を可能にする環境の提供をめざしている［角 99］．

本研究との関連では，システムによって生成された概念ネットワークをたどりながら，利用者が新たな関連性や用語に気づくような支援を行なうためには，知識発見と視覚化支援の両方から考える必要がある．

本研究における知識発見は，文献を集めた知識ベースから，問題構造の関連性を示す可能性のある専門用語のつながりを，システムが新たに生成することである．また本研究における情報視覚化は，知識ベースから生成された専門用語のつながりを，概念ネットワークの形式に2次元空間にマップして，利用者の目に見えるように提示し，かつ自由に操作しながら知識ベースを探索できるようにすることである［土橋 00］．

問題構造を視覚化する場合，素材となる文献の提示のしかたにも考慮すべき点がある．例えば非専門家のような人は，文献を読む前提知識が乏しいので，文献内の重要な用語の関連性が視覚化されれば，内容が把握しやすくなるなどの効果が期待される．そうすると目の前にしている文献から問題構造を視覚化することも非専門家には効果が期待される．また最近のデータベースは巨大化しており，利用者が全部の文献を見ることは不可能になっている．また文献の数が多くなると，人間の記憶に限界があるため，一度見たことが

ある文献を視覚化することにも少しは効果が期待できる．この点は専門家にとってもいえることである．

このようなデータベースの状況と知識発見を検討すると，利用者が見ていない文献からも関連性を抽出して，問題の構造を描いて見せることが必要になってくる．このような方法によって，利用者は自分で今まで気づかなかった文献に気づいたり，生成された概念ネットワークを見たりすることで，新たな問題の関連性を見いだす可能性が期待できる．また利用者が忘れていた関係や，思いがけない関係などが生成できれば，知識発見の効果が期待できる．これらを実現するためには，網羅的な関係の抽出が必要になってくると思われるが，効果が期待される反面，組み合わせの爆発を引き起こす可能性も指摘される．そのため一般的な用語の組み合わせを生成しないようにする工夫や，因果関係など特定の表現に限定した専門用語の組み合わせから，概念ネットワーク用のデータを生成することが必要である．

3.4 テキストマイニングによる専門用語の抽出

例えば地球環境問題のような大規模な社会問題では，多くの問題が複雑に関連しあっており，どこに解決のきっかけがあるかを見出す問題発見支援や，既存の現象から新たに予想されうる問題を早期に見出す予防的な発見支援が極めて重要である．問題解決のきっかけを見出すためには，既存の問題を構成する知識の関連構造を明確に把握した上で，解決のために必要な新たな仮説を見出すことが必要である．現在の情報検索システムなどでは，問題の関連構造を視覚的に提示できる機能がほとんどないため，問題構造を理解しやすく可視化する機能が必要とされている．また既存の問題構造を明らかにするだけではなく，予想される新たな問題の関連性をも含めた仮説構造の生成と視覚化機能の開発が必要である．

実際の問題を対象にした文献の場合は，その問題構造を表わす中心的な概念を取り出すことが必要になる．本研究では実際の問題例として，地球環境問題を対象領域として考えることにしている．地球環境問題では問題を説明

第3章　概念ネットワークの自動生成手法の開発

する専門用語，または一般的な用語でも高い頻度で出現する場合は，文献内において相対的に重要性が高いと判断される．用語が専門用語であるかどうかは専門用語辞書を使って判断することができる．

　また出現頻度は文献に使われている用語の出現回数をカウントすることで得られ，この場合には複合語のカウントも行なうことができる．このようなことから本書では，重要語として取り扱うのは，専門用語と出現頻度の高い用語としている．情報視覚化の研究では，必要なものだけを表示する工夫が必要とされており，本システムで行なっているように重要な用語だけを取り出すことによって，表示するデータ量を制限することが多い［Sarkar 94，舘村 96］．

　本研究において専門用語に限定したい理由は，重要な用語だけを取り出したいことがあげられ，加えて文献の処理に必要な計算量と処理時間の問題を克服しなければならないためである．文献の数が多くなれば，生成される組み合わせが指数関数的に増大する危険性がある．図3.3は概念ネットワークの生成過程を概念図で示したものである．

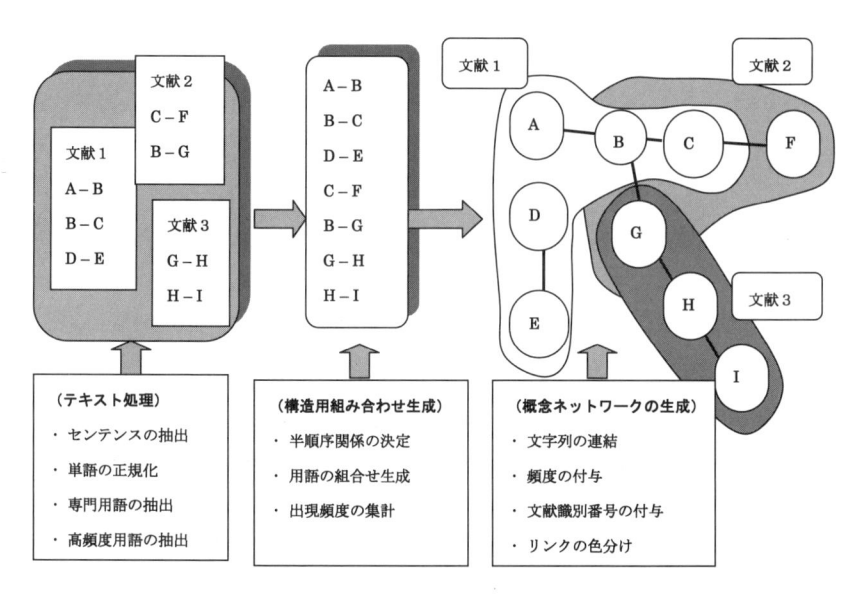

図3.3　テキストからの概念ネットワークの生成過程（概念図）

図3.3の左側の部分は複数文献からの専門用語の抽出を概念図で示したものであり，手順の概略は以下のとおりである．

Step1：文献のテキストからセンテンスの抽出
Step2：英語辞書による単語の正規化
Step3：単語および複合語の出現頻度の集計
Step4：専門用語辞書に出現頻度の高い用語を追加して辞書の再構成
Step5：専門用語辞書による専門用語および出現頻度の高い用語の抽出

専門用語の抽出は，辞典の索引から作成した専門用語辞書（実験では9,980語）を使う方法と，システムによって出現頻度の高い用語を自動的に抽出する方法を併用している．この2つの方法を組み合わせることによって文献に表現されている重要な部分を，出現頻度だけに頼らずに取り出す効率を上げることができる．

3.5 専門用語の自動獲得

自動生成される概念ネットワークの構成要素になるのは，センテンス単位に抽出した専門用語の組み合わせであることはすでに触れたところである．ここでは，専門用語の具体的な抽出方法と自動的な獲得方法について述べる．本システムでは，3つの辞書を利用して専門用語の抽出を行なっている．

1．システムで利用する辞書
　システムで利用している辞書は，英語辞書，専門用語辞書，不用語辞書の3つである．
　知識ベースの文献が英語のため，文献は最初に英語辞書をもちいて単語の正規化処理を行なう．そこでは動詞の変化形を元に戻す，名詞の複数形を単数形に戻すなどの作業を行なっている．使用した辞書は市販されているCD-ROM辞書であり，これを本システム用に再構成したものである［名和94］．

第3章 概念ネットワークの自動生成手法の開発

　次に英語辞書をもちいて処理した論文のそれぞれの文章を対象に，専門用語辞書をもちいて，専門用語を取り出す処理を行なう［荒木85］．この専門用語辞書は，本の形式で市販されているものの索引部分を，開発したシステム用に再構成してもちいている．

　次に不用語辞書について述べる．特定の分野を対象として論文を収集すると，概念ネットワークを描く上で，極めて頻繁に出現する一般的な用語が，自動獲得機能によって抽出される場合がある．例えば，Water resource research という雑誌から論文を収集して，専門用語を抽出すると，water という用語が大量に抽出されることになる．そのため water という用語が単独で出現している場合には，この用語を取り出さないようにしたいなどがある．しかし water を取り出さなくても，この用語と組み合わされた複合語は取り出さねばならない．このような制御を行なう辞書として，不用語辞書を用意しており，不用語辞書に抽出を避けたい用語を指定することによって，概念ネットワーク上に生成しないようにすることができる．これは辞書をエディタで編集することによって，設定と解除が自由にできる．

２．専門用語の自動獲得

　常に同じ状態の辞書をもちいて処理を行なっていると，次第に新たな専門用語を取り出すことができなくなってくる．そのため自動的な専門用語の獲得機能が必要である．本システムにおける自動獲得は，用語の出現頻度によって行なっている．英語辞書をもちいて処理を行なった文献に対して，全ての単語の出現頻度を求め，この値の高い単語を専門用語辞書に追加することによって，文献から新たな専門用語を取り出すようにしている．

　また複合語の抽出と獲得については，Ngram 手法を参考に現在は3単語までの連続した単語から構成される複合語のうち，出現頻度の相対的に高い部分を，句として認識し，抽出することを行なっている．現在は3単語までの複合語を取り出すことにしているが，4単語以上の複合語が出現する例は，団体名や組織名など限られたものになることが多い．プログラム上ではさらに長い複合語を取り出すことも可能である．これによって一単語の専門用語

および複合語で構成される専門用語を辞書に追加し，文献が知識ベースに追加されるごとに，辞書も更新されるようにしている．このような方法でも，出現頻度が低い新造語などは，正しく取り出すことは難しく，今後の課題となっている．

3.6 文脈に基づく専門用語の組み合わせの生成

科学技術関係の文献では，1つ1つのセンテンス（sentence）を見ると，その中には文脈を構成する上で，重要な用語が含まれており，名詞などから構成される専門用語がこれに該当する．これらの専門用語が同一のセンテンス上に複数出現しているときは，著者の考えに基づいた，何らかの概念関係が形成されていると考えることができる．

しかしここでは個別の概念間の関係には立ち入らず，全て同一の関係と見なすことにした．本システムでは文章上の概念関係にとらわれず，概念ネットワークを描画して視覚化する場合，それぞれの概念関係は無視してランダムに描画する．これはKJ法における発想技法を取り入れるためであり，詳しくは後述する．

このような知識発見のルールを定め［福田96，Shen 92］，テキスト上の専門用語をセンテンスごとに抽出して，2項関係を構成する組み合わせを生成し，概念ネットワークの構成要素とした．つまりある文書のセンテンス(d)上に専門用語(t)が存在するときは，$d = \{t_1, t_2, ..., t_n\}$ である．このセンテンスから生成される概念ネットワークの構成要素(p)は，専門用語を順番に組み合わせたもの $p = \{(t_1, t_2), ..., (t_{(n-1)}, t_n)\}$ である．

例えばある1つのセンテンスからA，B，Cという3つの専門用語が抽出されたと仮定すると，A–B，A–C，B–Cという組み合わせが概念ネットワークの構成要素となる．専門用語の抽出の順番は，システムに備えられた辞書の順番である．これを文献ごとに全てのセンテンスにわたって行ない，専門用語の組み合わせをつくり，文献ごとの概念関係を，2項関係の集合として抽出した．図3.3の中央部分は抽出した専門用語の組み合わせを生成する手順

の概念図であり，手順の概略は以下のとおりである．

Step1：システム辞書による順序関係の決定
Step2：専門用語の組み合せデータの生成
Step3：上記組み合せデータの出現頻度の集計
Step4：文献識別番号および出現頻度の付与

　図3.1で示すような問題構造図を生成するために，図3.3に示したようにいくつもの手順を踏んで，概念ネットワークを生成することが必要である．またここでは生成された概念ネットワークを見やすく整理したものを問題構造図と呼ぶことにする．

　図3.1のアルファベットは複数の文献から抽出された専門用語を表わしている．実際のシステムでは専門用語の組み合わせの出現頻度を集計し，専門用語と専門用語を結び付けるリンク上に表示することにしている．専門用語を抽出する場合，センテンスによっては組み合わせを生成するために必要なものが含まれていないこともある．専門用語が1つのセンテンスから1つだけしか抽出されない場合は，そのまま概念ネットワーク上に単独で描画する．このような用語は，ユーザが必要に応じて関連のありそうな用語との間にリンクを形成し，概念ネットワークに組み入れることができる．

3.7　概念ネットワークによる問題構造図の生成

　概念ネットワークを自動生成するためには，先に説明したように文献の中で著者が表現している重要な概念を取り出し，それらの概念関係がどのようにつながっているかを識別しなければならない．しかし全ての概念関係を識別することは膨大な知識を必要とするため極めて困難である．そのため本システムの目標を，問題をもれなく説明する構造の視覚化ではなく，ユーザの新たな発想を刺激するための，断片的な知識を結び付ける構造を自動生成することにおいた．

またこれまでの概念ネットワークは，主に意味的な関係を表現する方法として，さまざまな分野で利用されてきた．本システムでは，概念間の関係を記述することは行なわず，同一センテンス上に現れた専門用語のペアを作り，概念の組み合わせを2項関係として抽出することを考案した．

図3.3および図3.4はもとになった文献に含まれる問題構造を表わす重要語を抽出し，それを連結して描画している．生成された2項関係の組み合わせは，文献のンテンスごとに行なっているので，文脈を反映したものになる．地球環境問題の文献などでは，これらの組み合わせを2次元空間に描画すると，あたかも問題とその構成要素からなる概念ネットワークのように描画される．概念の連結は，2項関係を生成した場合に見出される重要語の文字列の一致を手がかりに行なっている．このような連結方法を取れば，文献が複数の場合でも，ことなる文献間にまたがる概念ネットワークを生成すること

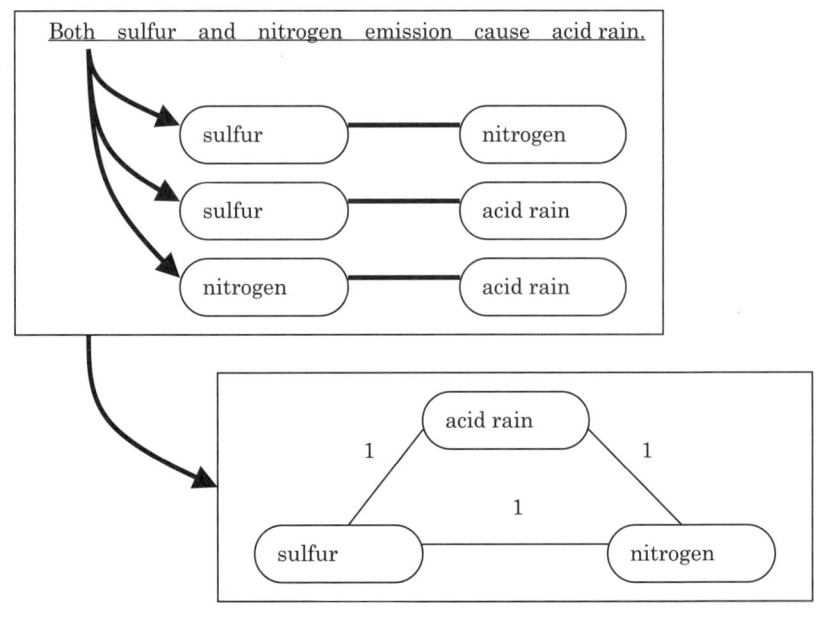

図3.4 システムによる概念の組み合わせと基本的な概念ネットワークの生成

図3.4はシステムが文章から抽出した，概念の組み合わせ方の例を示し，それを基本的な概念ネットワークの形式にマップしたところを示している．リンク上の数値は，組み合わせの出現頻度を表す．

ができる．生成された概念ネットワークは，概念間のつながりを自動的に線分で連結し，ユーザの自由な発想を促すため，2次元空間にランダムに描画される．

3.8 知識ベースとインデックスの視覚化

人間の柔軟な発想を支援するためには，知識ベース内を自由にブラウジングできる検索機能が必要である．検索機能が十分にその機能を果たしていないと，システムを使っているユーザの思考を妨げる原因になるためである．本システムでは，ディジタル・ライブラリの機能を活用しているが [長尾 94, 長尾 95, Adam 95]，その主な目的は，テキストデータのほかに図や表を扱うためのハイパーメディアとしての機能と，リンクによる検索機能の実現にある．開発したシステムでは，知識ベース内をブラウジングするために，いくつかのリンクを生成しており，知識ベース内を効率的に視覚化することをめざしている．

基本的なリンクは，知識ベース内のタイトルを検索するための Title Index，著者を検索するための Author Index，図や表を検索するための Figure & Table Index などである．また Keyword Index は，収集した文献から抽出した専門用語をもとに生成したもので，専門用語からその用語が出現する文献のタイトルと文章を取り出したインデックス（図3.2）と連結している．

従って，ユーザは専門用語をキーワードとするインデックスから，その用語が出現する文献のタイトルや文章をブラウジングすることができる．これらのインデックスは，文献を知識ベースに追加した時点で，システムが自動的に生成するようにしている．またこのような利用者の目に見える形のインデックスは，利用者の情報検索要求が比較的明確な場合に，効果が期待できる機能であり，システム側から利用者に具体的にインデックスの内容を提示し，ブラウジング機能によって，利用者の求める情報をより顕在化させることができる．図3.5に Title Index，図3.6に Keyword Index の例を示す．また図3.7には Keyword Index の詳細部分の例を示す．

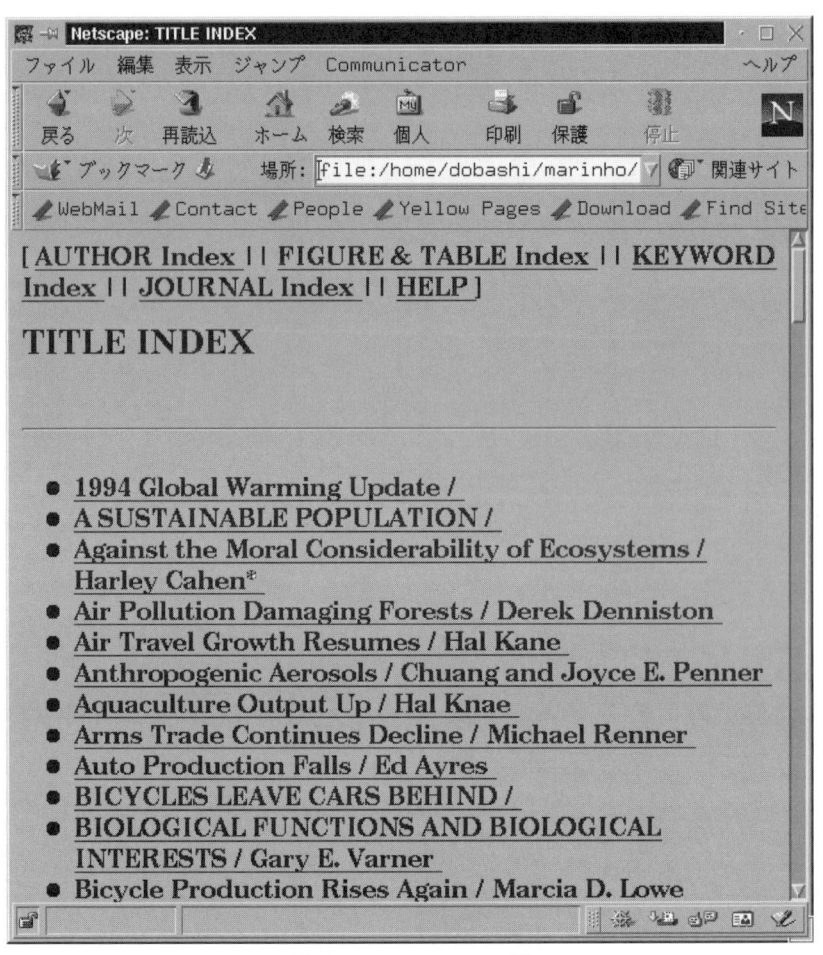

図3.5 Title Index の例

　しかし専門用語の辞書をもちいても，Keyword Index などに利用者の要求を全て満たすことは難しい．特に出現頻度の低い新しい用語は，自動的に抽出することが困難なため，最初からインデックスとして用意することは簡単にはできない．そのため利用者が必要とする用語間に，リンクの生成機能を活用してリンクを生成し，インデックスに追加する機能を用意している．これによって出現頻度の低い新造語の発見など，システムが機能的に不充分な点は，利用者の判断を取り入れることで，補うことにしている．このような方

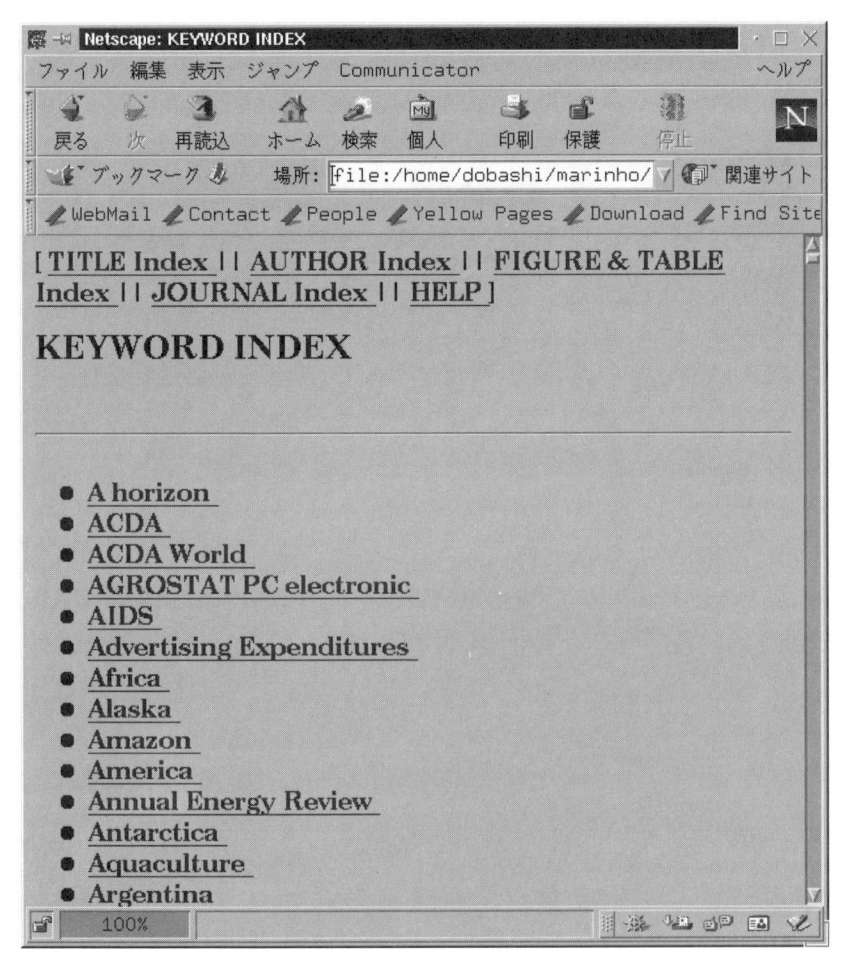

第3章 概念ネットワークの自動生成手法の開発

図3.6 Keyword Index（その1：キーワードリスト）

法によって，知識ベースとインデックスにおける検索用のリンクを追加し，ブラウジングの効率を高めることによって，充分な視覚化支援をめざしている．

知識ベース内のブラウジングは，これらのインデックスを利用した検索以外に，類似文献の提案機能およびリンクの生成機能によって，連想検索を繰り返すことによっても行なうことができる．本システムにおける基本的な連想検索は，ハイパーテキストのリンクを次々にたどることによって，関連した項目をブラウジングする機能である．根本的に知識ベースの内容は外から

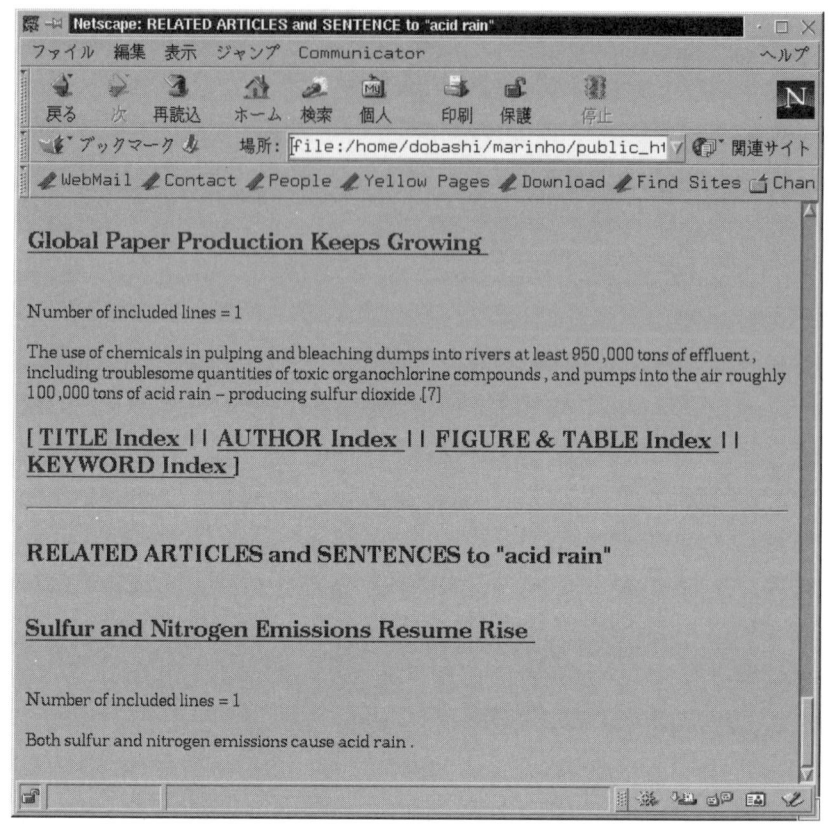

図3.7　Keyword Index（その2：詳細部分）

見えないため，現段階ではインデックスの生成を工夫して，利用者に視覚化したというイメージを与えるようにすることが重要だと思われる．

3.9　新たな概念構造の生成

　研究テーマや新たな政策の策定などを行なう場合には，新たな概念形成が必要になる．そのため本研究では，このような知的活動を支援するため，専門用語の新たな組み合わせを創りだすことによって，新たな概念の組み合わせを自動的に生成することを試みている．問題構造を視覚化するために，概念ネットワークを生成することは，問題構造を視覚化するシステムの枠組み

第3章　概念ネットワークの自動生成手法の開発

によって，新たな概念構造を生成していることと同じであると考える．

　ここでは，概念構造は概念ネットワークの部分的なものというように考える．生成された概念ネットワークは全体的に見ることもできるが，ある概念を中心とした部分的な概念構造を把握することにも使うことができる．システムで生成する概念ネットワークは，複数の文献から，専門用語の新たな組み合わせを生成することから，単一の文献では表現されていない新たな概念構造を生成していると考えられる．

　新たな概念構造の生成支援は，本研究の目的の一つであるが，創造性の研究との関連で考える必要がある．創造とは，それまでに存在しなかったものを創りだすことであると言われる．創造性を支援するためにさまざま議論が行なわれているが，ここでは既存のものを使って，それまでに存在しなかったものを創りだすというように考えておく．

　ここで重要なことは，これまでの創造性の研究からして，創造とは全く何もないところから新しいものを創りだすことではなく，むしろ問題を考えるための，素材の新しい組み合わせや，新しい視点の発見をとおして，新しいものを創りだすというように考えたほうがよいと思われることである．また一般的にも，全く構造を持たないデータを多量に提示されると，認知的限界から利用者がそれを整理しようとすると混乱することになりがちである．従って何らかの構造を持つ情報を利用者に提示し，そこから新たな意味を見いだすことのほうが支援効果はあると考えられる．

　本研究もこのような立場に立って，システム開発を進めてきた．本システムは，文献からさまざまな著者の認知構造を抽出して視覚化することによって，利用者自身の認知構造と擦り合わせを行なうことができ，そこから新たな視点に気づくような刺激を与えることができると思われる．また複数の文献から問題の概念構造を生成し，ひとつの文献を超えた問題構造を提示することによって，利用者の概念形成に刺激を与えることが期待できる．

　さらに文献の分析の視点を変えられる機能が必要であり，概念ネットワークは次のように複数の視点から生成している．これら機能の詳細については次章において述べる．

(1) 単一文献から生成する方法
(2) 複数文献を自由に組み合わせて生成する方法
(3) 特定の表現を含む文章をもとにして，その中の専門用語に関係のあるものを中心に生成する方法
(4) ユーザのキーワードを中心に生成する方法

3.10 本章のまとめ

　本章では，概念ネットワークの自動生成手法の開発について述べた．本章の内容は，システム構築の技術的な背景を紹介したものである．本研究におけるシステム開発の成果として，概念ネットワークの自動生成をあげることができる．この機能はディジタル・ライブラリの中に組み込んで構築したもので，生成レベルの発想支援システムの実現を目標として，いくつもの基本的な技術の統合化によって達成されたものである．生成レベルの発想支援システムとは，ユーザが入力した単語を総合したり，関連づけたりすることによって，新たなアイディアを生成して提供するものである．

　また問題構造の視覚化支援は，このシステムを開発した成果として実現された．問題の構造を視覚化することによって，利用者の新たな認知構造の形成支援が期待できよう．

　次章では，概念ネットワーク上に取り入れた発想支援法について，それらの主な機能について論じる．

第4章 概念ネットワークと連結した発想支援法の開発

4.1 概念ネットワークとKJ法の連結

　発想支援システムでは,利用者の自由な思考を促進するユーザインタフェースが重要になっており,生成された概念ネットワークの見やすさ,理解のしやすさなどを考えれば,単にネットワークを生成するだけでは,機能的に充分とはいえない.また,利用可能な知識ベースの増大に伴って,生成される専門用語の組み合わせが非常に多くなる場合がある.ネットワークエディタに生成されるデータが多くなると,当然利用者の認識の限界を越えたものになってしまうことが起こりうる.そのため,マップされた概念ネットワークを見やすくするための操作機能が必要になり,利用者の要求に応じて,自由に削除,追加,修正できる機能が必要である.このような機能を実現するための理論的な背景として,KJ法における考え方が有力なものになると期待される.

　本システムでは,マップされた概念ネットワーク上で,KJ法をもちいてマップを利用者自身の思考に合わせながら編集していくことを可能にした.ネットワークエディタは,発想を行なうための作業領域を提供するエディタであり,メモ機能に似た役割を果たすことができる.利用者にとっては知識ベースと連結したメモのような機能を持っているわけである.概念ネットワークとKJ法を統合したことから,次のような特徴を持つ発想支援システムになっている.

1. 初期入力データの自動抽出
　これまでに開発されたKJ法を利用したシステムでは,初期入力データを

49

利用者が入力していたが，本システムでは試行錯誤に必要な初期入力データを，自動的に文献から抽出する．また利用者が自分自身で入力することもできる．

2．ディジタル・ライブラリ機能と連結

生成された概念ネットワークは WWW のブラウザをもちいたディジタル・ライブラリ機能と密接に連結している．ネットワークエディタにマップされた専門用語は，Keyword Index 上の同じ専門用語とリンクされており，ディジタル・ライブラリ機能を利用して知識ベースを検索し，これらの専門用語に関連した用語および文献をブラウズすることが可能である．このブラウジングをとおして，マップされた専門用語が出現する文章を確認することができる．それによって抽出された専門用語の背景を確認可能なため，用語間のつながりを考えることができる．

3．概念ネットワークによる初期データの生成

本システムでは，問題の構成要素を，概念ネットワークの形で初期データを生成してマップする．ネットワークエディタにマップされた段階で，あらかじめ関係のある専門用語を線分で連結している．これまでのシステムにも，カード間の自動関係線付けを行なう機能を持つシステムがあるが，これはある程度グループ化が行なわれた後で機能するようになっている [渡部95]．本システムで生成される初期データは，ランダムに連結したものではなく，問題とその構成要素の関連性を表現することを試みている．

4.2 自動初期配置と自動グループ化

KJ法の支援システムにおいて，カードの自動初期配置や自動グループ化の機能を考える場合，配置とグループ化をどのように行なうべきかが重要な問題である．本システムの場合は，概念ネットワークを生成することによって，初期配置とグループ化の支援を同時に行なうようにしている．

第4章　概念ネットワークと連結した発想支援法の開発

1．自動初期配置の支援

　KJ法では，先入観に捕われないようにグループ化を行なうためには，カードの初期配置をランダムに広げるのがよいといわれる．そして広げられたカードをじっくりと眺めながら，背後に潜在するつながりを考え，関係のあるカードを移動させたりして，自分の考えに合わせて再配置を行なう．マップされたカードの数がさほど多くない場合には，あるいは，本格的なKJ法を行なう必要がない場合には，このような方法で進めることが適している［渡部95］．専門用語を対象にする本システムの場合も同じことがいえる．

　しかし，数多くの文献をマップすると，大量のデータが生成されるため，見やすいマップにまとめ上げるのに，時間がかかるようになる［小山92］．そのためできるだけ時間をかけずに，見やすいマップを作る工夫が必要になる．ランダムに配置された用語を再配置する場合には，初期配置の段階で関係のありそうなものは近くに並んでいて，線分で連結してあるなどの処理が行なわれていれば，グループ編成の作業をより短時間で行なうことができるようになると期待される．

　特にコンピュータで行なう場合には，画面上に読める大きさの文字で，同時に表示できる用語の数は限られたものになるため，あらかじめ関連性のある専門用語が，リンクで連結されていることは大きな支援となり得る．本システムでは関係のある専門用語を，あらかじめ概念ネットワークの形式にしてマップしているが，これは初期配置の支援をも考慮したものである．

2．自動グループ化の支援

　本システムでは，マップ用のデータを生成する段階で，文章上で関係のある専門用語の間には，それらを相互に結びつける線分のリンクが生成されているが，関連性のないものにはこのリンクが生成されない．このことから初期配置の段階から関係のないものの間にはリンクが生成されず，リンクが生成されたかどうかによって自動的にグルーピングが行なわれる．そのため生成されたデータの間に，リンクが生成されない部分がある場合は，複数の概念ネットワークが描画される．

自動グループ化は，利用者の認知的な負担や実際の作業量を減少させるという点では，自動初期配置と比較して，より高度な支援機能を提供しているといえる．しかし，自動グループ化の問題点として上げられるのは，システムの行なったグループ化が，ユーザの考えと合わない場合，それが利用者の認知的な混乱を引き起こすことになり，最後の結果にまで影響を与える可能性があることである．

　従ってシステムが行なったグループ化の結果を，そのまま利用するのではなく，あくまで初期状態として考え，文章でつながりを確認し，用語の移動や，グループの分離および統合など，概念ネットワークの編集を行なうことが必要である．こういった確認の作業を容易に行なうため，本システムでは，ディジタル・ライブラリの検索機能を利用して，専門用語が出現する文章を検索することによって，用語間の連結の背景を調べられるようにしている．

4.3　多様な視点からの視覚化支援機能

　生成された概念ネットワークは，2次元空間に概念間のつながりを線分で連結してマップし，関連構造の視覚化を試みている．利用頻度の高い専門用語を含む文献から，概念ネットワークを生成すると，非常に多くの組み合わせを生成することになる．そのため生成した概念ネットワークを出現頻度や，特定の専門用語などから自由に絞り込んで，ネットワークを見やすくする工夫が重要になっている［You 94］．

　また問題を常に多面的に把握する必要性があることから，概念ネットワークをさまざまな視点からとらえられるようにしている．視点の変更機能としては，概念ネットワーク自体を異なる視点から全体的に生成する場合と，生成したものを異なる視点からとらえるための部分的な編集機能を開発した．

1．全体的な視点の転換

　視点を全体的に転換する目的は，今まで考えていたものと全く異なる問題を考えたいとき，あるいは別な著者の考え方を参考にしたいとき，さらに複

第 4 章 概念ネットワークと連結した発想支援法の開発

数の著者の意見を統合して考えてみる場合などである．また全くことなるキーワードで問題を考えるなどもこれに相当する．これは，問題の構造を表わす概念ネットワークのマップを全く新たに生成しなおすことを意味している．

(1) 単一文献からの生成

　ユーザが WWW のブラウザで検索した一つの文献を対象にして，概念ネットワークを生成する．従って描画される問題構造の範囲は，検索した文献だけに限定される．生成された用語の組み合わせデータは，作業ファイルに記録しており，一時的な隠蔽と再マップが自由に行なえる．リンクは用語がマップされた時に，システムが自動的に描画する．また実際の画面では生成された組み合わせのうち，出現頻度の高い部分のリンクを色分けし，重要な部分を強調するようにしている．さらにマップされた用語の実際の関係をセンテンス上で確認するために，マップ上の用語はキーワードインデックスと自動的にリンクしており，用語が出現するセンテンスを即座に確認することができる．以下にその例を示す．図4.1は単一文献をマップした例であるが，出現頻度が 1 の部分は黒いリンクで表現し，2 以上の比較的重要な部分は赤いリンクで表現している．

　図4.1の場合は，初期マップを全体的に出現頻度（この場合は 2 以上）で限定し，smoke という用語に関してのみ，出現頻度が 1 の部分を表示し，その後手作業で見やすく再配置を行なったものである．

(2) 複数文献からの生成

　この機能は複数の著者それぞれの視点から，それぞれの問題に対する見解を一つにマージし，より広い視点から問題構造の視覚化を目的にしたものである．本システムはユーザが検索した文献を記録しており，そのなかからユーザが自由に文献を組み合わせて，概念ネットワークを生成する．描画される問題構造は選択した複数の文献にまたがったものとなる．複数文献の場合は文献ごとにリンクの色分けを行ない，さらに共通部分を分離できるように色分けを行なっている．これによって文献間における専門用語の関連が，リン

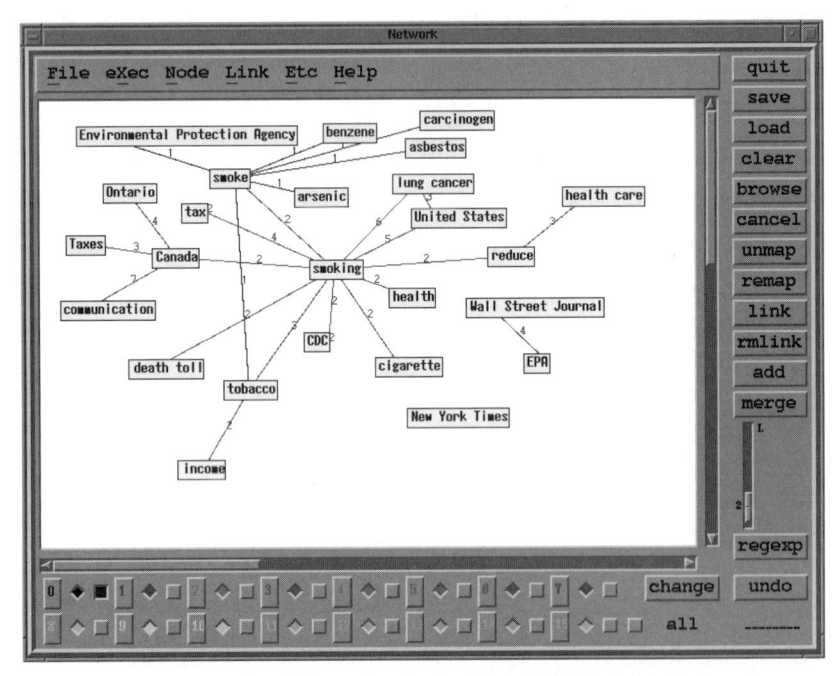

図4.1 単一文献のマップによる問題構造図の視覚化例

クの色の違いをとおして明確に認識できる．図4.2に複数文献のマップによる問題構造図の例を示す．

図4.2は3つの文献を同時にマップした例であり，実際の画面ではそれぞれの文献ごとに色分けされており，全体的に出現頻度を2以上に限定している．リンクの色が黒の部分は，2つの文献に共通に出現した組み合わせである（リンクの上ではco_appearと表示されている）．黒色以外のリンクの上には，出現頻度のほかに，文献のID（識別番号）を表示しており，タイトルを知る手がかりにしている．

(3) キーワードにもとづく生成

　この機能では，ユーザが指定したキーワードで，データベース全体を検索して，キーワードを含むすべてのセンテンスから，概念ネットワークを生成する．本システムでは用語の意味を調べることはできないが，この機能によっ

第4章 概念ネットワークと連結した発想支援法の開発

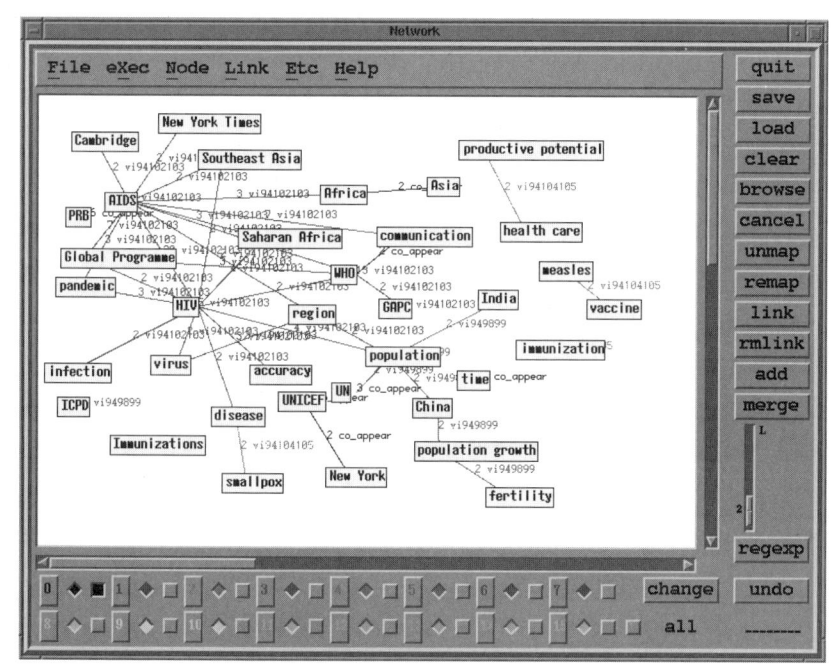

図4.2 複数文献のマップによる問題構造図の視覚化例

て調べたい用語がどのような用語と関連性があるか，システムを利用して調べることができる．ユーザから関連構造を調べたい用語をキーワードとして受け取り，それによってキーワードを中心とした概念ネットワークを生成して描画すると，知識ベースの中でどのような用語と関連性があるかがわかる．

　この機能はユーザの要望を取り入れるために，事前の処理は行なわず，その場で概念ネットワークを生成する．関連性は指定したキーワードとその数に依存する．キーワードを複数入力すれば，それらに関連した概念ネットワークとなる．複数の文献にわたり，キーワードに関連した用語を網羅的に調べたいときに効果がある．

　因果関係など特定の表現を含む文章から専門用語を取り出してマップする場合も同様である．これらの場合は，それぞれ専門用語や入力したキーワードに直接つながっているリンクを色分けし，重要な用語をユーザに明確に示し，関連構造を見やすくするようにしている．図4.3はキーワードにもとづい

てマップした問題構造図の例を示したものである.

図4.3の場合は,キーワード (AIDS) を含むセンテンスから専門用語を抽出してマップし,出現頻度を2以上に限定したものである.センテンスからは,AIDS, HIV, virus の3つのキーワードが取り出され,ユーザが入力したキーワードに直接つながる用語を,赤いリンクで色分けし識別しやすいようにしている.

因果関係など特定の表現を含むセンテンスから概念ネットワークをマップする場合も同様に処理が行なわれる.

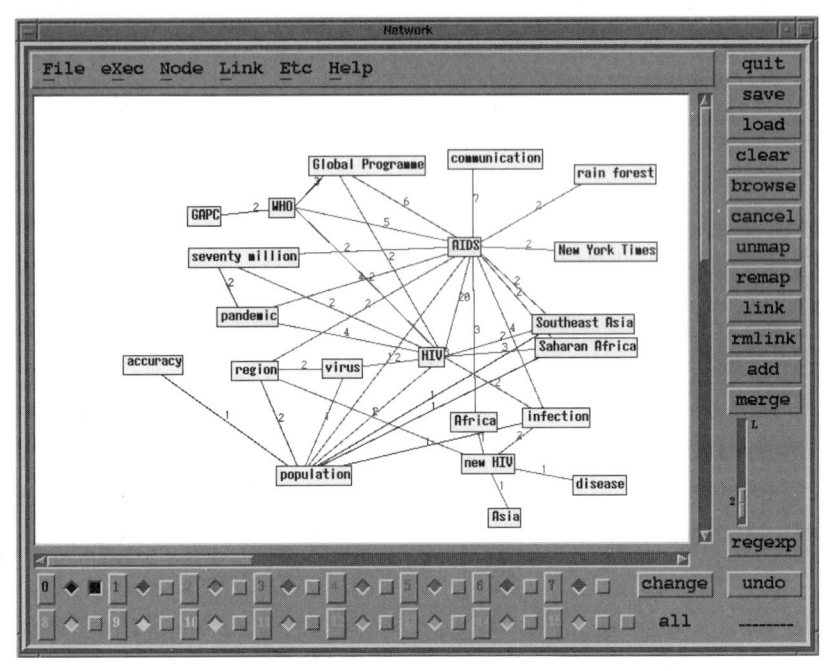

図4.3 キーワードのマップによる問題構造図の視覚化例

2. 部分的な視点の転換

全体的な視点の転換は,概念ネットワーク自体を生成しなおすことであったが,これに対して,部分的な視点の転換は,基本的には問題の内部における視点の転換であり,生成された概念ネットワークを編集するための機能である.これらの機能は,ネットワークエディタ上の機能として実現したもの

第4章 概念ネットワークと連結した発想支援法の開発

が多い．ここでは重要な機能の概略を示しておく．

(1) 組み合わせの出現頻度による転換

　スライダーを使って，出現頻度を一定の値以上に指定する．あるいは，一定の値の範囲を指定したりすることで，出現頻度によってマップを制限することができる．スライダーは手軽に使えるため，多くの利用者に適している．

(2) 特定の専門用語に関連したものだけをマップ

　マップ上に描かれた用語を指定すると，その用語に関連した部分だけをマップする．複数指定すると，指定した用語の全てに関連した部分をマップする．

(3) 出現頻度と専門用語の組み合わせによるマップ

　出現頻度と専門用語の組み合わせによって絞り込んでマップする．出現頻度の高い用語を，部分的にマップする場合などに利用する．

(4) 不要な専門用語の一時的隠蔽と再表示

　マップされた用語のうち，不要なものを一時的に隠蔽する．必要な時は再度マップすることができる．

(5) 利用者による用語の追加

　利用者が必要と思う用語をマップ上に追加できる．このときリンク上に言葉や数値を入れることができる．リンクは必要なノードに自由に設定できる．

(6) 類似用語の併合

　同類語などをまとめて一つにする．同じような意味の用語が出現している場合に効果がある．

(7) リンクされている用語のハイライト

　リンクされている用語を順番にハイライトし，リンクされていない部分と

区別する．グルーピング作業を支援するための機能として利用できる．

(8) リンクの種類によるマップ

　複数の文献をマップした場合，指定した文献だけをマップする．あるいは指定した文献の組み合わせの部分をマップする．また共出現の部分だけをマップする場合などに利用できる．

4.4　KJ法による概念ネットワークの編集

　ネットワークエディタは，概念ネットワークをマップし，発想を行なうための作業領域を提供するエディタである（図4.1から図4.3）．利用者はこのウインドウ上でKJ法を利用して，概念ネットワークの操作と編集を行なうことができる．これらの操作と編集をとおして，問題を考える発想活動を支援するのが，ネットワークエディタが持つ機能のねらいである．現在のネットワークエディタには表4.1のような機能が用意されている．これらの機能を活用すると，さまざまな発想活動を行なうことができる．また操作の仕方としては，次のような状況を想定している．

　ユーザの要求によって初期マップが生成され，ネットワークエディタにマップされたとき，抽出される専門用語の数が多い場合，そのままでは見にくいことが多い．そのためスライダーを使って，とりあえず出現頻度の高い部分に絞ってみる．そうすると出現頻度の高い部分は，文献にとって重要な部分を示しているので，それを見ると何が問題になっているか，大体の見当をつけることができる．

　マップが見にくいときは，用語を選択していろいろ動かしてみることを試みる．その間マップされた用語のつながりを考えながら，不要な部分を一時的に隠蔽したり，頻度の絞り込みによって隠れた部分を，表示したりしてみることができる．問題のつながりを考えながら，用語を動かしていくと，マップされた用語のつながりを文献で確認したくなる場合もある．その時は，用

第4章　概念ネットワークと連結した発想支援法の開発

表4.1　ネットワークエディタの機能

機能の名称		機能概要
(1)	save	作成したマップを保存する．
(2)	load	保存したマップを再度マップする．
(3)	clear	ウインドウをクリアする．データは保存されない．
(4)	cancel	選択したノードを解除する．
(5)	browse	ウインドウに表示されている用語が，文献のどこに出現しているかを検索し，一覧表示する．
(6)	unmap	不要な用語を一時的に隠蔽する．
(7)	remap	一時的に隠蔽した不要な用語を再度マップする．
(8)	link	マップされている用語と用語を線分で結合する．このときリンクの種類を数値や単語で指定できる．
(9)	unlink	結合された用語の線分を削除する．
(10)	add	ユーザが自分で必要な用語を入力し，マップに新たに追加する．
(11)	merge	類似の用語を一つにまとめる．後から選択した用語が削除される．
(12)	regexp	リンクを正規表現で絞り込んで，マップする．頻度が同じものだけをマップしたり，共出現だけをマップするなどに利用できる．
(13)	slider	出現頻度を指定して，マップデータの絞り込みを行なう．
(14)	right button	リンクで連結しているノードを順番に，ハイライトする．この機能で1次的なリンクか2次的なリンクかが分かる．
(15)	center button	ノードに表示されていないリンクがあるとき，表示する．
(16)	left button	ノードを選択する．ノードを移動する．
(17)	undo	編集前の画面に復帰する．
(18)	destroy	ノードを削除する．
(18)	change	レイヤを変更する．リンクの色を変える．

語が出現する文献とその文章を，Keyword Index からブラウジングすることができる．同じ概念を指す類義語などがあれば，一つに統合することができる．また用語と用語の間に新たなリンクが必要な時は，その場でリンクを生成する．生成したリンクの上には，単語や数値を一緒に表示することができる．逆に不要な場合は，削除できる．

　ある程度マップを見やすく整理して，保存の必要があれば，作成したマップを保存しておき，後でまた呼びだして修正することができる．新たな用語

がマップ上に必要になった時は，追加することができる．複数の文献をマップした場合は，文献ごとに表示することや，共通の部分だけを表示することもできる．複数のウインドウに，複数のマップを生成して，比較しながら見ることもできる．

これらの機能を使いこなすためには，システムに慣れるまで多少時間が必要であるが，概念ネットワーク上でKJ法を行なうことによって，利用者の新たな認知構造の形成支援が期待される．

4.5 ディジタル・ライブラリと認知構造の形成支援

最近のインターネットの普及にともない，ディジタル・ライブラリと発想支援を統合化した研究開発が行なわれるようになった [河合 95]．本システムにおいても，ディジタル・ライブラリと概念ネットワークの自動生成，KJ法支援などの要素技術が一体となって機能している [土橋 96a]．このような情報メディアの統合化をめざす研究は，マルチメディアの研究を中心に盛んに行なわれている．

これらの情報メディアの統合化がめざす目的の一つに，人間の情報に対する適切な認知構造の形成支援をあげることができる．ここで取り上げる認知構造とは，対象世界のモデルに対する見方，考え方というような意味であり，広く考えれば問題解決においては，問題構造のとらえ方などが，それと同じ考え方に立つものと思う．

人間は五感を利用して，外部からさまざまな情報を受け取り，それを利用して対象世界のモデルを組み立てている．マルチメディアの考え方は，扱える情報の範囲を人間と同じようにすることによって，対象世界に対する認知構造の形成を支援しているといえる．本研究で，ディジタル・ライブラリ機能を基本として発想支援を考えたのは，このような観点に立つためである[長尾 95]．またディジタル・ライブラリでは，多種類の情報を扱うことができるようになったが [ACM 98]，発想支援システムの研究で行なわれているような，利用者の思考を支援するような機能は極めて少なく，今後の研究課題

となっている．

　ディジタル・ライブラリ機能の一部として，全文検索が可能なシステムはいくつも開発されてきたが [情報 99]，そこで使われている情報検索システムにはいくつかの問題点が指摘される．現在の情報検索システムは，単語を基本としており，その単語が表現している概念が文献中で果たしている役割や，概念間の関係を表現できないところに問題がある [Ingwersen 93]．本研究はこのような問題意識に基づき，文献から重要な概念を抽出し，それらの関係を概念ネットワークによって表現することにより，文献中での概念間の関係を視覚化する一つの方法を提案した．

　本研究のアプローチは，テキストを中心とした情報メディアの分析手法として位置付けることができる．本システムによって文献の重要な部分を識別するための構造分析を行なうことができ，テキスト内の関係を表現し，これを情報検索に有効利用することができる．

　例えば，情報検索の専門家の間では，利用者は必ずしも要求を明確に保持しているとは限らないという事実は常識になっている．利用者の要求は曖昧であり，言葉として表現できない場合もある．その際の検索は試行錯誤的に行なわれざるを得ない．試行錯誤による検索を繰り返すことで，適切な検索語を探ることになる [Dobashi 92]．

　このような場合に利用者の検索要求に関連した問題構造を視覚化して提示できれば，利用者の検索語の決定を支援することが期待できる．本システムに実装した 2 つの概念ネットワークは，このような情報検索における認知構造の形成支援を念頭において開発したものである [Dobashi 94]．図 4.4 に仮説生成支援システムと利用者の全体概念図を示す．

4.6　本章のまとめ

　本章では，概念ネットワークと連結した発想支援法の開発について，理論的な背景と実際に構築した支援機能の観点から論じた．概念ネットワークとKJ 法を連結することによって，マップを見やすくすることができる．同時に

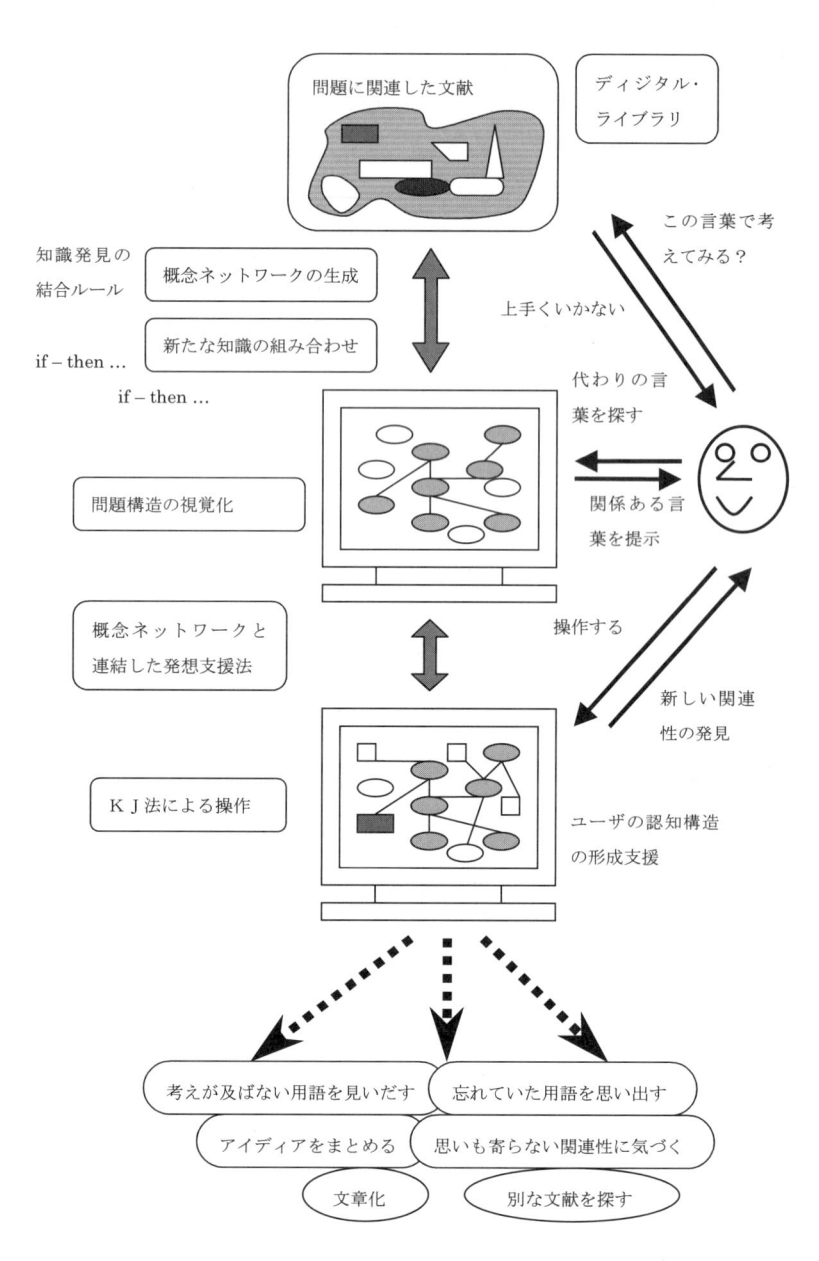

図4.4 仮説生成支援システムと利用者の関係（概念図）

第4章 概念ネットワークと連結した発想支援法の開発

利用者は，マップ上でKJ法を行なうことによって，新たな認知構造を形成するための，試行錯誤を行なうことができる．自動初期配置や自動グループ化については，利用者の作業上の負担と認知的な負荷を軽減する新たな工夫も必要とされており，今後も検討すべき課題が残されている．

次章では，仮説生成支援を目的にしたシステムの全体構成について述べる．

第5章 仮説生成支援システムの開発

5.1 仮説生成支援のためのシステム統合

本章ではこれまでに開発した機能をもちいて,被験者に対して実験を行なうため,仮説生成支援を目的としたシステムの統合を行なう.

本システムにおいて,テキストマイニングによって文献から生成される概念ネットワークは,システムが提案する問題構造として,ユーザに提案するひとつの仮説の構造であると見なせる.ユーザはその仮説構造を見て,コンピュータとインタラクションをしながら,提案された構造に自分の考えを取り入れて精緻化し,自分の仮説構造としてまとめあげることができる.このような意味において本システムは,ユーザの思考過程における仮説生成を支援するための,仮説生成支援システムであるといえる.

これまでの主な発想支援システムのうち,本研究と関係の深いものがいくつかある.最近における発想支援システムの研究概要は[國藤93,折原93,折原93b,杉山93]などに簡潔にまとめられている.また[富士通91, SICE 94, SICE 95]には,国内における最近の発想支援システムの研究成果が報告されている.本研究と関連の深い発想支援システムの開発例を以下に簡単にまとめておく.

1. Keyword Associator

Keyword Associator とは,アイディアを広げていくきっかけとなるような刺激を,コンピュータから得るためのツールである.このシステムは,電子ニュースの記事などのテキスト情報から,連想辞書を自動的に構築する.この連想辞書は,ユーザが入力したキーワードやテキストに対して,関連するテキストやキーワードを検索するために使われている.システムから得られ

る情報が全て役に立つわけではないが，中には自分だけでは到底思い付かないようなものも含まれている．これらが刺激となり，アイディアを広げていくための発散的思考を行なう際の支援を目的にしたシステムである．Keyword Associatorでは，kaeditorというサブシステムを利用して，ユーザが自分で最初のキーワードを入力していかなければならない［渡部94］．

2．FISM

FISMは，ISM（Interpretive Structural Modeling）という構造モデリングを基盤とする発想支援システムであり，統合技法に分類される．ユーザは問題の関係を定義し，構成要素を明確にするなどのFISMセッションと呼ばれる作業を行なう．この結果をもとにシステムは，対象とする問題のアイディアや知識の断片間を一対比較により定義し，それによって組織化を行ない，その結果を階層グラフで表現する［遠藤93］．

3．AA1

AA1（Articulation Assistant version 1）は，ユーザが発想の断片として入力するキーワードを空間配置することにより，さらに発想を促そうとするシステムである．ユーザが思い付いた言葉を入力し，関連のあるものにはリンクを定義して行く．それを多次元尺度構成法をもちいて解析し，関係のある言葉同士は関係のない言葉同士よりも距離が近くなるように言葉の空間配置を計算し，結果をユーザに提示する［堀94a］．

4．Methaphor Machine

Methaphor Machineは，関係データベースをもちいて，入力文の動詞を同義語で言い換え，それがもちいられているものとは異なる分野の目的語を出力するもので，いわば隠喩を自動生成するシステムである．見慣れたものの新しい見方を考えるというような場合には，ブレーンストーミングが有効だが，人数が集まらないとできないこともある．そのため人数が足りない時には，コンピュータをグループの一員として加え，データベースの知識をグループ

に取り入れることにより，記憶や知識を拡張することを目的にしたシステムである［Young 87］．

5. CONSIST-II

CONSIST-II は，KJ法流のカードに基づく整理を基本とした知識整理を支援するシステムである．このシステムでは，複数の視点からの図解を統合し，概念ベースと呼ぶデータベースにより管理する．ユーザが指定した整理の視点の切り換えや，視点の合成などを扱うことを可能にしており，階層的な有効グラフによってユーザに視覚的な刺激を与えることを目標としている［篠原 93］．

6. PAN/WWW

PAN/WWW は，KJ法を利用したシステムであり，カードを広げ操作するための仮想的な机の上で，インターネット分散情報検索機能を持ったカードをもちいて，情報を検索，収集するためのカード操作ツールである．WWW Viewer とカード操作ツールの統合化をおこない，インターネットを利用した情報の収集と情報整理の作業を効率良く行なうことができるシステムをめざしている．［河合 95］．

7. HIPS

HIPS は，Keyword Associator と D-ABDUCTOR と呼ばれる2つのシステム開発における要素技術を統合して開発されたシステムである．これは発散的思考支援システムと，収束的発想支援を目的にした図的発想支援システムと呼ばれるものを組み合わせたものであり，2つのシステムを統合することによって，単体ではできなかったさまざまな支援機能を提供することを目標にしている．このシステムでは，カードの自動初期配置や自動グループ化，ラベル付け支援，自動関係線付けなどのKJ法支援機能が開発されている［渡部 95］．

8．ACCENT

　ACCENT は，大量のテキスト情報から有用な情報を発見することを目的に開発されたテキストマイニングツールである．文書群から抽出された単語の間の連想関係を単語の共起性に基づいて計算し，ネットワーク図によるマップとして視覚化する．文書を個別に調べてもわかりにくい文書群全体が持つ特徴や傾向を，視覚化された単語の連想マップをとおして読み取ることを可能にしている［渡部 99］．

9．DENDRAL

　DENDRAL は，仮説生成を目的にしたシステムであり，最初に開発されたエキスパートシステムと言われ，1965年にスタンフォード大学で研究が開始された．構造が未知の有機化合物の分子式と質量スペクトルデータとを入力して，最も可能性の高い化学構造式を推定するシステムである．有機化合物の熱分解に関する専門知識や質量スペクトルと構造を結び付け，一致度の重要性を評価するために経験則を利用するプロダクションシステムである［Lindsay 93］．

　これ以外にも多くの発想支援を目的にしたシステムが開発されてきた．最近における発想支援システムの研究開発の動向として，インターネットとマルチメディアに関連した研究成果を取り入れるものが多くなっている［河合 95］．また発散的思考と収束的思考の両方の支援を目標とするものや，情報視覚化機能と統合したシステムの開発が今後は盛んに行なわれるであろう［角 99b］．本システムの開発に際しても，最近におけるこれらのシステム開発が参考になっている．

5.2　リンクの自動生成と検索機能

　本システムでは，タイトルやキーワードなどの検索用のインデックスと文献間に張られたリンクは，文献を追加するごとに更新することにしている．

第5章 仮説生成支援システムの開発

文献が追加されたときリンクが更新されないのでは，検索を行なう上で，同じリンクをたどることになってしまい，検索に限界が生じる．ハイパーテキストのリンクは，基本的には静的なものと考えられる．しかし利用者の要求は固定的なものではないため，ハイパーテキストのリンクも動的に生成する工夫が必要である．

　本システムでは，利用者の要求に応じて用語間にリンクが生成されると，インデックスもそれに対応してその場で更新される．このようにリンクを動的に生成できるようになると，利用者の検索要求があいまいな場合に対応可能な検索機能として使うことができる．例えば，利用者の検索要求がはっきりしないあいまいな言葉のような場合には，概念に関連して利用者が思い付いた言葉を入力することによって，従来のキーワード検索の機能と同じように使うことが可能になる．

　本システムでは，このような利用者の概念レベルでの検索要求に対応するため，従来のキーワード検索と似たような効果を持つ機能を開発した．利用者のキーワードを利用して，キーワードに関連した文献とキーワードを含む文章を表示するためのハイパーリンクを，文献からその場で自動抽出し，キーワードインデックスを生成することにしている．利用者は生成されたキーワードインデックスを利用して，文献のブラウジングを再開することができる．

　視覚化されたインデックスを利用したブラウジングによる検索機能と，キーワードインデックスのその場における生成による検索は，利用者の検索プロセスの中で，自由に切り換えて利用できることが重要である．それによって利用者の検索プロセスを妨げることのない，自由な試行錯誤の支援効果を高めることができる．

　本システムでは，ハイパーテキストおよびリンクの生成に, HTML (Hypertext Markup Language) を利用している［Graham 95］．これをもちいて知識ベースの文献をハイパーテキスト化し，文献と各種のインデックスの間に，検索用のリンクをシステムによって自動的に生成している．また検索の基本はハイパーテキストのリンクをたどる連想検索である．現在用意している検索パターンから，次のような連想検索を行なうことができる．これらの検索方法の充

実は，問題解決における試行錯誤的な思考を支援するために必要なものと考える．なお，検索の対象となる部分は，文献のテキストの部分だけである．しかし，図表のタイトルなど付随したテキストの部分も検索の対象となる．

1．文献から関連文献を求める．

　本システムでは，次節で詳しく触れるように，専門用語の共出現によって，内容的に類似している文献を求めている．類似文献の提案機能によって，現在表示している文献と内容的に類似した文献をシステムが自動的に提案する．それによって，類似文献を容易に検索することが可能となる．

2．文献から関連単語を求める．

　文献内の専門用語を取り出す機能がこれにあたるもので，本システムでは概念ネットワークのマップとして表現されており，その中に文献に関連した専門用語が視覚化されている．そのほか文献から抽出した専門用語のブラウズ機能も用意されている．

3．単語から関連文献を求める．

　Keyword Index のブラウズ機能は，専門用語が出現する文献へのリンクをたどることができるようになっており，単語から関連する文献を簡単に求めることができる．

4．単語から関連単語を求める．

　キーワードマップの機能は，キーワードと関連した単語を抽出し，概念ネットワークを生成する．これによって知識ベース内にある関連した用語を取り出すことができる．

5.3　類似文献の提案

問題意識を持って文献の検索を行なう時は，内容的に類似している文献が

第5章 仮説生成支援システムの開発

一緒になっていると，都合の良いことが多い．例えば一つ文献を選択したならば，その文献と内容的に類似している文献が自動的に提供されれば，検索の手間が省けることもある．さらに類似した文献の中でも，例えば類似度の高い順に並べ替えられて提供されるとすれば，どの文献が内容的に最も近いかを即座に判断できる．

研究者は文献のサーベイを行なうときに，複数の文献を調べるのが当然のことになっている．研究論文などでは，数百の引用文献がリストアップしてあるものも珍しくない．また一箇所に複数の文献を引用することも普通に行なわれている．これらの場合は，ほとんどが内容的に共通点のある文献の引用であることが多い．

このようなことから情報検索などの場合には，類似文献の自動的な提案機能というのは，かなり有効に機能するものと思われる．これまでに実用化された情報検索システムでは，利用者のキーワードによるタイトルなどの部分的な共出現が中心であるから，内容的な類似度は得られないことが多い．最近行なわれているディジタル・ライブラリの研究開発でも，類似文献の提案機能はまだあまり見られない．

類似文献の提案機能が必要なのは，直接的には検索の支援であるが，本システムにとっては，副次的な意味のほうが重要である．すなわち内容的に類似の文献では，同じような問題が扱われている可能性が高いと言える．特に専門用語の共出現が多い関係にある文献にこのようなことが言える．類似の文献を一つずつマップしていくと，重要な部分の違いが視覚化できる．あるいは複数の文献を組み合わせてマップすると，共通の問題点をはっきりさせ，それぞれに独自の部分も色分けによって分離することができる．

また類似の文献を選択すると，選択した文献間で，どのような専門用語が共出現しているか見ることができる．本研究における類似文献の提案機能は，問題構造を多面的にとらえる機能を支援するものとして開発している．

文献データベースの検索では，類似文献を求める研究がいくつも行なわれているが [Salton 94]，本研究ではこれらの研究を参考にして，文献間の類似

度を定義した．類似度の定義は，文献間における専門用語の共出現を累積した値を用いて行なっている．例えば，利用者が文献 R を選択したとして，類似度を次のように求める．

(1) システムは知識ベース全体を調べ，文献 R に含まれる専門用語が共出現している文献を取り出す．
(2) システムが取り出した文献において，文献 R に含まれる専門用語のそれぞれについて，のべ出現回数をカウントする．
(3) これをシステムが取り出した全部の文献に対して行ない，文献ごとの合計を求め，値の大きい順に並べ替えを行なう．

利用者が選択した文献 R とシステムが取り出したそれぞれの文献間に，n 個の共出現があったとする．それぞれの専門用語の述べ出現回数をT_nとすると，抽出された文献ごとの類似度Sを次の式で求める．

$$S = \sum_{k=1}^{n} T_k$$

5.4 分析結果の表示

ユーザインタフェースの観点から，システムが現在どのような動きをしているかを，利用者に知らせることが重要である．また分析データを生成している場合は，わかりやすく利用者に提示しなければならない．本システムでは，文献から生成した概念ネットワークをネットワークエディタにマップしているが，このマップを生成するために付随した情報を利用者に提供する必要がある．

それによって利用者がマップを生成する視点を切り換えたり，またはマップの生成自体を行なうかどうかを決めることになる．開発者側からすれば，単に操作上のエラーメッセージを表示するだけではなく，システムの目的や機能を無視した使いかたを防ぎ，システム操作上における利用者の適切な認

第5章 仮説生成支援システムの開発

知モデルを形成することが重要になる．

　本システムでは，システムからのメッセージをメッセージブラウザに出力している（図5.1）．その内容と目的およびブラウザの機能をまとめる．利用者はこれらのメッセージを参考にしながら，文献の選択やマップを描画するための文献の組み合わせなどを行なうことができる．

１．類似文献の提案
　利用者が文献を選択すると，その文献ごとに関連した文献を提案する．利用者は関連した文献が提案されるウインドウから，文献を選択してブラウズすることができる．類似度はそれぞれの文献ごとに，数値で表示される．

２．検索した文献の一覧
　利用者が検索した文献の履歴は，システムによって管理されており一覧することができる．それらは概念ネットワークを生成する場合の文献の組み合わせとして利用される．

３．表示している文献に含まれる因果関係を表現する文章
　利用者が選択して表示された文献に，因果関係を表現するセンテンスが含まれている場合，そのセンテンスを抽出して知らせる．センテンスにマップを生成するために十分な専門用語が含まれている場合は，マップが可能なことを知らせる．なお因果関係だけでなく，あらかじめ用語を指定しておけば，指定した用語が含まれるセンテンスを表示し，同様のことを行なう．

４．文献に含まれる専門用語
　文献に含まれている専門用語を一覧表示する．文献の中に含まれている重要な部分が，ある程度想定できる．

５．検索した文献間における専門用語の共出現
　検索した文献の間に専門用語の共出現がある場合に表示する．文献の組み

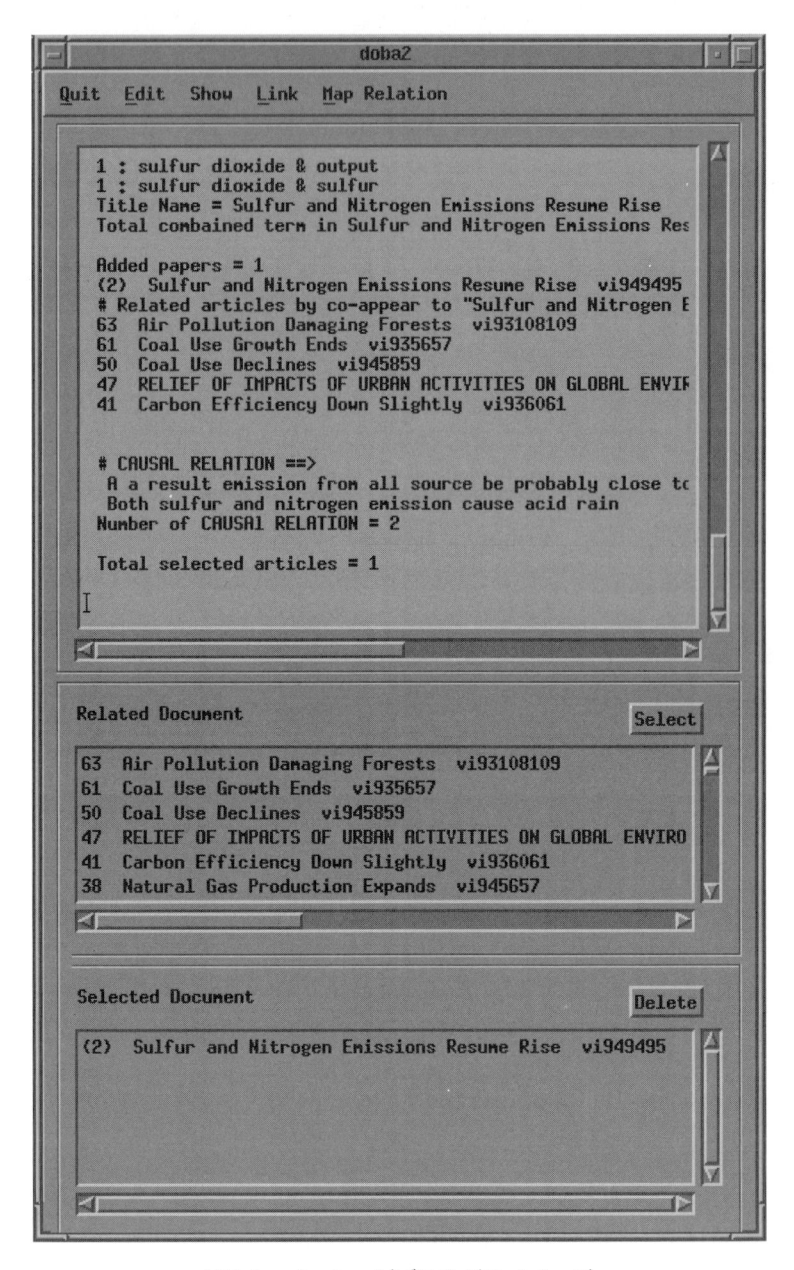

```
                                    doba2
 Quit  Edit  Show  Link  Map Relation

  1 : sulfur dioxide & output
  1 : sulfur dioxide & sulfur
  Title Name = Sulfur and Nitrogen Emissions Resume Rise
  Total combained term in Sulfur and Nitrogen Emissions Res

  Added papers = 1
  (2)  Sulfur and Nitrogen Emissions Resume Rise   vi949495
  # Related articles by co-appear to "Sulfur and Nitrogen E
  63  Air Pollution Damaging Forests   vi93108109
  61  Coal Use Growth Ends   vi935657
  50  Coal Use Declines   vi945859
  47  RELIEF OF IMPACTS OF URBAN ACTIVITIES ON GLOBAL ENVIF
  41  Carbon Efficiency Down Slightly   vi936061


  # CAUSAL RELATION ==>
   A a result emission from all source be probably close tc
   Both sulfur and nitrogen emission cause acid rain
  Number of CAUSAl RELATION = 2

  Total selected articles = 1
```

```
 Related Document                                    Select

  63  Air Pollution Damaging Forests   vi93108109
  61  Coal Use Growth Ends   vi935657
  50  Coal Use Declines   vi945859
  47  RELIEF OF IMPACTS OF URBAN ACTIVITIES ON GLOBAL ENVIRO
  41  Carbon Efficiency Down Slightly   vi936061
  38  Natural Gas Production Expands   vi945657
```

```
 Selected Document                                   Delete

  (2)  Sulfur and Nitrogen Emissions Resume Rise   vi949495
```

図5.1　メッセージブラウザのイメージ

合わせは一対一で行なう．文献間で共通に取り上げられている専門用語を知ることができる．

5.5 仮説生成支援システムの全体構成

これまでにまとめた基本的な枠組みを基に，本研究で開発した仮説生成支援システムの全体構成を図5.2に示す．本システムの利用は研究者が文献を読みながら，研究テーマや政策の策定などに思考をめぐらすときの状況を想定し，ディジタル・ライブラリの機能を統合して実験システムの構築を行なっている．システムは Sun SparcStation の X11R6（X Window 11 Release 6）上で稼働している．なお GUI（Graphic User Interface）としては，Motif をもちいており，主にテキストデータの処理とリンクの生成部分に Perl を利用し，その他の部分は C 言語を利用してプログラミングされている．

システムは大きく 6 つの部分に分かれている（図5.2および図5.3）．

1．NCSA Mosaic（WWW のブラウザ）

NCSA Mosaic（以後 Mosaic）はシステムのブラウザの役割として利用している．インデックスとリンクを利用した文献の検索および文献の内容を読むために使われる．

2．メッセージブラウザ

システムのメッセージを表示し，類似文献の提案と検索履歴の管理を行なう．また複数文献のマップを生成する場合に，文献の組み合わせを行なう．

3．ネットワークエディタ

システムが生成した概念ネットワークを描画するエディタである．KJ 法によって発想支援活動を行なうことができる．

4．知識ベースとインデックス

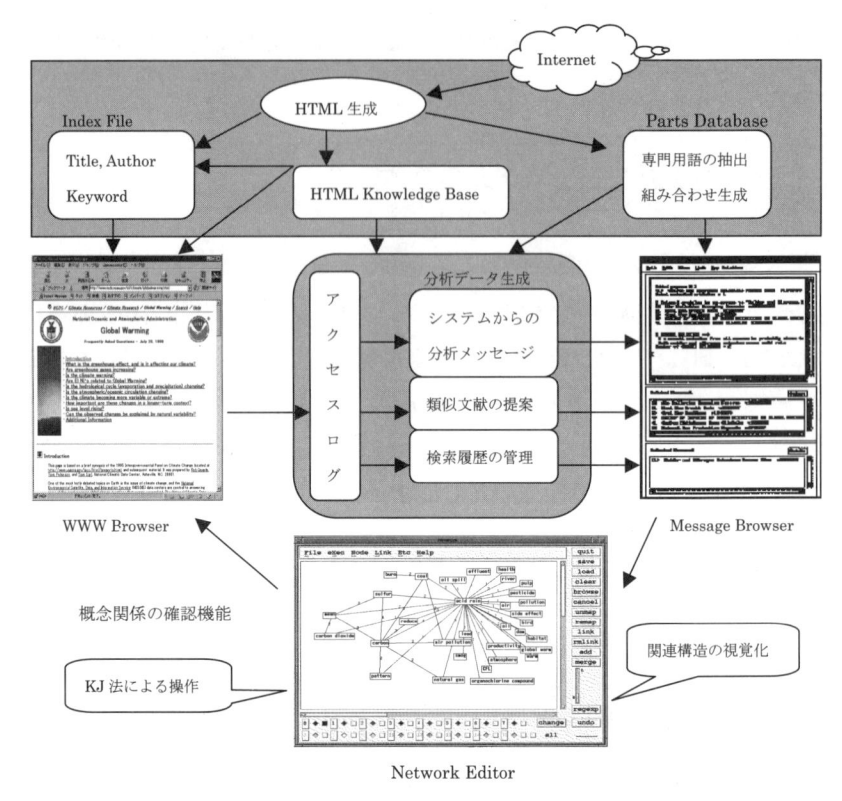

図5.2 システムの全体構成（概念図）

知識ベースおよび検索用のインデックスファイルから構成される．

5．パーツデータベース（Parts Database）

処理を高速化するため，前処理データを準備するデータベースである．

6．分析データ生成部およびログ管理部

システムで利用するデータを生成し，ブラウザのログを管理する．本システムはマルチユーザに対応しており，この部分で利用者ごとに検索履歴の管理も行なっている．

第5章 仮説生成支援システムの開発

　図5.3はシステムの全体的な外観である．左側に文献を検索したり読んだりするためのWWWのブラウザ（Mosaic），右側が分析結果を表示するMessage Browser，左下は概念ネットネットワークをマップするためのエディタ（Network Editor）である．右側のMessage Browserの上段のウインドウには，システムの状態や分析結果が表示される。中段のウインドウからは，システムが提案する類似した文献を選択して表示させることができる．また同じ右下のウインドウでは，選択した文献のうち，不要なものの選択を解除して，マップの対象となる文献の組み合わせを変更することができる．

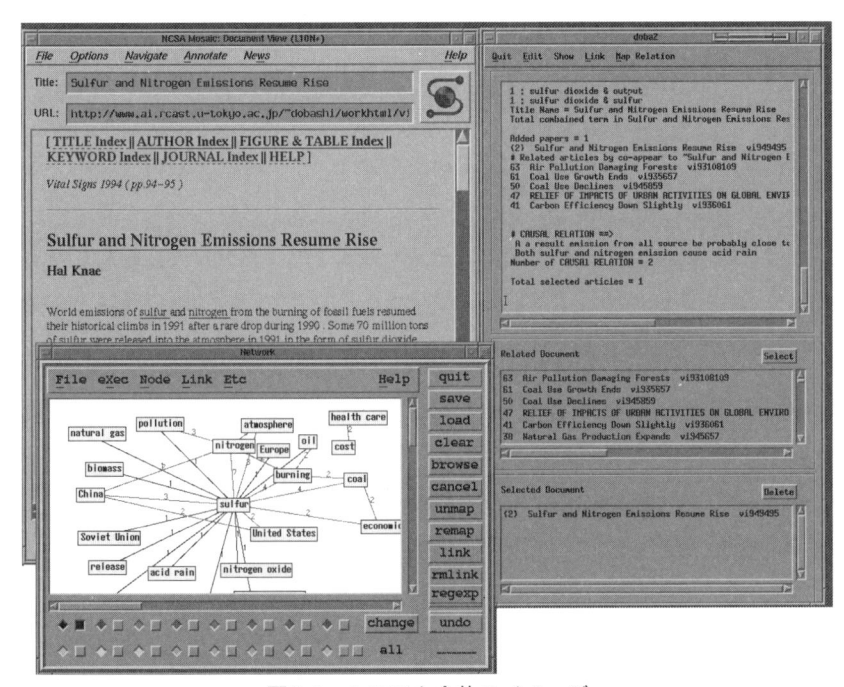

図5.3　システム全体のイメージ

5.6　システムの知識ベース

　知識ベースをどのように構成するかは，利用対象や利用目的に合わせて考えねばならない．本システムでは地球環境問題を例として取り上げている．

しかし，地球環境問題が持つ特徴を考慮して，システムの利用者を地球環境問題の研究者およびそれ以外の分野の研究者も対象としている．対象とする被験者については，第6章第1節で詳しく述べる．ここではこれらの利用者を対象にした知識ベースの内容と構成を中心にまとめる．

　本システムの知識ベースは，論文の全文をデータベース化したものに加え，知識ベース内部を検索するためのリンク情報をも含んでいる．従って，Mosaicによってブラウズすると，知識ベース内に用意されたリンクをたどって，文献を見てまわることができる．地球環境問題を扱った文献にはさまざまなものがあるが，ここでは専門家と非専門家の両方で使える内容と分野を考慮し，主に論文集を中心に集めることにした．研究者を対象としているため，言語は英語に限って集めている．システムの知識ベースは，研究者が特定のテーマに基づいて，数編の論文を書く場合を想定している．これらの中には，論文の全文のほか図表および引用文献のリストも含まれている．また知識ベースへの文献の追加は，HTMLで一定のルールによってタグ付けされたものであれば，テキストの部分は自動的に行なうことができる．表5.1に実験でもちいた知識ベースの内容を示す．

表5.1　知識ベースの内容

知識ベースの内容	数	容量
論文（Vital Signs 1993-94, Economist, Internet）	133	3.4 (MB)
図表（グラフ，数値データ）	241	10.9 (MB)

　構築した知識ベースの特徴としては次のような点があるが，これらは文献の内容をそのまま反映したものである．

1．論文の大きさ

　論文の大きさは概要的な短いもので約700ワード，長いもので約17,000ワードであり，図表を含めると十数ページにおよぶ．

2．図表

　論文にはグラフ，数値データ，図を含んでいる．これらのタイトルからもキーワードインデックスを切り出しており，検索の対象になっている．

3．内容

地球環境問題を多面的に把握する必要があることから，論文集（特に Vital Signs）の内容には，地球環境問題に関連したもので，食料，農業，エネルギー，大気，経済，交通運輸，社会，軍事など多くの分野に関する記事が含まれている［Brown 93, Brown 94］．また実験の課題で利用する地球温暖化に関する論文を，Economist およびインターネットから収集した．

5.7 問題構造図の生成実験

ここでは統合したシステムと収集した文献をもちいて概念ネットワークを生成し，実際に問題構造図を描画した例を示す．第6章以降で行なう被験者による実験に，システムが使えるかどうかを確認することも目的である．単一文献から問題構造図を生成した例（図5.4），複数文献にまたがる問題構造図を生成した例（図5.5），およびユーザのキーワードに基づいて生成した例（図5.6）をそれぞれ示す．

1．単一文献による問題構造図の生成例

一つの文献をユーザが選択してマップすると，その著者の問題に対する見解が，概念ネットワークとして生成される．図5.4の場合は，システムが生成した初期マップ全体に対して，KJ法支援機能を利用し，手作業で見やすく再配置を行なったものである．

実験に用いた論文集は，地球環境問題に関するもので，数ページ毎に一つの論文が完結し，それぞれタイトル，著者，本文，図表，引用文献などを備えている［Brown 93, Brown 94］．図5.4に描画した文献（Vital Signs 1994, pp. 66–67）の例では，テキスト部分の総単語数は1,275である．またシステムによって抽出された用語は54であり，文献中における専門用語のべ出現回数は87である．これらの専門用語を用いて生成された組み合わせは125となっている．この文献のタイトルは「Global Temperature Rise Slightly」というもので，地球を取り巻く大気温度の上昇の因果関係について，統計データを利用

しながら簡潔にまとめられている．システムを利用してマップされたgreenhouseという用語から逆にセンテンスを検索すると,「The atmospheric concentration of the principal greenhouse gas, carbon dioxide (CO$_2$), has continued to rise as a result of the fossil fuel burning and deforestation.」というセンテンスを見いだすことができる．このセンテンスから抽出された用語が，図5.4の中央のやや下部にマップされており, greenhouse–carbon dioxide–fossil fuel–burning–deforestationというリンクのつながりとなって表現されていることが分かる．

このセンテンスではdeforestationとnitrous oxideとの関係は述べられていないが，システムではこの2つの用語の関係が深いことを示唆している．さらにatmosphericはatmosphereと名詞に変換され，他のセンテンスで述べられているsulfurやMount Pinatuboと関連づけられている．Mount Pinatuboの噴火によって，大量のsulfurが大気中に噴出し，一時的に地球温暖化がストップしたことが，関連したセンテンスに述べられている．またoceanやnitrous

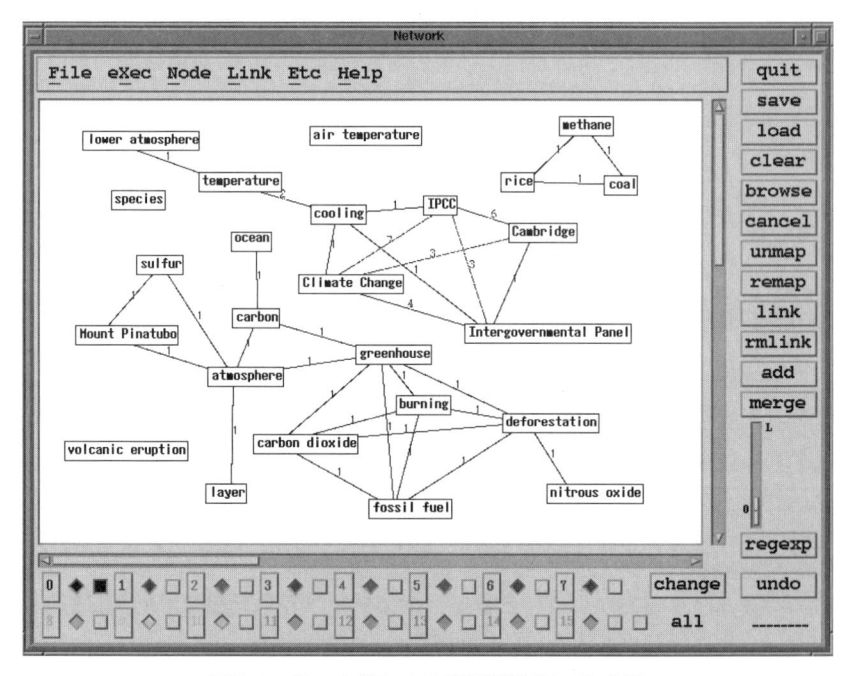

図5.4 単一文献による問題構造図の生成例

第5章　仮説生成支援システムの開発

oxideのようにこのセンテンス上に含まれていない単語もリンクでつながっているが，これは他のセンテンスに出現しているものをシステムが自動的に抽出し，共出現する文字列を連結して提示したものである．このように該当するセンテンスには，述べられていなくても，他の部分で述べられていれば，システムは自動的にリンクを生成する．これは複数の文献をマップする場合にも同様に行なわれる．

2．複数文献による問題構造図の生成例

　ユーザはシステムに用意された類似文献の提案機能や，インデックスを利用して検索を繰り返し，マップしたい文献を自由に組み合わせることができる。

　図5.5は2つの文献を同時にマップした例であり，実際の画面ではそれぞれの文献ごとに色分けされている．図5.5の例では見やすくするため，全体的に用語の出現頻度を2以上に限定している。

　図5.5に示した問題構造図は，概要的な2つの文献（文献1；Vital Signs, pp. 94–95,1994, 文献2；Vital Signs, pp. 108–109,1993）から生成された概念ネットワークをもとにして，開発したネットワークエディタの機能を使って整理したものである．

　前者の文献は単語数1,122, 抽出された用語は37, 用語の文献中におけるのべ出現回数は86, 生成された用語の組み合わせは126である．後者の文献は単語数が1,789あり，そのうち抽出された用語は83である，用語のこの文献中におけるのべ出現回数は168で，生成された用語の組み合わせは267である．2つの文献を合わせた総単語数は2,911であり，その中で用語が合計のべ254回出現し，マップを生成するための用語の組み合わせは合計393となっている．

　図5.5の左上は文献1（文献ID：vi949495），中央は2つの文献に共出現する部分，右下は文献2（文献ID：vi93108109）の内容をそれぞれ集めている．これら2つの文献は大気汚染が地球環境にどのような影響を与えるかを簡潔にまとめており，図のほぼ中央には，sulfur や pollution, nitrogen oxide のように2つの文献に共通に出現する重要な用語が配置されている．

文献1で描画した内容では，China における sulfur の大気中への放出が年々
増大しているが，米国は逆に近年減少していることなども述べられている．
また文献2（ID：vi93108109）では，sulfur を多く含んだ coal の最大の利用
国である China では，air pollution によって引き起こされる森林破壊が起きて
いることなどに触れている．生成された概念ネットワークによる問題構造図
には，coal–China–sulfur–United States–air pollution のようにリンクが生成され，
2つの文献で触れられている関連性が描画されていることが分かる．このよ
うに複数の文献から概念ネットワークを生成すると，互いの文献で独立に述
べられていることがらの共有点を連結し，関連した問題構造として生成する
ことができる．

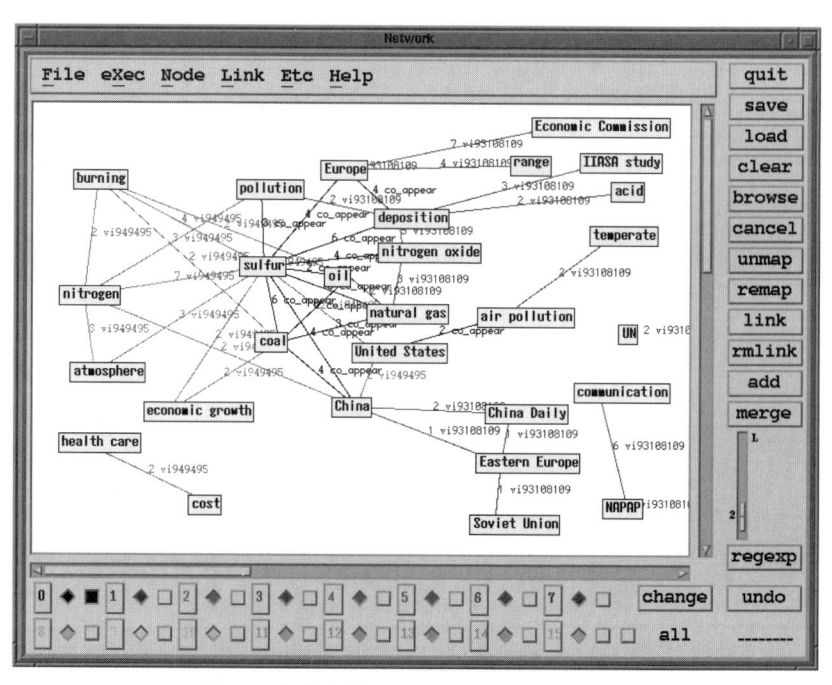

図5.5　複数文献による問題構造図の生成例

3．キーワードにもとづく問題構造図の生成例
　図5.6は acid rain という複合語で知識ベース全体を検索して生成した概念
ネットワークをもとに作成した問題構造図である．この場合には知識ベース

第 5 章　仮説生成支援システムの開発

の 12 の文献から 13 のセンテンスが検索され，その中から 161 の用語の組み合わせが生成された．図 5.6 は全体を表示した後，見やすくするために出現頻度を 2 以上に限定し，acid rain に直接つながっている部分だけ再度表示させたものである．

　収集した文献を読んで見ると，acid rain の主な原因は化石燃料の燃焼による sulfur などの大気中への放出にあると述べられている．また acid rain は森林破壊をもたらし，湖沼の酸性化などによって生態系に影響を与え，また建築物などにも被害を与えることも述べられている．生成された概念ネットワークを見ると，smog, carbon, sulfur, lead, air pollution, coal, burn, global warm など，acid rain の原因と強く関連した用語が描画されていることが確認できる．また，side effect, bird, habitat, health, productivity など acid rain が与える影響と関係の深い用語も抽出されており，広い意味での因果関係が表現されていると言える．さらに reduce という用語が acid rain と carbon の間に

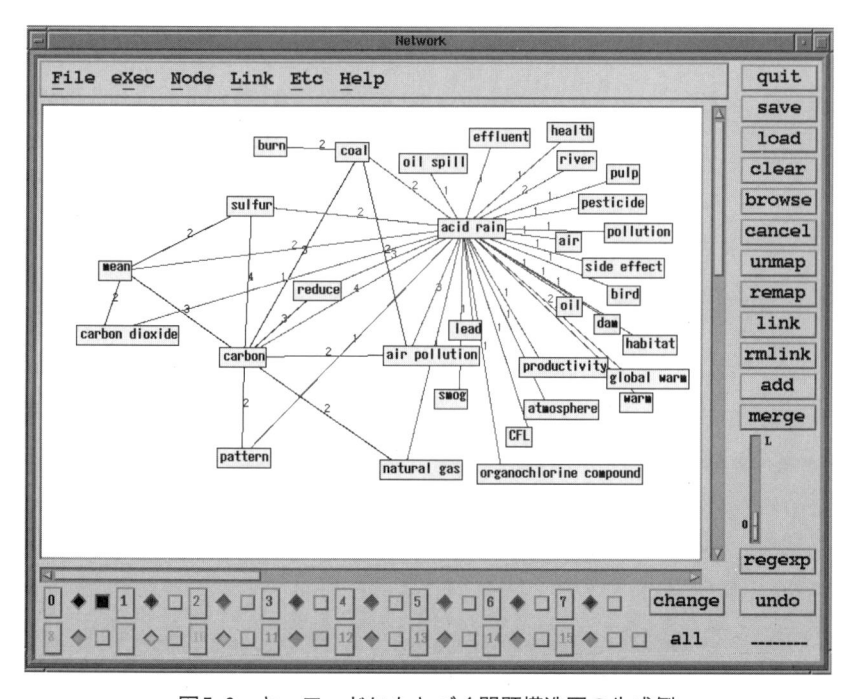

図 5.6　キーワードにもとづく問題構造図の生成例

生成され,acid rain の対策として carbon を削減することが示唆されているが,これらの関係は文献の中でも述べられており,システムが重要な部分を適切に抽出していると言えるのではなかろうか.

5.8 本章のまとめ

本章では仮説生成支援システムを構築するため,前章までにまとめた概念ネットワークの生成を,側面から支援する機能について論じた.それらの機能は,リンクの自動生成と検索,類似文献の提案,分析結果の表示などである.これらの機能はシステムを効率よく利用するためのユーザインタフェースの役割をしており,システム構成上重要なものとなっている.

また本システムで利用する知識ベースについてもまとめた.この知識ベースは被験者が実際に画面上で読むことを想定しており,文献の内容をできるかぎり忠実に再現している.従って,実際に読めるようにして知識ベース化するには,非常に手間のかかる作業が必要となるので,その自動化を行なっている.さらに統合したシステムと実際の文献をもちいて,問題構造図の生成実験を行ない,それらに描画されている特徴について述べた.

次章では開発したシステムを利用して,仮説生成支援の実験を行なうための実験方法を検討する.

第 6 章　仮説生成支援の実験

　発想支援システムに最も期待される効果は，思考作業の結果として，新たな視点や新たな考えが思い浮かぶといった量の増加と，アイデアがより精緻化されるなどの質の改善と向上にある．発想支援システムの評価をより正確に行なうためには，定量的分析と定性的分析の両方から行なうことが重要である．そこで発想支援システムを定量的かつ客観的に評価するための新たな枠組みを提案しようとする研究も行なわれている［三末 95］．本実験でもどの程度発想が行なわれたかを定量的な分析によって試み，また発想の内容がどのように変化したかを定性的に分析する新たな試みを提案している．実験は問題解決および問題発見における仮説生成支援の観点から，次のような内容を検討して行なった．

(1)　被験者の初期状態を把握するための実験と評価（第 7 章）
(2)　問題の関連構造の視覚化支援に関する実験と評価（第 8 章）
(3)　新たな認知構造の生成支援に関する実験と評価（第 9 章）
(4)　問題解決における仮説生成の支援効果に関する実験と評価（第 10 章）
(5)　問題発見における仮説生成の支援効果に関する実験と評価（第 11 章）

　これらの実験と評価および考察については，該当する章で詳しく述べる．本章では仮説生成支援の実験をとおして，開発したシステムの評価を行なうための実験全体について検討する．

6.1　これまでの評価方法

　発想支援システムには，人間の思考過程を支援したいという願いが込めら

れているが，その効果を明確に把握することは意外に難しい．発想支援システムを利用した結果として，発想あるいはアイディアの量的な増加や，精緻化など質の向上の達成が期待されるが，これらの性質自体はあまり明確になっているとはいえず，測定方法も試行錯誤の段階であり，さまざまな方法が試みられている．

例えば，これまでに開発されたシステムでは，各機能の使用感や満足度の回答をアンケートによって求めるなど，ユーザの主観をベースにした評価が一般的である［三末 94］．しかしアンケートだけでは主観的な評価にとどまり，開発したシステムがどう役立つかを客観的に評価するためには充分とはいえない．KJ法を取り入れたシステムでは，D-ABDUCTOR［三末 95，新田 95］，郡元［宗森 94］，KJエディタ［小山 92］などがあり，これらのシステムでは，システムを利用した発想活動における作業の時間的な観点からの評価が中心に行なわれている．

D-ABDUCTORでは，システムの使える機能を制限した5つのモードで作業時間の比較を行なって，手作業に比較して効果があることを示している［三末 95］．さらに実際の思考作業を行なって，その際の操作や意図を詳細に記録し，その分析をとおして思考過程の時間的な進行の実体把握が試みられている［新田 95］．郡元では，複数台で行なう分散協調型KJ法を，学生実験に適用した結果と，紙面上で行なったKJ法の結果とを比較し，意見の数，文字数，かかった時間などをパラメータとして分析している［宗森 94］．KJエディタでは，KJ法で普通に行なわれるカードを広げる作業，あるいはカードに文字を書き込むというようなKJ法の基本的な作業において，システムを使う場合と使わない場合の作業時間の比較を行なっている［小山 92］．

それぞれのシステムによって実験方法は異なるが，どのシステムも被験者がシステムを使う作業と使わないで行なう作業の比較を行なう方法を基本としている．さらに同じテーマに対して開発したシステムを使う方法と使わない方法で行なうと，慣れによって発想法として正しい実験が行なわれない可能性が大きいため，被験者に異なるテーマを与えている場合もある［宗森 94］．また実験条件をできるだけ同一にするため，カードを自由に広げる作業

やカードを規則正しく広げる作業のように，作業の単位を小さくするなどの工夫が行なわれている［小山 92］．

これらの方法は，同じ作業を繰り返すことで，被験者が特定の思考作業に習熟する学習効果を排除しようとする工夫といえる．しかし問題点として，テーマを変えると作業ごとの難易度が異なることが指摘され，作業単位を小さくする方法なども，作業が中断されるため，問題解決における一連の作業として評価することはできない．さらにこれらの実験は，作業効率に注目することを主な目的としており，発想支援システムが本来目的とすべき，アイディアの量的増加や質的向上の評価まで行なうことはできないというところに大きな問題を残している．

またこれまでの情報検索システムでは，長い間，検索効率や再現率といった評価尺度が一般的に用いられてきたが，これらの指標もシステム本来がめざすべき思考支援のための評価指標とはいえないと考える．次節では実験におけるこのような問題点を改善する評価方法を検討する．

6.2 実験方法の検討

開発した実験システムは，問題解決における仮説生成を中心にした人間の知的活動を支援することを目標にしている．従って，その評価は，開発した実験システムを使うことによって，知的活動をどのように改善し，発展させることができるかという観点から行なわねばならない．発想支援システムをいかに評価するかについては，知的活動の総合的な評価基準を考えねばならず，非常に難しい問題を含んでおり，評価方法自体が研究テーマになるといわれている［新田 95］．本研究でも，発想支援システムの評価方法を開発すること自体を新たな研究テーマとしてとらえ，心理学や認知科学などで行なわれている実験方法を参考に実験全体を計画した［Finke 92，太田 92］．

心理学などの実験では，実験的研究を行なう場合の基本的な考え方を，(a)独立変数，(b)従属変数，(c)実験する場の設定の3つに分けて検討することが多い［原岡 90］．本実験では，開発したシステムの機能全体が独立変数とな

り，システムがユーザに与えるさまざまな効果を従属変数と考えることができる．実験では，設定した仮説に基づいて独立変数を操作することによって，被験者に与える従属変数としての効果を測定し，最初に設定した仮説を検証する方法が取られる．

実験が被験者の思考や行動に変化をもたらす原因となれば，その実験は成功したと考えられ，その効果は従属変数によって測定される．そのため，定量的側面と定性的側面の両方から，システムの効果をはっきりと把握できる方法を採用する必要があり，またシステムが与える効果によるユーザの変化を明確に説明できる方法が望まれる．さらに独立変数と従属変数との関連から，実験の場をどのように設定するかが極めて重要になってくる．

心理学や認知科学の実験には，標準的な手続きがほとんどないため，実験の場の設定方法に創意と工夫が必要であり，これは実験結果の評価にも関係してくる．システムの性能を評価する一つの方法として，システムを使わないで行なった結果と，システムを使って行なった結果の比較によって，相対的な評価を得る方法がしばしば行なわれている．このような方法は発想支援システムを評価するための方法として，これまでに開発されたシステムの評価方法としても利用されている[小山92，宗森94]．

本実験でも基本的に実験に対するこのような考え方に添っているが，開発した実験システムに対して相対的な比較の対象をどのように考えるかが一つの問題である．例えば本実験では，システムを利用して，仮説を作成する作業を試みるということを行なう．この仮説を作成する作業自体は，システムを使用しないで自分の考えだけで行なったり，本や文献などを参考にしながら行なったりすることも可能である．また，今までに開発された情報検索のためのシステムやそのほかの発想支援関係のシステムを使って行なうことも不可能ではない．しかし，本実験では比較の対象としてMosaicを選んだが，その理由を次のように考えている．

(1) 実験段階では本システムと同じような分析情報や問題構造図を提供してくれる他のシステムがなかったが，Mosaicはシステムの機能の一部として組

み込み，知識ベースのブラウザとして活用している．

(2) インターネットの飛躍的な普及と拡大によって，Netscape などのように，Mosaic と同様の機能を持つシステムの利用が一般的なものとなっている．今後もインターネット上に流通する情報の中で，開発した実験システムで利用できるものが増加していくという見通しをあげることができる．実際，システムの知識ベースには，インターネットを利用して収集した文献が多数含まれており，実験システムで利用する知識ベースと同じ内容のものを，Mosaic に使う知識ベースへ容易に流用できるという利点もある．

(3) 雑誌など紙メディアとの比較も考えられるが，Mosaic などと比較して，紙メディア特有の情報のブラウジング方法や検索方法における差が大きく，比較の対象として適切とはいいがたい面がある．また，厳密な意味で雑誌や図書のような紙媒体と同じ形態と機能を，電子メディアを利用して開発することは現状では困難であると思われる．それよりも電子メディアは，紙とは異なる形態と機能を持つものとして，紙では実現できないような優れた利用方法の開発を目標としてもよいと考えるためである．

(4) 文献などを参考にしないで，被験者の知識だけで行なった実験と比較することも考えられるが，これは人間のあいまいな記憶と，システムに用意した知識ベースの知識量の比較に陥る危険があり，開発したシステムの機能を相対的に比較して評価しようとする実験には向いていないと考えられる．

6.3 対象とする被験者

　従来の人工知能が研究の対象としてきたエキスパートシステムは，特定の領域においてその領域の専門家を対象としたものから始められてきた．これは既存の細分化された学問体系の枠組みやコンピュータの性能的な側面から考えれば当然のことであるといえる．しかし，1980年代の後半から認識され始めた地球環境問題は，既存の学問体系では解決のできないものであるといわれており，地球環境問題を解決するためには，今後多くの分野にわたる研究者の協力が必要である．このような新たな問題と学問体系との関係の在り

方から，学問体系そのものを再構築する必要に迫られていることはすでに触れたとおりである．いい方をかえれば今後は誰しも，地球環境問題とどこかで関係するようになるということである．また最近におけるコンピュータとネットワークの発達は，異なる分野にまたがる大規模な知識ベースの構築を実現可能にしている．

このような問題と学問体系の関係を考慮して，地球環境問題に関係した研究者の範囲を地球科学，大気化学，資源問題，環境政治学など広く考えることにした．このように考えるのは，現状では地球環境問題の研究者の中においても，既存の学問体系と同じように細分化されており，地球環境問題全体を対象にした研究者のうち，被験者になりえる者が少ないためである．また問題発見や問題解決能力は，専門家と非専門家では大きな差があることが予想される．問題構造の見方などは人によりさまざまなため，専門家と非専門家のそれぞれに与える効果を検討する必要がある．

そのため先に触れた地球環境問題の特徴をも考慮し，地球環境問題の研究者以外にも被験者を求めることにした．被験者は地球環境関係を研究する大学院生と情報科学・情報工学関係で知能工学を研究する大学院生が中心であり，ともに博士課程および修士課程の院生である．被験者全体の構成を表6.1に示す．

表6.1 被験者全体の構成

専 門 分 野	人 数	内 　 訳
(1) 地球環境関係の研究者	7	博士課程5人，修士課程2人
(2) 情報科学・情報工学関係の研究者	15	博士課程10人，修士課程4人，助教授1人
合　　　　計	22	

6.4 実験の手順

全体的な手順として，実験システムを使わない状態での作業結果と，実験システムを使って行なった作業結果の比較を行ない，実験システムが被験者

に与える効果を客観的に把握することを目標にする．そのため，この実験では問題解決および問題発見における仮説の作成作業を，次のように2回に分けて同じ課題を被験者に行なってもらうことにした．

同じ課題を2回繰り返すことの問題点として，学習効果が発生することが指摘される．実験結果の定量的な分析を行なう場合には学習効果を排除する工夫や，システムの効果だけを純粋に取り出す工夫が必要である．そのため本実験では，開発した機能のどれを使って効果が得られたかを，被験者自身に質問紙によって確認することにした．さらにシステムを利用して被験者の検索履歴や，描画した問題構造のマップを保存する機能を開発している．これらの機能によって収集したデータを利用して，システムの効果を定性的に分析することを行なっている．これらについては「第10章，問題解決への支援効果」および「第11章，問題発見支援への試み」で詳しく述べる．

実験の手順を表6.2に示す．

表6.2　実験の手順

実験1	Mosaicのみを使った作業
実験2	開発した実験システムを使って行なう作業

実験は質問紙法を用いて，指定した課題への回答をまとめてもらい，実際の作業結果に対してはアンケートに回答してもらう形で行なった．回答方法は課題に対する回答を文章でまとめるものと，用意した選択肢を選ぶ形式をもちいた．仮説を文章でまとめてもらうことによって，被験者の思考や発想の変化を把握することが期待できる．また，選択肢を用意したのは，被験者が回答しやすいように実験に対する負担を軽減するためと，実験する側の意図に添った被験者の回答を集めるためである．また作成する仮説の量と時間は被験者の自由とし，非人道的な実験を避けるため，2つの実験をとおして，課題一つにつきそれぞれ30分から1時間程度を目安とした．今回の実験は，被験者の個別のデータを集めるため，研究室で一人ずつ実験を行ない，被験者が操作する実験システムの画面をビデオに撮影した．

まず，実験を始める前に，どのような被験者にシステムは有効性を示すこ

とができるかを調べるために，被験者の所属や研究テーマ，研究期間などについてアンケートによって回答を求めた．実験内容について被験者から質問が寄せられた場合は，実験に支障がでない範囲で回答するようにした．

次に実験1として，Mosaicを使って，指定した課題に対する回答を文章でまとめてもらい，用意したアンケートに回答を求めた．実験中は最初に時間の目安を示した以外は，時間についての制限などは行なわず，被験者が納得のいく仮説をまとめるまで行なった．実験1の質問用紙が回収できた被験者を対象に，個別に実験2の説明を行なった．実験1では，被験者はMosaicのみで与えられた課題に対して仮説の作成作業を行ない，質問用紙に回答をまとめる．回答をまとめるにあたり被験者に対して，「実験は被験者固有の知的側面を調べるのではなく，システムの性能評価が目的であるので，問題解決を行なうために自分で思ったことや意見を自由に，できるだけ書くように」という要請を行なっている．

次に実験1の質問用紙が回収できた被験者を対象に，開発した実験システムの操作説明を行ない，実験1と同じ課題を実験2で再度行なってもらうことにした．実験2の説明の内容は，開発した実験システムの操作方法，および実験の目的と進め方，質問用紙への回答方法などであるが，実験時間については実験1と同じように，被験者の自由な判断にゆだねることにした．被験者の仮説がどのように変化したかを調べるため，実験1と実験2では次の2つの同じ課題を被験者に用意している．実験の課題を表6.3に示す．

表6.3 実験の課題

[課題1]	地球温暖化（global warming, global warm）の原因とその対策について
[課題2]	地球環境問題のなかで，自分自身で関心のある任意な課題

これらの2つの課題に対して問題解決を試み，それぞれの実験に用意されたシステムと知識ベースを使って得られた新たな考えや思ったことを中心に仮説をまとめる作業を行なってもらった．その際に被験者に対して，実験2

では実験システムをできるだけ有効に活用し，次のような点に留意してこの実験2での仮説をまとめるように要請した．

(1) さらに内容を精緻化し，発展させる．
(2) できるだけ数多くの関連した仮説を作成するように試みる．
(3) 実験1の仮説に不要な部分や不適切な部分があれば，削除したり，修正したりする．
(4) 実験1とは全く別な考えが浮かんだ場合は，新たな仮説としてまとめ，追加する．
(5) 必ずマップ機能を利用してみる．

これらの点に留意しながら実験システムを利用することによって，実験1のMosaicだけでは気がつかなかった，新たな視点や関連性が見いだせるかどうかを調べる．そして実験1と実験2の比較を行なうことによって，被験者の回答における仮説の変化を分析し，実験システムの性能評価に利用することがねらいである．

6.5 実験の条件設定

これら2つの実験を比較するため，インターネットに流通する学術的な論文の形態を参考に，実験1においてMosaicだけを使う場合に，Mosaicと知識ベースの条件を次のように設定することにした．

(1) 知識ベース内の文献の数と内容は，実験システムと同じにする．
(2) 文献をブラウズするためのハイパーリンクは，実験段階におけるインターネット上で見られる標準的なものに設定する．従って，Title Index, Author Index, Figure and Table Index などは文献の検索に必要なため生成しているが，実験システムで開発したKeyword Indexは，インターネット上の一般的な学術論文にはほとんど付いていないので，実験1においては付けないことにし

た．インターネットから収集した論文もこの方針で知識ベース内に取り入れている．
(3) Mosaic が持つ検索機能（Find in Current）などは，そのまま利用できるようにしている．これは実験システムでも同じである．

このような実験の条件設定に対して，Mosaic の機能をどこまで開発して比較することが適切かという疑問が生じる．ここでは Mosaic の機能を高度に開発することは，システム開発の部分に入ることであると考え，今回 Mosaic に新たに付加した Keyword Index などの機能は，開発した実験システムの機能として扱うことにした．

また実験 2 においては，開発した本システムの機能をできるだけ多く使ってみるよう要請した．

6.6 実験課題の設定

実際の仮説生成支援の効果を測定するため，先に触れたように問題解決における課題として 2 つを用意した．この課題の設定については，被験者の回答が同じ視点に集中しないテーマを選ぶことを主眼とした．同じ視点に回答が集中すると，被験者間の変化が少なくなることが予想されるためである．被験者の思考は，それぞれに固有なもののはずであるから，それぞれの被験者が自分で考えた視点から，仮説を生成するほうが実験の趣旨にかなっていると考えられる．

また本研究では，問題解決を 2 つに分けて考えるようにしている．一つは問題回答型ともいうべき問題解決である．これは従来から広く考えられてきた問題解決のそのものであり，与えられた問題に回答を作成するような場合がこれに該当するものである．[課題 1] はこのような観点から用意した課題であり，被験者は与えられた問題に対して自分の考察を加え，回答を作成するものと予想される．

これに対して [課題 2] は，問題発見支援の効果を調べるための実験であ

る．問題解決の範囲を，用意した知識ベースの内容に関連したものに限定するだけで，具体的な課題は指定していない．そのため被験者は，自ら回答すべき問題点を見いだすことが必要である．[課題2]における実験の目的は，開発したシステムが問題発見を支援する機能が備わっているかどうかを検証することが目的である．問題発見の支援に関する研究は以外に少なく，今後の研究課題とされている．

6.7 本章のまとめ

本章では，開発したシステムの性能評価を行なうための実験全体について検討した．実験は心理学や認知科学で行なわれている手法を参考に，独自に組み立てている．実験の目的は，問題構造の視覚化支援，新たな認知構造の生成支援，問題解決への支援効果，問題発見支援への効果などに関連して，システムを利用した効果を調べることにある．そのためには被験者の仮説生成における初期状態を把握し，システムを利用することによって初期の仮説がどのように変化するかについて，実験データを収集する必要がある．

次章では，被験者の初期状態を把握するために行なった実験結果について考察する．

第7章　被験者の初期状態の把握

7.1　初期仮説の定量的概要（実験1）

　Mosaicだけを利用して実験を行ない，開発したシステムを使用する前に，被験者の初期状態を正確に把握することを目的に行なう実験である．実験による被験者の思考の変化などを比較するための基礎的なデータを収集する．また，Mosaicを利用して行なった仮説生成作業の問題点を見いだすことも目的の一つになる．
　Mosaicは，インターネットの爆発的な普及のきっかけとなった最初のブラウザであり，実験を行なったころは広く使われており，このシステムから派生した類似のシステムは現在も数多く利用されていて，比較実験の対象として適切なものと考えられた．実験1では，このブラウザを利用して，被験者の最初の仮説（以後は初期仮説と呼ぶ）をまとめる作業を，ワープロやエディタを使って行なってもらうことにした．被験者による実験は1996年3月から6月にかけて実施した．

　被験者が実験で作成した文章を分析する場合には，何らかの分析の単位を定める必要があり，しばしばアイディアユニット（idea unit）と呼ばれる単位を定めて行なわれる［邑本98］．本実験の場合には，文字などのような表記上の単位ではなく，意味的なまとまりであるほうが望ましい．言語における意味の最小単位は単語であるが，本実験の場合には地球環境問題に分野を特定していることから，一般的な単語よりも専門用語の出現に注目すべきであると考える．
　ここではアイディアユニットの認定基準を，被験者の仮説の文章中に使われた専門用語とその他の重要な名詞，およびこれらと主語と述語の関係を構成する動詞などの単語としている．表で用語数というのはここで定めた基準

に従い，被験者の仮説の文章上に出現した重要な用語について，のべ出現回数を集計したもので，一般的な用語は除外した．表7.1は2つの課題に回答し

表7.1 Mosaicによる仮説生成作業の定量的結果

課題1			被験者	課題2		
行数	用語数	文字数		行数	用語数	文字数
6	38	526	*A	6	43	435
8	21	440	*B	4	13	120
6	32	370	*C	5	21	237
9	26	400	*D	6	24	273
4	35	328	*E	6	36	320
7	63	460	*F	3	23	153
9	35	414	*G	2	22	151
3	14	186	H	10	35	365
2	10	83	I	7	32	319
8	30	425	J	8	40	523
2	5	41	K	2	6	44
5	29	286	L	6	29	270
29	126	1565	M	15	62	695
3	18	155	N	8	42	335
3	19	242	O	5	32	245
4	23	227	P	4	20	250
12	45	289	Q	9	35	269
7	35	463	R	2	13	108
17	71	838	S	5	22	276
5	15	112	T	3	11	74
7.45	34.5	392.5	平均	5.8	28.05	273.1

表の中央が被験者を表わし，データは被験者ごとに集計されている．表の左半分は実験1における［課題1］の結果であり，右側は同じく実験1における［課題2］の結果である．Mosaicを利用してこの実験を行なった被験者は，合計20人である．*Aから*Gまでは地球環境関係の被験者を表わし，HからTまでは情報科学・情報工学関係の被験者を表わしている．

［課題1］：地球温暖化（global warming, global warm）の原因とその対策について

［課題2］：地球環境問題のなかで，自分自身で関心のある任意な課題

た被験者と，その回答内容を文章の行数，用語数，文字数という3つの観点から定量的にまとめたものである．

7.2 初期仮説の例

実験1で被験者が作成した初期仮説の例を上げる（表7.2）．明らかに誤字脱字と判断できる若干の文字を修正した以外は，全て原文のままである．

1．［課題1］における初期仮説の例

［課題1］は地球温暖化（global warming, global warm）の原因とその対策について仮説をまとめるものである．この課題の原因について，多くの被験者が人口の増加やそれに伴う人間活動の活発化を取り上げ，これらの原因によって地球温暖化効果ガス（二酸化炭素やメタンガス）の大気中の残存量の増加をあげている．

この内容は今ではほぼ定説と見なされており，被験者に提供した文献の中でも，複数箇所にわたり言及されている．この課題では原因がほぼ定説化されているのに対し，その対策は試行錯誤の段階にあるのが現状であり，被験者の回答も一様なものではなくなっている．対策の基本となる温暖化防止のための炭化ガス排出量の削減を指摘する点は，被験者の大部分に共通であり，収集した文献にも触れられている．

表7.2 被験者の初期仮説の例（実験1課題1）

被験者*C（作成に要した合計時間＝50分）
原因：人口の増加，すなわち人間活動の活発化による地球温暖化効果ガス排出量の上昇があげられる．大気中の二酸化炭素濃度が上昇し，エネルギー消費量も増えていることからさらに地球温暖化が深刻化することが予想される．食料などの生産量は増大しているものの，気候変動が実際に大規模に生じた場合，あれだけの食料を生産し続けることができるかどうかは疑問である．
対策：人口の増大をどうするか，人間の活動を沈静化するかどうかはともかく，地球温暖化効果ガスを削減する以外に方策はない．直接規制も考えられるが，燃料消費量が急増するトレンドの中，人間活動に影響をあまり与えずに，温暖化効果ガスを削減することは不可能に近い．タバコの価格が上昇するとタバコの消費量が削減できる例があるが，これが地球温暖化効果ガスに対しても有効であるかは疑問の残るところである．

被験者*E（作成に要した合計時間＝92分）
　地球温暖化の原因としては，化石燃料の燃焼，森林破壊，その他といった人間活動の影響が考えられるものの，自然活動が地球温暖化を左右する部分も大きく，また温室効果ガスが温暖化に及ぼす影響の因果関係も不確実であり，議論の余地があるところである．しかしながら，気候変動とそれに伴う自然環境や植生，ひいては農業生産の変化，海面の上昇などといった，温暖化によって引き起こされる種々の事象は，人間社会にとって致命的な影響を与えるため，そのような危険を回避すべく，化石燃料の燃焼や森林破壊による大気中への二酸化炭素の放出量を削減する対策を講ずるべきである．具体的な対策としては，炭素税の導入といった経済的誘導や，先進国から途上国への技術援助といった方策が挙げられる．

被験者L（作成に要した合計時間＝30分）
　化石燃料を燃やすことで発生するCO_2が大気中に温室効果（Green House Effect）を起こし，地球の熱バランスを崩して起こる．
その対策としては，化石燃料の使用量を減らすしかないが，活発な経済発展中の開発途上国にとってはこのようなことは不可能に近い．
政治的解決対策は，国別には対策が出ないはずなので国際政治的な話合いと協力体制が必要．具体的には先進国の炭素税による化石燃料使用を凍結した途上国に対する支援，などがありえる．
技術的解決対策としては，エネルギー効率の向上（燃費の良い車の開発，大衆交通手段の整備），炭素固定化技術の開発，などがあげられる．

被験者P（作成に要した合計時間＝25分）
　地球温暖化の直接的な原因は，地球をとり巻く大気中の気体組成が変化したこと，特に二酸化炭素の割合が増加していることによると考えられる．そしてその様な変化をもたらしているのは人間の活動，特に石油・石炭などの化石燃料使用の加速度的増加である．したがって，その対策としてはこれらの化石燃料に頼った現在のエネルギー政策を改めることであろう．具体的には，水力，太陽力，風力，潮汐力，地下熱などの自然力や原子力などによるエネルギー供給への移行を進めることである．

　また具体的に炭化ガスを削減する対策については，森林の減少防止，炭素税の導入とその分配，先進国から途上国への技術援助，人口増加の抑制などが地球環境関係の被験者から寄せられた意見であり，これらの考え方は基本的な対策として妥当性をもっているといえる．

　しかし，問題と考えられているのは，これらの対策を実際に実行しようとすると，国際社会の政治経済的な利害関係が関係しており，問題解決には困難が多いという点であり，被験者の意見を多様化させる原因になっている．

第7章　被験者の初期状態の把握

2．[課題2] のテーマ（実験1 課題2）

[課題2]は地球環境問題のなかで自分自身で関心のある任意な課題に回答を求めた．この回答として次のような内容に関するものとなったが，地球環境関係の被験者の策定したテーマは，それ以外の被験者と比べるとより専門的になっている傾向が見受けられる．地球環境関係の被験者が策定したテー

表7.3　地球環境関係の被験者が策定したテーマ

被験者	策定したテーマ
*A	中国の石炭利用による環境破壊
*B	(1) 石炭消費の変化と地球温暖化 (2) 軍備の削減が環境投資の増加に結び付くか
*C	タバコの価格と消費量の例から，経済的手法がどの程度有効なのか，どのように社会的資源利用効率性を向上させることができるのか．
*D	酸性雨問題について
*E	生態系の破壊と生物種の減少
*F	生物多様性減少の原因とその対策
*G	大気中微量成分気体と生物圏とのかかわりについて

(注)　被験者*Bは，実験2において，(2)の「軍備の削減が環境投資の増加に結び付くか」というテーマを追加した．

表7.4　情報科学・情報工学関係の被験者が策定したテーマ

被験者	策定したテーマ
H	輸送機器の発展による環境への悪影響の原因と対策
I	食料問題
J	南北間の政治的な対立の調整について
K	必要総エネルギー量の抑制
L	森林保護の原因は主に紙の消費にあり，その対策とは？
M	森林破壊の原因と対策
N	酸性雨の原因と酸性雨が及ぼす影響
O	農業生産と地球環境問題の関係
P	人口増加問題
Q	地球全体にとって役立つ科学技術
R	原子力の利用の実際とその危険性，将来性
S	大気汚染の原因とその対応策について
T	大気汚染と森林

マを表7.3に示し，情報科学・情報工学関係の被験者が策定したテーマを表7.4に示す．

[課題2]は被験者が自分で問題点を見いだすことから問題解決を始める．この点が[課題1]と大きく異なるが，実験1では被験者全員がMosaicを使いながら，自分自身で問題のテーマを決めることが行なわれている．このことは開発したシステムを使う前に，Mosaicや被験者自身の知識を基に，問題発見が行なわれたと考えられる．

3．[課題2]の初期仮説（実験1課題2）

次に被験者が作成した[課題2]における初期仮説の具体例を示す（表7.5）．実験2ではこれらの仮説にどのように修正が加えられ，精緻化されていくかを分析することになる．

表7.5　被験者の仮説（実験1課題2）

被験者*C（作成に要した合計時間＝30分） [自分で策定したテーマ]：タバコの価格と消費量の例から，経済的手法がどの程度有効なのか，どのように社会的資源利用効率性を向上させることができるのか． [仮説]：エネルギー価格を上昇させても，直接的にエネルギー消費量は削減されない．なぜなら，現在の先進国諸国における人間活動の大部分はエネルギー消費によって成立しているからである．従ってエネルギー価格を上昇させれば，間接的なエネルギー消費量のうち，効率化の図れる部分で削減されることになろう．その一番大きな部分は，建設・土木と輸送の部分ではないだろうか．

被験者*F（作成に要した合計時間＝30分） [自分で策定したテーマ]：生物多様性減少の原因とその対策 [仮説]：生物多様性が減少する原因は，生息地の破壊，過剰な捕獲，外来種の侵入などがあげられる．その対策としては，生物多様性が減少している地域および熱帯雨林などの重要な地域を指定しその生息地を保護すること，また減少にある種の捕獲を制限するとともに国際取引を規制することが必要である．

被験者L（作成に要した合計時間＝40分）
[自分で策定したテーマ]：森林保護の原因はおもに紙の消費にあり，その対策とは？
[仮説]：Paper Recycle はその限界がある．だからその消費量を減らせる画期的な対策がなければいつかは世界の森林はなくなる．その対策としては，紙の消費量を減らす文化を作ることであろう．数千年間紙中心の情報伝達体系を維持してきた人間文明は，電子化という波をむかえ，情報の保存に0に近い空間と，伝達に0に近い時間を要する電子文書文化が開きつつある．新しいメディアに対する社会的な違和感と保安性，無形の情報に対する価値観不足などが解決されたら，紙が（あまり）要らない時代がくると思う．

被験者P（作成に要した合計時間＝25分）
[自分で策定したテーマ]：人口増加問題
[仮説]：発展途上国と呼ばれる国々の人々は従来，病気や飢餓などによる児童死亡率の高さという問題に対して，「多産」という手段によって対抗していた．そしてそれは彼らの宗教観，価値観などに深く根付いてきた．しかるに，近年の先進国による「人道的立場」に基づく医療・食糧援助はこれらの発展途上国における子どもの死亡率を激減させ，一見成功したかのように思われるが，彼らの（多産という）習慣までもをそれに合わせて変えることはできず，結果としてこれらの国における「人口爆発」という新たな問題を引きおこした．

7.3　仮説生成の手掛かり

　実験1の結果に対して，作成した初期仮説をどのように思いついたかについて，被験者の意見を求めた．これは被験者の問題解決における思考や発想がどのように行なわれているかを確認するための設問である．また，具体的に仮説を思いついた原因となるものを明確に把握することが目的である．地球環境関係の被験者および情報科学・情報工学関係の被験者における仮説生成の手掛かりを表7.6と表7.7にそれぞれ示す．

　[課題1]に関して，複数の地球環境関係の被験者に特徴的な方法としてあげられることは，まず被験者が自分のバックグラウンドに持つ知識をもとに，自らの考えをまとめようとしていることである．その上でMosaicを利用して文献を調べ，被験者自身の考えと同じ内容が文献の中で触れられていることを確認しながら，仮説をまとめるという方法である．

表7.6 仮説生成の手掛かり（実験1：地球環境関係）

[質問7.1]（その1） 自分で作成した［課題1］および［課題2］の2つの仮説に対して，どのようにしてこの仮説を思いついたかを，できるだけ詳しく書いてください．		
被験者	課題1の手掛かり	課題2の手掛かり
*A	テキスト，図表を読んで 修士論文で使った資料を思い出して書いた	修論の課題
*B	関連するテキストを読んで	関連するテキストを読んで
*C	テキスト，図表を読んで 経済的な原則を利用するのが一番混乱を生じさせないのではないかと感じたから	テキスト，図表を読んで，自分の専門領域の知識から
*D	（回答なし）	（回答なし）
*E	原因はテキスト，対策は自分の考えを文献で確認	関係する論文を探し，そのテキストから現状把握を書き，対策は自分の考え
*F	自己の知識を基に，それをシステムで確認	自己の知識を利用し，文献を部分的に参照
*G	二酸化炭素が増加している図や自動車，発展途上国の急激な人口の増加，森林，酸性雨，フロン類の濃度などの現象と経済問題に関する論文，国際会議などの報告を読んでいて思った	二酸化炭素の濃度増加の図や食糧タンパク質の国別生産の図や人口問題，エイズなどの人間と関わる論文を読んでいて思った

　これに対して情報科学・情報工学関係の被験者は，自分の考えを先にまとめようとする者は少なかった．最初に課題に関係のありそうな文献をタイトルインデックスなどから判断し，テキストや図表を調べ，調べた結果を用いて仮説をまとめる被験者が多数を占めた．しかし，情報科学・情報工学関係の被験者の中でも，地球環境問題に関心を持つ被験者の一人は，受講した講義の内容をもとにして発想し，Mosaicの文献を利用しながら仮説を精緻化することができた．

　［課題2］については任意な課題であるため，被験者自身が問題を見いださねばならないが，［課題1］と同じように地球環境関係の被験者の一部は，自分の知識をもとに，該当する文献を読み，自分の知識を確認しながら，仮説

第7章 被験者の初期状態の把握

表7.7 仮説生成の手掛かり（実験1：情報科学・情報工学関係）

[質問7.1]
（その2）自分で作成した［課題1］および［課題2］の2つの仮説に対して，どのようにしてこの仮説を思いついたかを，できるだけ詳しく書いてください．

被験者	課題1の手掛かり	課題2の手掛かり
H	以前から思っていたこと	タイトルインデックスの中に問題意識にあう論文が目にとまったので
I	国連の会議などで問題にされていたことを思い出して	自分の考えから
J	自分の知識と考え	テキストの poor countries と rich countries の文字に触発された
K	タイトルインデックスから最も関係のある文献 "Global warming and cooling enthusiasm" を読んで	必要エネルギーの生産抑制が一つの解になると考えた
L	講義で聞いたこと，マスコミでいわれている対策	マスコミでいわれていること，専攻との関係で日常考えていること
M	課題に関連した期待する文献がタイトルインデックスなどから得られた．Mosaicの検索機能	探したかったことを網羅している文献を見つけたので
N	テキスト，数値データを読んで	テキストを読んで
O	新しい物質の名前，第三世界の工業化，食料生産，蛋白質生成，人口という述語を論文のタイトルで発見したため	左の述語の間の因果関係を，自分なりに推理した
P	課題と関連のある文献のテキストやグラフから，原因の相関関係を知った	「人口問題」についての論文を関連づけて読んで考えた
Q	自分の知識と考え	自分の知識と考え
R	テキストに書いてあることから	テキストと図表
S	テキスト，図表を読んで	グラフの変化に注目して，テキストを読んで
T	課題に関係のありそうな文献をタイトルから判断して読んだ	タイトルをもとに課題を考え，関連のありそうな文献を読んで

をまとめている．その他，Mosaicの中のテキストを読んでいて気がついたもの，実験1と同様に被験者自身の知識をもとに初期仮説をまとめたもの，広い意味では被験者自身の知識の中に入れてよいと思われるが，修士論文で使っ

た資料を思い出してまとめたものなどがある．しかし，「具体的な対策に関する部分などは，論文から抽出することが困難であったため，自分の考えだけでまとめた」という意見もある．

これに対して情報科学，情報工学関係の被験者には，Mosaicの中のテキストや図表を読んで仮説をまとめたものが相対的に多い．例えば，「文献のタイトルを基に課題を考え，関連のありそうな文献を，タイトルを頼りに探して読み仮説をまとめた」などの意見がある．しかし，マスコミで報道されていることや，被験者自身の専門的知識との関係からきっかけをつかみ，仮説をまとめたものなどもある．また，より具体的なものとして文献中のテキストを読んでいて，特定の文字（poor countries と rich countries）に触発されて，仮説を思いつくきっかけを得た被験者もあった．

7.4 仮説の正確さ

被験者がシステムを利用して作成した初期仮説に対して，正しいという認識を抱くことができるかどうかはかなり重要なことである．システム開発に当たっては，被験者の認知構造がより正しいと思える方向に向かって形成されるようにしなければならない．作成した仮説が正しいかどうかの質問について，［課題1］の結果を表7.8に示し，［課題2］の結果を表7.9に示す．

作成した初期仮説が正しい理由として，「文献を探してほぼ写したので」という意見があったが，これは実験する側からすれば，「自分の考えとしての仮説」という要望からはずれたものになっている．これは後で触れることであるが，仮説を立てることの難しさの現われである．また，仮説が正しいと思うと答えても，ほかに関係ありそうな問題との因果関係がよく分からないという意見がある．

仮説が正しいとはっきりいえない理由として，次のような点が指摘される．「専門家の書いた論文もこれが正解だといえるものではないこと．まだ仮説の段階であるから，正しいかどうかの判断は時期尚早であること．被験者に与

第7章 被験者の初期状態の把握

表7.8 仮説の正確さ［課題1］について

[質問7.2]（その1） （回答総数20人）

作成した仮説が正しいと思われるかどうかについて意見を書いてください．
［課題1］地球温暖化（global warming, global warm）の原因とその対策について

回　　答	地球環境 （7）		情報工学 （13）		全　体 （20）	
	人数	割合	人数	割合	人数	割合
(1) 作成した仮説が正しいと思う	2	0.29	7	0.54	9	0.45
(2) 上記以外のあいまいなもの ・断言はできない ・正しいかどうか判断できない ・正しいという確信はない ・説得力が弱い ・新規性はあまりない ・間違ってはいないと思う ・もっともらしいとしかいえない ・根拠が薄い ・分からない ・相関関係があるらしい ・正しいと言い切るのは難しい	5	0.71	6	0.46	11	0.55

えられた資料には，反対の立場のものがあるようには思えなかったこと．仮説はある現象に対するもっともらしい説明以外の何物でもなく，簡単に客観的に証明することは容易なことではない」などの指摘である．

地球環境問題の本質的な部分から，仮説が正しいとはっきりいえない理由として，現在観測されている温暖化の傾向が，地球全体の歴史からみれば，一時的なものである可能性も否定できないということも指摘される．これに関連して，環境問題自体が，不確実な情報から不確実な仮説を導くことを強いられている側面が大きく，環境問題全体に対して設定した仮説を正しいと断言することは難しいということがある［村上94］．

また，Mosaicだけで仮説をまとめると，文献をそのまま引用して正しいと思う被験者が複数いるが，反面では，「どの程度正しいのか，見落としている事柄はないのかどうかということになると自信が持てない」という意見もある．正しいといえない理由として，仮説の中で取り上げた原因について，文献の中で明示している部分を見つけられなかったことをあげる被験者もいた．

表7.9 仮説の正確さ[課題2]について

[質問7.2](その2) (回答総数18人)
作成した仮説が正しいと思われるかどうかについて意見を書いてください．
[課題2] 地球環境問題のなかで，自分自身で関心のある任意な課題

回答	地球環境 (7)		情報工学 (11)		全体 (18)	
	人数	割合	人数	割合	人数	割合
(1) 作成した仮説が正しいと思う	5	0.71	3	0.23	8	0.44
(2) 上記以外のあいまいなもの ・自信は持てない ・何ともいえない ・正しいかどうか判断できない ・疑問が多い ・もっともらしいとしかいえない ・根拠が薄い ・正しいかどうか議論はできない ・ひとつの最近の流れだと思う ・調査が必要 ・証明が困難	2	0.29	8	0.62	10	0.56

　実験1における被験者のアンケートの回答は上記のとおりであるが，実験2でも同様の設問を行なっており，開発した実験システムを利用することによって，被験者の仮説がより正しい方向に精緻化されなければならない．さらに被験者がMosaicだけで気がつかなかった点や見落としていた点が，開発した実験システムを利用することで改めて認識されれば，システム開発の目的の一部は達成されることになる．

7.5 仮説生成の障害

　仮説の作成作業は誰もが必ずしもうまく行くとは限らない．特に専門外の課題であれば，うまくまとめられないのが当たり前のように思われる．しかし，うまく行かない理由を突き止め，システムの改善に役立てることが重要である．実験の設問では，仮説の作成作業がやりにくいと感じた人やうまくいかなかったと思われる被験者に，その原因はどのようなところにあると思

われるか意見を求めた．仮説作成上の障害についての質問結果を表7.10に示す．

表7.10 仮説作成上の障害

[質問7.3]
仮説の作成作業がやりにくいと感じた人，あるいはうまくいかなかったと思われる人にお尋ね致します．その原因はどのようなところにあると思われますか．
（複数回答可）　　　　　　　　　　　　　　　　　　　　　　　　　（回答総数20人）

選択肢	地球環境 (7)		情報工学 (13)		合計 (20)	
	人数	割合	人数	割合	人数	割合
(1) 知識ベース内のデータが少なく，利用したいものがなかった	3	0.43	4	0.31	7	0.35
(2) 専門分野が異なるので，問題意識が希薄なため	0	0.00	2	0.15	2	0.10
(3) 地球環境問題にあまり関心がないため	0	0.00	2	0.15	2	0.10
(4) 知識ベースが日本語でないため	4	0.57	5	0.38	9	0.45
(5) Mosaicだけでは，仮説の作成を支援する機能が不十分だから	3	0.43	6	0.46	9	0.45

　アンケートの結果から，知識ベース内のデータについて，データが少なく利用したいものがなかったと答えた被験者は7人（全体の35％）である．そのうち3人は地球環境関係の被験者であり，専門家の要望を満たすためには，知識ベースのデータの充実は今後も必要である．また知識ベースが日本語でないことに対する不満も比較的多く，これは英語の文献が読みにくいことを示している．さらに半数近い被験者は，Mosaicだけでは，仮説の作成を行なうような高度な作業を行なうためには，機能的に不十分であるという意見であった．

　Mosaicなどをほとんど利用していない被験者にとって，まず「検索などのシステムの機能を理解するのにかなりの時間がかかる」ということであった．地球環境関係の被験者の一人は，「書籍や雑誌などのインデックスやカード方式による検索方法と比べて，システムに用意したインデックスになれるのに時間がかかった」と感じている．それは，「インデックスが異なれば，引き出しを開けにくくすることになる」という印象につながっている．また知識ベー

スの検索になれないものを使っていることにより，「ちょっとした操作の手違いでも被験者の思考を中断させることがある」という意見もある．そのため全体的に Mosaic だけで仮説をまとめる作業過程は，不満が多いものとなっている．

都市工学のなかで環境問題を研究している被験者は，「Mosaic などはたまに使っている程度であり，知識ベースに用意された英文の論文を Mosaic 上で読むことになれていないため，読みにくい」と感じた．一般的に文献を読む場合は，下線を引いたり，自由に書き込んだりして読むことが多いが，このような補助的な作業が用意されていないことが，被験者の疲労を大きく感じさせた．また知識ベース全体をとおしたキーワード検索が用意されていなかったことが，大きな障害となっていることが実験者の意見に記されている．

また地球環境関係の被験者で大気化学を研究している被験者は，[課題1]の地球温暖化の課題について，解決策については被験者自身の設定が抽象的なため，検索がうまく行なえなかったと感じている．このように検索がうまく行かない場合は，キーワードを切り換えることが必要になるが，その場合に必要なことは問題構造を理解しているかどうかである．本研究が目的にしている問題構造の視覚化支援は，問題の構造を理解することによって，このような情報検索などにおける検索語の切り換えや組み合わせを支援することでもある．

地球環境関係の被験者は，この実験に関しては専門家の立場と見なすことができる．中国の環境問題を研究している被験者は，「自分で研究している分野では，資料を見る前に仮説を立てることも可能であり，仮説を立てるために必要と思われる基本データの予想が着く」と答えている．しかし，「知識ベースをきちんと駆使してゼロから新たな仮説を作るためには，30分から1時間という時間の目安はあまりにも短すぎる」と答えており，Mosaic だけでは全く新しい仮説は作りにくいのが実情である．同じような意見として，地球環境問題のような，「大規模複合問題の仮説が簡単に（数時間の実験の結果で）得られて良いものか？」という疑問もだされた．

情報科学・情報工学関係の被験者から，知識ベースをさらに充実させ，よ

り強力な検索手法が必要であることが望まれている．「検索機能が不十分であるということが，知識ベース全体について内容を不透明なものにしており，総じてどのような関係にあるのかわかりにくい」という指摘になっている．例えば，専門知識がないと思っている被験者は，まず地球温暖化という課題に対して「全体像を知りたいと思っていたが，どの文献を読めばよいのか分かりにくかった」という意見と関係してくる．これは，従来型のデータベースを持つ情報検索システムにもいえる短所である．単に検索された情報を利用者に提示するだけでは，問題解決を支援する機能としては，極めて微力であるとしかいえない．また，「Mosaic だけの場合，課題を考えようとするときに，利用したいものがあるのかも知れないが，どこから見始めるべきかがよくわからない」という意見もあった．

このように知識ベースの量的な充実や検索機能の充実を望む被験者がいる反面，「全ての論文を読むことは時間的にも気力的にも不可能であり，タイトルだけを見て大体の論点を想像することができるが，論文の内容は分からない」という被験者も存在した．さらに「おおよその論点のようなものをいくつか分類して相互に関係づけ，しかも個々の論文との関係がわかるようにする」ことが望まれている．

そして「必要な情報をたどっていくことで仮説を作り，作成した仮説の検証ができれば役に立ちそうである」という意見であった．この点は開発した実験システムで実現をめざしていたところであり，一部は実現されている．仮説の検証機能については今後の課題としていたが，実験2で開発したシステムを利用して，自分で作成した仮説の検証を試みる被験者が複数存在した．

背景知識が少なく問題意識が希薄な被験者にとっては，課題の回答をまとめるに当り，短時間で多量の情報を処理することは困難なことであり，「仮説を作るというよりも，回答を探すという形」になった被験者も存在した．また，自分の仮説どおりのデータが出てくるかどうか検証しようとする被験者もいたが，Mosaic だけでは因果関係を見いだすことは困難であった．

知識ベース全体を見渡せるキーワード検索の機能は，インターネットの学術論文を集めたものにはまだ一般的ではないため，Mosaic のみの場合はこの

機能をつけないことにしていた．そのため，必要な文献にたどり着くのが難しいと感じる被験者が多かった．このような場合に使われたのが，タイトルインデックスであり，被験者は「タイトルから多分こんなことがかいてあるのではないか」と想像せざるを得なかった．また，実験を行なった時期ではインターネットに流通する文献の内容を検索する全文検索機能は，まだ実用化されているものは少ない状態であったが，Mosaic だけの場合は文献の内容を検索するためには，実際に文献を開かなくてはならず，文献の内容を検索できないことが被験者の不満となっている．このことは実験段階では Netscape や Internet Explore など Mosaic 以外の多くのインターネットブラウザに共通のことであるが，最近急速に改善されつつあり，全文検索機能を活用して情報提供サービスを行なうところもある．

7.6 仮説生成の有利な点

仮説の作成がうまく行かなかった被験者が多くても，多数の被験者のなかには順調に仮説の作成作業を行なうことができる被験者が存在しても不思議ではない．ここでは初期仮説の作成作業が順調に進められたと感じている被験者に，その理由はどのようなところにあるか，意見を求めた．被験者の中には，「部分的ではあるが，上手にまとめられたと思われる」という意見もあり，そのような回答も含めている．仮説作成上の利点についての質問結果を表 7.11 に示す．

設問に対して被験者全体の回答は，上記のとおりである．この回答結果からいえることは，順調に進められたという被験者は，極めて少ないということである．また，被験者全体をとおして，知識ベースの内容がよく理解できたと回答した被験者は一人もおらず，知識ベースが英文であることなどが原因であると考えられる．環境問題関係の被験者にとっても，外国語の論文を読むということは，楽なことではなさそうである．ましてや，専門外の被験者なら，なおさら理解しにくいと感じる．また，情報科学や情報工学関係を

第7章 被験者の初期状態の把握

表7.11 仮説作成上の有利な点

[質問7.4]
仮説の作成作業を順調に進められたと思う人にお尋ねいたします．その理由はどのようなところにあると思われますか．
（複数回答可）　　　　　　　　　　　　　　　　　　　　　　　（回答総数20人）

選択肢	地球環境 (7)		情報工学 (13)		合計 (20)	
	人数	割合	人数	割合	人数	割合
(1) 自分で研究している専門分野だから	2	0.29	0	0.00	2	0.10
(2) 知識ベース内のグラフや数値データを活用できたから	2	0.29	1	0.08	3	0.15
(3) 専門分野ではないが，地球環境問題に関心をもっているので	1	0.14	2	0.15	3	0.15
(4) 知識ベースの内容がよく理解できたので	0	0.00	0	0.00	0	0.00
(5) Index や Mosaic の機能を十分に活用できたから	0	0.00	1	0.08	1	0.05

含めた被験者全体の中で，「Index や Mosaic の機能を十分に活用できたから」と回答した被験者は1人だけであり，これは全体の5％にしかならない．情報科学・情報工学関係の専門家にとっても，仮説をまとめるような高度な知的活動にとって，Mosaic が持つ機能だけでは不十分であることを示している．

この設問に回答した地球環境関係の被験者の一人は，「図表のインデックスによってグラフなどがすぐに呼び出せるところは非常に役に立つ」と答えているが，これは今回開発した機能である．また「検索語などの特徴になれれば，活用したい，もしくは活用できるシステムだと思う」という意見であった．仮説の作成がやりにくいと感じた地球環境の被験者でも，「図表を見るとおおよそのことが分かるので使いやすい」と感じている．

しかし，知識ベース内のグラフや数値データを活用できたからと回答した被験者は全体で3人であるが，これは回答した被験者全体から見れば，15％にしかならない割合である．知識ベースには241の図表がふくまれており，これらは図表のインデックスから検索できるようになっているが，多くの被験者において仮説をまとめる上でこれらの図表が有効に活用されたかどうか疑

問である.

情報科学・情報工学関係の被験者の一人は，地球環境問題に関心を持っており，講義を聞いていたことから，知識ベース内のグラフで問題の本質を簡単に把握できたと回答している．また Mosaic 上で文章を読むのが意外に困難でなかったので，仮説の作成作業を順調に進められたという意見であった．これは文献を読むための前提知識が，問題構造の把握に大きく影響していることを示している．

7.7 システムに期待する機能

Mosaic だけの機能では，人間の知的活動を支援できるところは限られたものとなっている．そのため，仮説生成のような高度な知的活動を支援するためにはどのような機能が必要か，被験者に意見を求めた．システムに期待する機能についての質問結果を表7.12に示す．

表7.12 システムに期待する機能

[質問7.4] この実験1をとおして，仮説の作成を支援するためにどのような機能を付け加えるべきでしょうか． (複数回答可) (回答総数20人)						
	地球環境 (7)		情報工学 (13)		合 計 (20)	
選 択 肢	人数	割合	人数	割合	人数	割合
(1) 自動翻訳機能	4	0.57	4	0.31	8	0.40
(2) 類似の文献を自動的に探してくれる機能	4	0.57	8	0.62	12	0.60
(3) 知識ベース内を構造化するリンク	4	0.57	7	0.54	11	0.55
(4) 問題とその構成要素のつながりを示してくれるような機能	4	0.57	9	0.69	13	0.65
(5) 文献から因果関係を抽出し，関連性を示してくれるような機能	4	0.57	10	0.77	14	0.70

ここにあげた選択肢のうち，自動翻訳機能以外のものは，今後の課題になっている部分もあるが，ほぼ実現している機能である．被験者はこれらの機能

をこの後の実験で実際に試すことになるが，ここではユーザが実験システムを利用する前に，具体的にどのような機能を望んでいるかをしらべ，今後のシステム開発の参考にした．

自動翻訳機能は，「あれば便利という軽い気持で選択した」被験者が多く，「なくても何とかなる」という意見もある．日本語の場合は，斜め読みのような読み方をすることができるが，英語の場合は斜め読みがきかないという人が多い．自動翻訳機能や要約機能は，読みにくい文献を読みやすくしたり，読まなくてもよい部分を飛ばして読むなどの機能として利用することができる．今回自動翻訳機能は研究の対象外としているが，問題とその構成要素のつながりを示してくれるような機能のなかに，要約機能を今までとは異なる観点から検討し，問題の関連構造を視覚化するためにマップする機能を開発した．

地球環境関係の被験者には，「構造化するリンク」や「構成要素のつながり」や「因果関係の関連性」が実際にはどのようなものなのかイメージがつかめないという意見があった．その他，「Mosaic の検索機能が不十分なため，上記の全てに加えて文書の一覧から内容の単語まで検索してくれる機能，Yahoo!や AltaVista のような，キーワード検索機能はどうしても欲しい」という要望があった．

これらの機能は本システムでは，キーワード検索機能と同様なものとして，文献タイトルとキーワードの間に，自動的にリンクを生成する機能として開発している．また，類似の文献を自動的に探してくれる機能を望む理由の一つとして，Mosaic でもキーワードはいつでも検索できるものの，「あまりにもキーワード化しすぎていて，かえって役に立たない」という意見があった．これらの意見を参考に，開発したシステムでは，関連する文献へのリンクの生成や専門用語を含む文章を取り出して，ブラウズすることができるようにしている．

情報科学・情報工学関係の被験者からは，「知識ベースの中から，ストーリを見つけて物語風あるいはドキュメンタリー風に提示してくれるようなしくみ，あるいは質疑応答の形で，インタラクティブに情報を提示してくれるよ

うなしくみ，あるいはこちらの仮説のもつ矛盾点を指摘し，反論してくれるようなしくみ」，というような機能を望む意見もあったが，これらは極めて高度な研究課題であろう．また，文献から因果関係を抽出し，関連性を示してくれるような機能に関連して，「地球環境問題の因果関係はよく分かっていないのが現実であり，因果関係をシステムが示してくれても，それが本当かどうかの検証が必要になるという困難な課題があるのではないか」という意見があった．これについては，システム開発を行なう上での理論的な背景として検討している．現状の技術水準では確かに検証まで行なうことは非常に困難な課題であり，システムの主な目的は，どのような因果関係が潜んでいるかを，利用者が考えるきっかけとなるものを与えることをめざしている．

7.8 Mosaic による仮説生成作業の特徴

Mosaic だけを利用した仮説生成作業の実験の特徴をまとめると，次のようなことがいえる．地球環境関係の研究者のように，設問に対してある程度問題解決の前提となる知識をもつ被験者は，まず自分の知識を利用して仮説を生成しようと試みていることが指摘できる．このような被験者は自分自身の意識の中に生成された仮説に対して，Mosaic の中のテキストや図表を利用して，正しいことを確認しながら精緻化しようとする傾向がある．

これに対して，前提知識の少ない被験者は，まず課題に含まれるキーとなる用語を頼りに，テキストや図表を調べ，そこから「回答」に必要な部分を探そうとする傾向があった．このような傾向は複数の被験者のアンケートに明確に記されており，一面では試験問題に回答するのと同じような感覚であるといえるが，これは前提知識が少ないのであるから当然のことであろう．この後でも触れるように，テキストから回答に該当するたくさんの部分を探し出してきても，被験者自身の仮説となる部分（被験者自身が思ったことや考えたこと）の数は多くはならないということがアンケートの結果に示された．

また，与えられた課題に対して，問題解決のための仮説を生成できるかどうかは，前提知識の有無と強く関係しているといえる．前提知識が豊富な被

第7章 被験者の初期状態の把握

験者は，課題が与えられると自分の経験的な知識（ヒューリスティックス）を利用して，与えられた課題に対して問題解決における初期的な仮説を生成することができる．これは Mosaic に用意した文献を確認する以前におこなわれ，一面では専門家の特徴をあらわしている点であるといえる．

また今回の地球温暖化のように最近話題になるテーマに関しては，マスコミなどをとおして自分の知識として取り込むことが自然に行なえる人が多い．そのため，地球環境問題の専門家でなくても，［課題1］のような設問に対して，数行程度の回答をまとめることはさほど困難な課題ではないことが分かった．これは一部の被験者（4人）に何も参照しないで課題を行なってもらったところ，数分から40分程度で，全員が数行の仮説をまとめることができたことからも示されている．ただし，文献を参照すると，内容的に豊かな仮説になる傾向があることははっきりしている．アンケートのなかでは，課題と文献が与えられると，自分で発想することよりも，回答を探すことに思考が向けられる傾向が示されている．

実験1では，仮説を作成するということに対して，いくつかの意見が得られた．地球環境関係と，情報科学・情報工学関係の両方の被験者から，仮説を作成するという言葉自体がピンとこないという意見が複数あった．その理由として，地球環境関係の被験者からは，原因と結果は多くの場合，フィードバックループのなかにあり，どちらが原因なのかはっきりしないことが指摘されているが，これは地球環境問題の重要な特徴をいい表わしているといえる．また仮説を作成するという作業が，具体的にどのような作業なのか実感がないため，結果としては「レビューを書く」という作業になってしまったという意見があった．

情報科学・情報工学関係の被験者からは，「［課題1］ではいくつかの文献を組み合わせてまとめたところに「仮説生成」をしたような気がする」という意見があった．これに対して「［課題2］では自分で文献を探せば済むような問題を選んでしまったので，仮説を生成する必要がなかった」と答えている．さらに「自分で仮説を生成するのは，文献を読むより思考を必要とする」という意見が得られた．我々は日常的に問題の種類に差はあっても，無意識

117

のうちに仮説を立てることを行なっていると考えてよい．しかし，日常的にあまり考えていない問題に対して，仮説を立てることは意外に難しいことなのである．

7.9 本章のまとめ

本章では，この後に行なう実験2との比較データを収集するため，被験者の初期状態の把握を目的にした実験を行なった．

被験者の作成した初期仮説から，文章を構成する行，用語数，文字数の3つの側面から定量的に把握することを行なった．加えて被験者から実験に対するアンケートと意見を集め，Mosaicを利用した実験を分析することも行なっている．その結果，Mosaicによる仮説生成作業の問題点を明らかにした．

次章では，開発したシステムをもちいて，問題構造の視覚化支援を目的にした実験結果の分析と考察を行なう．

第8章　問題構造の視覚化支援への効果

　問題の構造をどのようにとらえるか，これはきわめて重要なことである．人それぞれによって問題に対する考え方が異なるため，問題が大規模に複雑化してくると，千差万別なとらえ方がおこなわれても不思議ではない．問題に対する考え方は，極めて主観的な側面を持っており，システムの性能評価につなげるためには，これを客観的な評価として分析する必要がある．

　また本システムの性能評価を行なうためには，開発したシステムが問題の構造を視覚化しているかどうか確認する必要がある．そのためには，できるだけ多くの利用者に，実際にシステムを試用してみてもらうことが必要になる．そして現実的な問題を考えてもらい，そのなかでシステムが生成している新たな情報が，問題の構造を視覚化しているという具体的なイメージを利用者に与えることができなければならない．

　さらにシステムが問題の構造を視覚化しているということを手掛かりに，何らかの行動を起こすきっかけを利用者に与えることができれば，システムの効果があったということがいえる［土橋96c］．

　本実験では，仮説の追加や修正を被験者が行なうために，きっかけを与えられるかどうかが課題であるが，この部分についての実験と考察は，第10章および第11章において詳しく述べている．本章では問題構造の視覚化についてのアンケートの分析を行ない，視覚化が実現されているかどうかの検証を行なう［土橋97］．

8.1　実験の概要

　本研究におけるシステム開発の一つの目的は，利用者に対して問題の構造を説明する効果のある視覚化の方法を開発することにある．従って，本実験

の目的は開発したシステムが，被験者に対して問題構造を理解しやすく，視覚化する効果があるかどうかを実験によって検証することである．

　本実験は仮説生成支援の実験の一部として，2つの課題に対して仮説をまとめてもらいながら行なっている．仮説をまとめる作業をとおして，システムが生成する概念ネットワークが，問題構造の視覚化に関連して，どのような効果を与えるか，アンケートによって回答を求めた．アンケートの質問は，問題の視覚化に関するものを中心に構成し，システムが被験者に問題構造についてどのような視覚化の効果を与えたかを，できるだけ定量的に把握するようにした．

　以下の質問に対する回答は，被験者がシステムを利用しながら，アンケートの中の該当する選択肢に回答した結果をまとめたものである．実験から得られたこれらのデータは，被験者が実際にシステムを利用しながら行なった2つの課題に回答する作業をとおして得られたものである．従ってある程度被験者自身がシステムの効果を判断した上で回答した結果であるといえる．

　またアンケートへの回答に付随した意見も書いてもらい，ここではそのなかからシステムの効果と問題点について，重要な部分をまとめ定性的な分析に利用している．この実験には，22人の被験者が回答した．なお，表の中で選択肢はアンケートに用意した選択肢のことであり，割合というのは，被験者全体における回答した被験者の割合である．

　また，これまでに検討したシステムの要件に基づき，基本的には次の4つの視点から問題構造の視覚化を重点的に考えることにした．
(1)　単一文献から，概念ネットワークを生成する場合
(2)　複数文献から，概念ネットワークを生成する場合
(3)　特定の表現を含む文章中をもとにして，概念ネットワークを生成する場合
(4)　利用者が指定したキーワードから，概念ネットワークを生成する場合

　これらの生成方法の目的は，すでに第3章および第4章で触れたとおりである．開発したシステムでは，これら4つの機能について明確な役割を決めて設計を行なっている．そのため，実験結果のアンケートには，これら4つの機能の効果が明確に現われることが期待され，その検証を行なわねばなら

ない．

8.2 単一文献による概念ネットワークの効果

次章で触れるが，被験者が参考にしたマップでは，単一文献によるものが最も頻繁に使われ，新たな視点に気づく効果も大きいことが明らかになった．単一文献のマップでは，文献の著者の考え方を，概念ネットワークによって視覚化することをめざしている．このことは著者が意図した内容を，おおまかに被験者にマップして提示する効果が期待できる．著者ごとにマップすることによって，問題に対する個人的な見解を取り出すことがねらいである．表8.1に示したような質問をとおして，問題構造が視覚化されているかどうかを被験者に対してアンケートにより回答を求めた．

1．「気が付かなかった関係が表現されている」について

単一文献から概念ネットワークをマップすると，「気が付かなかった関係が表現されている」という回答が最も多く，被験者全体の68％がそのように感じている．この効果を与えた主な要因と思われるのは，開発したネットワークエディタのユーザインタフェースと，新たな知識の組み合わせの生成機能に関係した効果である．

実験2のMosaic上で見るテキストでは，本文の重用語にリンクが張られており，その部分がハイライトされている．しかし，関連した用語間のつながりを理解するためには，文章を追いながら読まねばならない．ネットワークエディタ上には，本文全体から抽出した重用語だけが直接マップされるので，文章を全部読まなくても，重要な用語の間に関係があるかないかの判断は即座にできるようになっている．

また，システムは新たな専門用語の組み合わせを生成しており，このなかに被験者が想像していなかった用語の関係が連結されていることがあげられる．このような点が被験者に「気が付かなかった関係が表現されている」という効果を与えることになったと考えられる．被験者からは，「テキストで

表8.1 単一文献による概念ネットワークの効果

[質問8.1] システムの画面に現在表示されている1つの文献の内容（主にテキストの部分）とマップを比較して，マップの特徴と効果はどのような点にあると思われますか．（複数選択可） (回答総数22人)						
	地球環境(7)		情報工学(15)		合　計(22)	
選　択　肢	人数	割合	人数	割合	人数	割合
(1) テキストの内容が説明されているような印象を受ける	5	0.71	5	0.33	10	0.45
(2) 因果関係がわかりやすい	3	0.43	3	0.20	6	0.27
(3) 気が付かなかった関係が表現されている	5	0.71	10	0.67	15	0.68
(4) 読みにくい文献が読みやすくなる	2	0.29	3	0.20	5	0.23
(5) テキストの内容を要約したような感じを受ける	2	0.29	8	0.53	10	0.45
(6) 問題とその構成要素の関係がわかりやすい	4	0.57	8	0.53	12	0.55
(7) 考えをまとめるのに役に立つ	5	0.71	7	0.47	12	0.55
(8) 忘れていた関連性を思い出した	4	0.57	6	0.40	10	0.45
(9) その他	1	0.14	2	0.13	3	0.14

は，文章の中にキーワードが埋まっているが，マップだとキーワードが直接目につく．また，キーワードの関係は文章をとおしてでなく，リンクのみで表示するため，そこに読み手の想像を入れる余地が十分にある」という意見が得られた．この意見から被験者はマップを見ていると，文献を読んだだけでは気づかなかったキーワードに気づいた可能性があるといえそうである．さらにマップに表示された関係や専門用語以外に，新たなものを想像しやすいことが示されている．

また文章を読む場合に，漠然と読むのではなく，読者なりに注意しながら読むのが普通のことであるが，マップの中には「自分が注意していなかった単語が表示される」という効果があり，このことも被験者に気づかなかった関係に気づかせる要因としてあげることができる．これについて被験者は「とりあえずキーワードでそれ（自分が注意していなかった単語）を探してみよ

第8章 問題構造の視覚化支援への効果

うというように，自分の考えを振らせるのに役立つと思う」という意見を述べている．さらにシステム上の機能では，専門用語辞書と用語の自動獲得機能が，この被験者の意見に関係しており，これらの機能がかなり役立っていることが明らかになった．

また，ディスプレイの物理的な限界との関係も無視できないものがある．現在使われているディスプレイのほとんどは，文献全体を表示することはできず，文献の一部だけを表示している．例えば，本実験で用意した英語の文献では，1,000ワードを越える長さの文献になると，一度に画面に表示することは難しい．そのため画面を上下や左右にスクロールして，文献を見たり，複数の画面を用意して見たりする必要がある．

このことは現在使われているほとんど全てのディスプレイに共通のことである．開発したシステムでは，一つの画面上に，文献全体から抽出した重要な用語だけを取り出してマップしており，この中には画面に表示されていない部分も多く含まれている．画面に表示されていない部分からも重要な用語を取り出すことが，被験者の気づかなかった関係が表現される効果につながっていると思われる．

2．「問題とその構成要素の関係がわかりやすい」と「考えをまとめるのに役に立つ」について

次に被験者の回答が多かったのが，「問題とその構成要素の関係がわかりやすい」と「考えをまとめるのに役に立つ」という2つの回答で，全体の55％がこれらの効果を認めることになった．問題とその構成要素の関係が分かれば，問題に対する考え方をまとめることに役立つと思われる．考えをまとめるための支援機能は，発想支援システムの研究では収束技法が実現をめざしているのものの一つであり，事実やアイディアをまとめるなどと同じ効果を期待したものである［杉山93］．

被験者からは，「自分の頭のなかでわかりかけてきている関係が，実際に形となって現われているのを見ることができ，確信を強められることがある」という意見が得られた．これは被験者が描く問題の構造と，システムが描く

問題の構造に共通する部分が含まれており，システムは間違った構造を生成しているのではなく，かなり妥当性のある構造を生成している．

3．「テキストの内容が説明されているような印象を受ける」と「テキストの内容を要約したような感じを受ける」

この2つの質問に対して，それぞれ10人ずつ回答し，これは全体の45％に当たる．これらの2つの質問は，システムが生成した概念ネットワークが，文章の要約機能として役に立つかどうかに関係した質問である．テキスト要約の研究も盛んに行なわれているが [Sakai 94]，ここでは異なる観点から，テキストの要約機能を考え，システム開発を行なった．生成した概念ネットワークが，問題の構造を説明するような機能を持っていなければ，被験者に正しい知識を与えることは難しい．被験者の回答が5割を下回っていることから，テキストの説明や要約の機能については，まだ充分とはいい難いが，全く役に立たないわけではないことが，被験者の意見に現われている．

例えば情報科学・情報工学関係の被験者からは，「論文の内容を理解する有効な補助になる」や「マップはテキストの内容が隠されている暗号のような印象を受ける」など，好意的な意見が得られている．しかし反面では，「キーワードとそのつながりがリンクされて示されるので，内容の要約的なものに見える．しかし，どうつながっているかという面で，不明確である」という意見もある．また地球環境関係の被験者からは，「いくつか効果がある反面，機械的な作業でデータが生成されるので，文脈上のつながりや言い換えが反映されていない部分がある．分かるのは相関関係だけで因果関係については文章を読むか常識で判断することになってしまう．もしかすると簡単にビジュアルな図が作られてしまうということは，原文を読まないなど安易に流されることと合わせて，かなりミスリーディングなことかもしれない」という意見も出された．

文脈上のつながりや言い換えなどを，どのようにしてシステムに反映させるかは，現在研究中の課題であり，成果は今後に期待せざるを得ない．またマップが文章の内容を完全に表現することをめざしているのではなく，文章

とは異なる情報の表現を目標にしていることが重要であると考える．

4．「忘れていた関連性を思い出した」について

　我々は新たな問題を考えるような場合に，過去の記憶をたどり，既知の事柄との関連性から考えることが多い．このような時に，過去の記憶すなわち既知の事柄をスムースに検索できることは重要なことである［弓野 92］．開発した概念ネットワークは，関連した概念を結びつけることによって，利用者の連想的な検索を支援しようとしている．

　概念ネットワークをマップして視覚化することや文献内にリンクを張り巡らして知識ベース化することによって，システムの連想的な検索機能を実現している．同時にこれらの機能が被験者の記憶を連想的に刺激し，関連した事項を想起させる働きを期待して開発した．回答した被験者は全体の45％に当り，単一文献をマップしただけでは，効果を感じる被験者の割合は充分とはいえないが，ある程度の機能は果しているといえる．

　以上のほか，「因果関係がわかりやすい」「読みにくい文献が読みやすくなる」などについては，回答する被験者が3割以下となっており，単一文献をマップする機能からはほとんど有効とは感じられないことを示している．因果関係については別に機能を設けており，そこで再検討する．

8.3　複数文献による概念ネットワークの効果

　単一文献からのマップが，著者の考えを中心に概念ネットワークを生成するのに対して，複数の文献を自由に組合わせることで，より多面的に問題の構造をとらえることがこの機能の目的である．文献が異なれば，同じ問題についての文献でも，問題に対して異なる視点が含まれていると考えられる．

　複数の文献から概念ネットワークを生成することによって，複数の視点を同一のマップ上で視覚化することができる．さらに複数の文献間の関連性や問題間の関連性，問題を構成する要素間の関連性なども，マップから読み取

ることができる．複数文献による概念ネットワークの効果についての質問と回答を表8.2に示す．

表8.2 複数文献による概念ネットワークの効果

[質問8.2] 複数の文献から専門用語を抽出してマップすることの意義と効果はどのような点にあると考えられますか． （複数選択可）						(回答総数22人)	
		地球環境 （7）		情報工学 （15）		合　計 （22）	
選　択　肢		人数	割合	人数	割合	人数	割合
(1)	複数の文献にまたがる問題の関連性がわかる	5	0.71	9	0.60	14	0.64
(2)	複数の著者の問題意識のつながりがわかる	1	0.14	1	0.07	2	0.09
(3)	特定の問題に関連した知識の構造が見える	5	0.71	5	0.33	10	0.45
(4)	異分野間の問題に対する概念のつながりが見える	2	0.29	4	0.27	6	0.27
(5)	その他	1	0.14	2	0.13	3	0.14

1．「複数の文献にまたがる問題の関連性がわかる」について

最も回答が多かった選択肢は，「複数の文献にまたがる問題の関連性がわかる」というもので，被験者全体の64％に当たる14人が回答している．この質問に対する回答が多かったことは，システムの目的をかなり実現しているといえる．

複数の文献から問題構造が抽出できれば，問題を考える上で，考え方の幅を広げたり深めたりする効果があり，総合的な見方を支援することができる．これは創造性や発想支援システムの研究では，発散的思考にあたるもので，一つの問題に対して多数の回答を得る場合に相当する［村上83，折原93］．

例えば，この方法でマップを行なうと被験者の意見では，「ある程度特定の著者の見方に捉われず総合的，網羅的な見方ができる」という効果が発生してくる．また，複数の文献をマップして頻度による絞り込みを行なうと，「常識的な知識のつながりが見える」という印象を被験者に与える．

第8章 問題構造の視覚化支援への効果

　これは複数の問題に関係した重要な部分だけを取り出すことであり，複雑な問題の概略を把握しやすくする効果があり，非専門家に対する支援が期待できる点である．また，逆に考えれば専門の研究者にとっては，頻度の低い部分のデータをマップすることで，複数の文献にまたがる新たな知識の関連性を見いだす可能性があるといえる．地球環境関係の被験者は，「単独の文献では取りこぼされてしまうような関連が，確実に見つけだされることに意義がある」という意見である．

　本システムでは概念ネットワークのマップを，それぞれの文献ごとに色分けすることで，ことなる論文間の概念の連続的なつながりを見いだせるようにしており，問題の関連性をわかりやすくする効果がある．これらのことから被験者はインデックスなどの「論文のリストを見せられるだけでは，どの論文とどの論文が連続的なのか分からない」という状況であるが，複数の文献をマップすると，「論文の内容的な連続性が生まれてくると思う」と感じるようになる．

2．「特定の問題に関連した知識の構造が見える」について

　この選択肢を選んだ被験者は10人であり，全体の45％である．本システムでは，類似度の高い文献を自動的に提案するメカニズムを備えている．類似度の高い文献では，互いに共通する特定の問題について言及されている場合がある．類似度の高い文献を複数マップすると，特定の問題に集中したマップを得ることができる．先に1でふれた「複数の文献にまたがる問題の関連性」を，さらに集約したものとして考えることができる．

　類似度の高い文献を集めてマップすると，特定の問題に対して複数の著者の立場を統合した見方に立つことができる．被験者からは，「多くの関連した文献をマップすることで，より関連のある用語が浮かびあがってくると思う」という意見が得られた．また先の1にも当てはまる意見として，「関係ある問題と無関係な問題の，それらに絡まる知識の様子がわかる」ということがいえる．これは，基本的に関係がある問題はリンクで結合されてグループ（島）を構成し，無関係な問題との間にはリンクが張られないことから，関連性を

ある程度識別できることを示している．

　これらのほか，「異分野間の問題に対する概念のつながりが見える」にも，6人の被験者が回答している．これは被験者がどのような分野を選んでマップしたかとも関係している．問題領域によっては，異分野と思われている領域にも，関連性が存在することがある．逆にこのような境界領域と呼ばれる分野に，今後の研究テーマが存在する可能性が高いといわれており，潜在する関連性を発見する支援機能の充実が望まれる．

8.4 特定の表現を含む文章をもとにした概念ネットワークの効果

　本実験では，地球環境問題を例として取り上げているため，特定の表現として，因果関係（Causal Relation）を現わす用語に注目している．どの表現に注目するかは，ユーザが設定することも可能であり，その場合には被験者の関心のある領域や問題のなかから抽出したい用語を指定する．因果関係をたどって文献を調べると，新たな問題の関連性に気づきやすいといわれる．しかし多くの文献から因果関係の部分を手作業で探しだすことは，困難が伴う．システムではこれを自動化しており，さらに知識ベース全体を検索して，利用者が見ていない部分からも因果関係の部分がたどれるように支援することを試みている．特定の表現を含む文章をもとにした概念ネットワークの効果についての質問と回答を表8.3に示す．

　アンケートの回答から，半数以上が効果を認めるような回答は得られなかった．しかし，「問題の関連性を連想しやすい」という選択肢には，10人（全体の45％）が回答しており，ある程度の効果があることを示している．概念ネットワークは，問題の関連性を表現するために，文脈を考慮した連想網の形成をめざしているが，機能的に未だ十分に文脈を反映した視覚化が実現しているとはいえず，文脈の反映は今後の研究課題となっている．現在のシス

第8章 問題構造の視覚化支援への効果

表8.3 特定の表現を含む文章をもとにした概念ネットワークの効果

[質問8.3]
因果関係（Causal Relation Map）のように特定の関連性を抽出してマップすることの意義と効果はどのような点にあると考えられますか．
（複数選択可）　　　　　　　　　　　　　　　　　　　　　（回答総数22人）

選　択　肢	地球環境(7)		情報工学(15)		合　計(22)	
	人数	割合	人数	割合	人数	割合
(1) 問題の中で因果関係をたどっていける	1	0.14	4	0.27	5	0.23
(2) 新しい知識の関連性を見いだす可能性がある	2	0.29	7	0.47	9	0.41
(3) 現象の原因と結果がはっきりする	2	0.29	3	0.20	5	0.23
(4) 問題の関連性を連想しやすい	4	0.57	6	0.40	10	0.45
(5) その他	2	0.29	1	0.07	3	0.14

テム上では，抽出した因果関係の中心となる用語の直接のリンクを色わけしているが，この程度の機能では不十分であり，さらに改善が必要である．これらの因果関係のマップ上での表現は，3つ以上の用語が線形的にリンクされて表現される．

　効果を肯定する被験者の意見では，「限定的ではあるが，問題の中で因果関係をたどって行く」ことができる．また「比較的知識が乏しい分野では，新しい知識を見いだす可能性があると思う」という意見がある．因果関係を考える場合は，原因と結果を明確に表現することが望まれている．

　被験者は現在の因果関係の表現について，「因果関係の方向がわからない点は不便であるが，逆にどのような因果関係かを考えるきっかけにはなる」というように考えている．また「マップがそのまま論理的な因果関係を示すわけではないが，やはりその論文において重要な点を示す可能性が強いといえるので，参考になる」．あるいは「現象の原因と結果がはっきりするが，ただし原文を確認する必要がある」という意見も得られており，開発したシステムが備えているように原文を手軽に確認する機能が重要であることが指摘できる．

　これらの意見に対して，次にように機能的にシステムの充実を望む意見も

出された．

(1) 「どちらの単語がどちらの単語に影響を及ぼすのかを，マップ上で理解するのは困難．因果関係を表示するのであれば，どちらが原因でどちらが結果かを有効グラフの形で表現すると，より原因を追及しやすい．例えば「reduce」という用語がキーワードとして現われるが，何が何を reduce させているのかがわかるとよい」．

(2) 「はっきりした因果関係を示すというよりは，関連性を示す単語を示しているというところまでしか読み取れない．結局文献を読まねばならない」．

(3) 「新しい知識の関連性を見いだす可能性があると思うが，認知的な負担が大きい」．

(4) 「論文の中から抽出される因果関係の数行の文章が，あまりに短絡的に見えて，問題点を見落としそうな気がした」．

このように因果関係のマップの効果を好意的に認める被験者は半数以下であったが，今後のシステム開発に必要な示唆が得られた．

8.5 キーワードによる概念ネットワークの効果

この機能は概念ネットワークのデータを生成する際に，利用者の要求を取り入れるための機能である．この機能の目的は，ユーザからキーワードを受け取り，そのキーワードに基づき知識ベース全体から，キーワードに関連した概念ネットワークを自動的に生成し，関連性をマップして視覚化する．これは知識ベースの検索機能を兼ねており，これまでの検索機能とは基本的に異なる新たな手法で開発したもので，従来の情報検索におけるキーワード検索に代わる機能としても活用することができる．

またこの機能は，発想法における NM 法を参考にしており，NM 法と同じ思考過程をたどることができる [中山 83, 折原 93]．例えば問題の本質を現わしそうなキーワードを入力して概念ネットワークを生成する．生成した概念ネットワークには，入力したキーワードの背後にある関連したキーワードの関連性も描かれる．

第8章　問題構造の視覚化支援への効果

　これらのキーワードに対して一つずつ,「これは問題の解決に何かヒントを与えないか？」という問いかけをすることができる．NM法ではこの問いかけに対してアイディアが得られるといわれている．本システムではこの過程で,キーワードが出現する文章を確認しながら進めることができる．キーワードによる概念ネットワークでも，被験者がキーワードで作成したマップ上の専門用語を動かしながら思考を巡らす作業を行なうことができる．

　このことはKJ法でもあるし，キーワードとその背後にある関連性を考えることから,NM法の支援も行なっていることになると考えられる．キーワードによる概念ネットワークの効果についての質問と回答を表8.4に示す．

表8.4　キーワードによる概念ネットワークの効果

[質問8.4]
キーワードマップのようにユーザの要求を取り入れてマップすることの意義と効果はどのような点にあると考えられますか．
(複数選択可)　　　　　　　　　　　　　　　　　　　　　　　　(回答総数22人)

選　択　肢	地球環境 (7)		情報工学 (15)		合　計 (22)	
	人数	割合	人数	割合	人数	割合
(1) 入力したキーワード以外に関連した用語も取り出せるので，連想がわく	5	0.71	7	0.47	13	0.59
(2) 入力したキーワードに関連した知識の構造が見える	3	0.43	3	0.20	6	0.27
(3) 入力したキーワードに関連した問題の関連性がわかる	6	0.86	8	0.53	14	0.64
(4) 入力したキーワードに関連したもので，忘れていたことや新しいことに気がつきやすい	4	0.57	6	0.40	10	0.45
(5) その他	1	0.14	4	0.27	5	0.23

　アンケートの結果から，最も効果が認められた項目は,「入力したキーワードに関連した問題の関連性がわかる」という点であり，14人が回答し，これは被験者全体の64％に当たる．この回答結果から見れば，システムの開発目的をかなり達成しているといえる．

被験者は「基本的には（従来型の情報検索システムの）キーワード検索という意味づけで試用して」おり，「（被験者自身の）関連した項目へ関心が向けられる」という点で効果があると感じた．また「メリットとしては選択肢のとおりであると思う．いわゆるブレインストーミング的な効果があり，役に立ちそうである」という肯定的な意見も地球環境関係の被験者から得られた．また「文献によってそのキーワードがどういう文脈で用いられているかの違いが分かる」という意見から，システムに備えたキーワードが出現する文章を確認できる機能が役に立っていることが明らかになった．

　また「入力したキーワード以外に関連した用語も取り出せるので，連想がわく」という質問にも，13人（被験者全体の59％）が回答した．この質問は，問題の関連性を理解するだけでなく，生成されたマップで見たキーワードの関連性などから，さらに新たな関連性が連想できる機能が備わっているかどうかについてのものである．これは他のマップ機能にもいえることである．正しい方向に連想がわくことによって，適当な検索語を選び検索をスムーズに行ない，出きるだけ多くの情報を適切に処理する支援効果を与えることができる．

　これらの肯定的な意見に対して，この機能の若干の問題点を指摘する意見もある．地球環境関係の被験者は「選択肢の全てが当てはまる反面，もともとのデータベースが持つ限界を忘れてしまう危険性が感じられる」という印象を持った．またキーワードマップはその場で利用者の要求に応じて生成されるため，現在多少時間が必要となっている．そのため情報科学・情報工学関係の被験者から「生成にかかった時間に比べて，Total Map（複数文献のマップ）や Causal Relation Map（因果関係のマップ）より良い結果がでているとは思わない」という意見が寄せられた．このようなデータベースの限界の問題や，生成に時間がかかるなどの点については，ハードウエアなどの限界もあるが，アルゴリズムやシステム構成の見直しや，データベース構造の再検討などが必要である．

8.6 本章のまとめ

本章では,開発したシステムの問題構造の視覚化支援への効果を実験によって検証した.アンケート結果を集計することによって,定量的に評価を把握することを行なっている.また被験者の意見をもとに,定性的にシステムの効果を分析した.

以上の分析の結果から,最も支持が多かった選択肢は,「気が付かなかった関係が表現されている」(被験者全体の68％)であり,これは本システムがめざしている創造的な問題解決,問題発見にとって重要な支援効果が期待できる点である.

また「複数の文献にまたがる問題の関連性がわかる」という選択肢と,「入力したキーワードに関連した問題の関連性がわかる」いう2つの選択肢には,64％が支持する回答を示している.このことからシステムが目標とした問題構造の視覚化は,6割以上の被験者によって肯定的に支持されているということができる.これらの数値は,システムが目標とした視覚化支援の水準をかなり満たしていると判断してもよいと思われる.

次章においては,新たな認知構造の生成支援について,実験結果をまとめ考察を行なう.

第9章　新たな認知構造の形成支援

前章では，開発したシステムが問題構造を視覚化する効果があることを検証した．本章では，システムの視覚化支援によって，被験者がどのような刺激を受け，被験者の認知構造に影響を与えたきっかけはどのようなものであったかを検証する．開発したシステムの特徴として，概念ネットワークとKJ法を連結させている点をあげることができる．これは発想支援の研究では新たな試みであり，概念ネットワークとKJ法を結合させることによって，さまざまな視点を提供し，被験者の認知構造に適切な刺激を与えることが目的である［土橋98c］．これは創造性や発想支援の研究では，問題解決を模索する認知構造の形成支援が重要であると考えられるためである[Johnson-Laird 83]．

本章で取り上げる認知構造は，被験者が問題解決を行なう場合に形成する問題解決モデルと近い意味のものであり，被験者の問題に対する見方や考え方を指している．つまり本実験では与えられた課題において，被験者が仮説をまとめる際に形成するアイディアや思い付きなどのまとまりを，被験者の認知構造というように考えていく．また概念構造（あるいは概念ネットワーク）という用語を使う場合があるが，概念構造は本システムが被験者に提示したものを指すことにする．従ってシステムが提示した概念構造を，被験者が編集などの操作を行なったものは，被験者の認知構造と考えることにする．

また，仮説は被験者の問題に対する認知構造を，文章表現で外在化したものであると考える．具体的に変化した認知構造や仮説については，この後の第10章および第11章で分析を行なう．

9.1　仮説修正の手掛かり（実験2）

実験2ではほとんどの被験者が，システムを利用することによって実験1

でまとめた仮説の追加や修正を行なっている．ここでは被験者の仮説の変化を刺激したシステムの効果がどのような点にあったかを，被験者のアンケートの分析から検証する．仮説修正の手掛かりについての質問と回答について，［課題1］の結果を表9.1に示し，［課題2］の結果を表9.2に示す．

1．［課題1］における仮説修正の手掛かり（表9.1）

(1)「表示している単一文献をマップし，専門用語のつながりを見ていて思いついた」について

　［課題1］について，アンケートの集計結果から，「表示しているひとつの文献をマップし，専門用語のつながりを見ていて思いついた」という選択肢に，11人が回答しており，これは被験者全体のちょうど50％にあたる．

　前章では，単一文献による概念ネットワークのマップの中にも，被験者の気が付かなかった関係が表現されていることが，多数の被験者によって確認されており，本章のアンケートと同じ傾向を示している．この要因と考えられることの一つとして，単一文献のマップがシステムの操作上，最も手軽に作成しやすいことが上げられる．プルダウンメニューからマップ機能を選択するだけで，現在表示されている文献のマップを得ることができる．操作のしやすさがその機能を使うかどうかの目安になっていることが指摘される．

(2)「システムが提供する類似度の高い文献を読んでいたら，思いついた」について

　この選択肢も，上記(1)の選択肢と同じ50％の被験者が回答している．このことから被験者はマップの機能だけを頼りに，仮説修正に必要なデータを探したのではなく，複数の機能を利用していることが明らかになった．またこのことから，開発した類似文献の自動提案機能が正常に機能していることが示されている．この機能について，実験2では実験1と同じ文献を被験者は参照することになるが，地球環境関係の被験者から，「文献が初見であったなら，類似度の高い文献の表示はきわめて有効であったと思われる」という意

第9章 新たな認知構造の形成支援

表9.1 仮説修正の手掛かり（実験2：課題1）

[質問9.1]（その1）　　　　　　　　　　　　　　　　（回答総数22人）

どのようにして実験1で作成した仮説の修正・追加を思いついたかを，できるだけ詳しく書いてください．なお，該当する項目がある場合は，それを選んでください．（複数回答可）
[課題1] 地球温暖化（global warming, global warm）の原因とその対策について

	選　択　肢	地球環境（7）		情報工学（15）		合　計（22）	
		人数	割合	人数	割合	人数	割合
(1)	文献を再度読んでいたら，自然に思いついた	1	0.14	0	0.00	1	0.05
(2)	キーワードインデックスを読んでいたら，思いついた	2	0.29	6	0.40	8	0.36
(3)	システムが提供する類似度の高い文献を読んでいたら，思いついた	2	0.29	9	0.60	11	0.50
(4)	表示している単一文献をマップし，専門用語のつながりを見ていて思いついた	3	0.43	8	0.53	11	0.50
(5)	複数の文献をマップし，専門用語のつながりを見ていて，思いついた	3	0.43	7	0.47	10	0.45
(6)	キーワードマップを使って，マップを作成していて思いついた	2	0.29	6	0.40	8	0.36
(7)	因果関係マップ（Causal Relation Map）を使って，マップを作成していて思いついた	2	0.29	5	0.33	7	0.32
(8)	Make Link 機能を使い，新たにリンクを生成して，思いついた	0	0.00	1	0.07	1	0.05
(9)	その他	0	0.00	1	0.07	1	0.05

見が得られた．実験を離れて実際にシステムを使う場合，文献は初めて見ることになるはずであるから，この機能の効果は期待できるものがある．

(3)「複数の文献をマップし，専門用語のつながりを見ていて，思いついた」について

この選択肢には，10人（被験者全体の45％）が回答しているが，先に述べた2つの選択肢と1人しか差はなく，ほぼ同じように効果を与えていると思

137

われる．地球環境関係の被験者から，「基本的には細かい修正だが，マップに示されたごく一部の単語から思いついたものがほとんどである」という意見を得た．これは専門家に対しても少なからず概念ネットワークのマップの効果があったことを示している．

(4) 「キーワードインデックスを読んでいたら，思いついた」について

キーワードインデックスについては，ほとんどの被験者が，文献の検索に利用していることが観察された．回答した被験者は，8人であり，被験者全体の36％にあたる．回答者が比較的少なかったのは，実験上マップ機能の補助的な位置づけになっていることなどがある．

しかし，キーワードマップや因果関係マップ（Causal Relation Map）とおなじ数の被験者が回答していることや，実験の観察から検索手段として効果は充分にあると感じられた．被験者からは「キーワードインデックスによるリンクの発見効果が大きい」という意見が得られている．また「キーワードインデックスから関連する資料を読んだことによって」，（仮説の修正が必要なところ）を知ることができた．あるいは「キーワードによるドキュメントの検索によって，今まで見落としていた関連性に気づくことができた」という意見もある．

(5) 上記以外の選択肢では，「キーワードマップを使って，マップを作成していて思いついた」「因果関係マップ（Causal Relation Map）を使って，マップを作成していて思いついた」という2つの選択肢に，それぞれ8人（被験者全体の36％）が答えており，やや低い回答率となった．これはシステムの機能として，キーワードマップは場合によっては時間がかかることがあり，Causal Relation Mapは因果関係がいまひとつ明確に表現できていないということが，回答に影響していると思われる．しかし，前章で述べたように改善方法によっては，今後期待できる機能になる可能性もおおいに存在する．

2．[課題2]における仮説修正の手掛かり（表9.2）

第9章 新たな認知構造の形成支援

　［課題2］においては，(4)の単一文献のマップによって気づいた被験者が増加し，逆に(6)のキーワードマップや(7)の因果関係マップ（Causal Relation Map）によって気づいた被験者が減少している．これはほとんどの被験者が［課題1］を先に行なうため，そこで効果が感じられた方法で［課題2］も行なう傾向があるためと思われる．これらの特徴を除けば，全体的な被験者の回答は，［課題1］と似通っており，仮説修正の手がかりを探すために使われた機能は，問題解決型と問題発見型の設問による差はほとんどないと思われる．

表9.2　仮説修正の手掛かり（実験2：課題2）

［質問9.1］（その2）					（回答総数22人）	
どのようにして実験1で作成した仮説の修正・追加を思いついたかを，できるだけ詳しく書いてください．なお，該当する項目がある場合は，それを選んでください．（複数回答可） ［課題2］地球環境問題のなかで，自分自身で関心のある任意の課題						
	地球環境 （7）		情報工学 （15）		合　計 （22）	
選択肢	人数	割合	人数	割合	人数	割合
(1) 文献を再度読んでいたら，自然に思いついた	1	0.14	0	0.00	1	0.05
(2) キーワードインデックスを読んでいたら，思いついた	2	0.29	6	0.40	8	0.36
(3) システムが提供する類似度の高い文献を読んでいたら，思いついた	2	0.29	7	0.47	9	0.41
(4) 表示している単一文献をマップし，専門用語のつながりを見ていて思いついた	3	0.43	10	0.67	13	0.59
(5) 複数の文献をマップし，専門用語のつながりを見ていて，思いついた	3	0.43	5	0.33	8	0.36
(6) キーワードマップを使って，マップを作成していて思いついた	1	0.14	3	0.20	4	0.18
(7) 因果関係マップ（Causal Relation Map）を使って，マップを作成していて思いついた	2	0.29	5	0.33	7	0.32
(8) Make Link 機能を使い，新たにリンクを生成して，思いついた	0	0.00	1	0.07	1	0.05
(9) その他	0	0.00	1	0.07	1	0.05

以上のほか，被験者からは「ある1つの文献をマッピングしていて比較的よくでてくる単語を見ていると，考慮しなければならないような気がした」という意見や「キーワードマップを表示していて，いじくっているうちに，カテゴリー分けの仕方や自分の気づいていなかった事柄などがわかった．マップの中でキーワードを移動させる過程でかなりの思考作業を行なった」という意見が得られた．これらの意見は，システムが被験者に考えさせる刺激を与えていることを示している．

9.2 仮説の精緻化

これまでの実験の分析から，被験者に対してシステムがいろいろな側面から刺激を与えていることが明らかになった．ここでは，被験者がシステムを使うことによって，被験者の認知構造が正しく精緻化されたかどうか，すなわち被験者の仮説が正しい方向に向かって精緻化されたかどうかを検証する．仮説の精緻化についての質問と回答について，表9.3に［課題1］の結果を示し，表9.4に［課題2］の結果を示す．

アンケートの分析から，質問のとおりに精緻化したと回答した被験者は意外に少なく，［課題1］で3人，［課題2］で4人である．実験1では，正しいか正しくないかという2つの表現にほぼ分類することができた．しかし実験2では若干複雑な回答が得られる結果になった．アンケートに記された意見を読んで調べると，精緻化したという表現を使わないながら，システムの効果を肯定的に受け取る被験者の意見が多く見られた．それらの表現は表9.3と表9.4に示した通りである．

これらの肯定的な表現の回答と精緻化されたという回答を加えると，［課題1］では15人（被験者全体の84％），［課題2］では12人（被験者全体の67％）が，この質問に対して，肯定的な回答をしていると解釈してよいと思われる．

これらのアンケートの集計結果を，第10章1節で行なっている仮説の増減

第 9 章 新たな認知構造の形成支援

表9.3 仮説の精緻化（課題1）

[質問9.2]（その1） (回答総数18人)

仮説を修正・追加することによって，先に行った実験1に比べ，より仮説が正しく精緻化されたかどうかについて，意見を書いてください．
[課題1] 地球温暖化（global warming, global warm）の原因とその対策について

分　　類	地球環境 (7)		情報工学 (11)		合　計 (18)	
	人数	割合	人数	割合	人数	割合
(1) 正しく精緻化された ・根拠の確信度が増した ・多角的に問題を知ることができた ・根拠を発見したから ・知識が文献によって裏付けされた	0	0.00	4	0.36	4	0.22
(2) 上記以外の肯定的回答 ・思考の幅が広がった（2人） ・客観的な考えをもてる ・より説得力ある文章になった ・問題対象の限定や位置づけがしやすくなった ・人に分かりやすくなった ・より細かい制約条件について気がつく ・問題をいくつか別の視点から見ることができた ・複数の文献を比べることができた ・問題の焦点をより明確化しつつ，関連のある項目を効果的に広げていく ・因果関係がより詳しく観察できた	5	0.71	6	0.55	11	0.61
(3) 上記以外の否定的回答 ・新しいインプットを得ることができなかった ・大きく変化したという訳ではない ・うまく因果関係がでない	2	0.29	1	0.09	3	0.17

率の分析結果と比較してみる．第10章1節で述べるように，[課題1]のように問題を指定した場合は，実験1と実験2を比較して，仮説が増加した被験者は全体の80％になる．本章のアンケートの結果では，仮説が精緻化されたという回答と肯定的な回答を加えた被験者の割合は83％となり，かなり近

表9.4 仮説の精緻化（課題2）

[質問9.2]（その2）					（回答総数18人）	
仮説を修正・追加することによって，先に行った実験1に比べ，より仮説が正しく精緻化されたかどうかについて，意見を書いてください． [課題2] 地球環境問題のなかで，自分自身で関心のある任意な課題						
	地球環境 （7）		情報工学 （11）		合　計 （18）	
分　　類	人数	割合	人数	割合	人数	割合
(1) 正しく精緻化された ・より詳しい原因が判明した ・正しさが確認できたと思う ・思いつかなかった他の対策も発見できた	0	0.00	3	0.27	3	0.17
(2) 上記以外の肯定的回答 ・実験1では考慮されていなかった要因が仮説に追加された ・広がりはしたと思う ・より説得力ある文章になった ・いろいろなことを考えるようになった ・問題の原因についてより正確と思われる異なった考えを持つようになった ・問題をいくつか別の視点から見ることができた ・仮説の中で，さらに細かな仮説が生成された ・問題の焦点をより明確化しつつ，関連のある項目を効果的に広げていく ・問題意識が一箇所に留まることなく縦横に広がっていった	4	0.57	5	0.45	9	0.50
(3) 上記以外の否定的回答 ・正しさは保証できない ・考えが大きく変わったということはない（3人） ・精緻化することはできなかった ・うまく因果関係がでない	3	0.43	3	0.27	6	0.33

い値になっている．これらの分析から，[課題1]については，本章において仮説が精緻化できたという被験者と，第10章1節で述べる定量的分析におい

て仮説が増加したという被験者は，ほぼ相関関係にあり，実験に対して被験者が真剣に取り組んでおり，実験方法としても厳密性を保っているといえる．

また同様に第11章3節で述べる［課題2］の任意な課題の場合と仮説の増減率を比較してみる．第11章3節において実験1と実験2を比較して，仮説が増加した被験者は全体の83％になる．本章のアンケートの結果では，仮説が精緻化されたという回答と肯定的な回答を加えた被験者の割合は67％となり，16％の差が現われている．［課題2］において第11章3節の定量的分析における仮説の増加率が，本章におけるアンケートの結果よりも高くなっていることは，精緻化したとははっきりいえないが，用語や文章の追加によって，仮説の修正を行なった被験者が存在することを示している．このアンケートでは，精緻化の意味を被験者がかなり厳密に考えていることが，アンケートの意見に現われている．

9.3 発散的思考と収束的思考の支援

以上のようなアンケートの集計結果に対して，被験者の認知構造にシステムがどのような影響を与えているか，被験者の意見から考察を行なう．アンケートの集計では定量的側面が強く反映するが，それぞれの被験者における認知構造の変化の細かい部分を把握することは難しい．そのため，被験者に意見を書いてもらい，被験者の認知構造がどのように影響を受けたか，発散的思考支援と収束的思考支援の2つの側面から検討する．

1．地球環境関係の被験者
地球環境関係の被験者からは仮説の精緻化に関連して，次のような意見が得られた．大気化学を主に研究している被験者はシステムを利用して，「大気圏のみならず他の水圏や土壌圏への影響についても考えが及んで，思考の幅が広がった．ただ，経済や政治などの方面への展開はできなかった」と意見を述べており，被験者の専門分野から関連した分野へ，問題解決において思考の範囲が広がったことが自覚された．

しかし，この被験者の場合は，知識ベースに文献が用意されたいたにも関わらず，自分の専門から比較的離れた経済や政治などの異分野まで，思考を広めていくことは困難であった．大気化学の研究者は，知識ベースにもっと技術よりの文献が収集されることを望んでいることが記されている．

また「精緻化されたというよりは，むしろ他の視点から見た，客観的な考えをもてるようになる」という意見も得られ，同じ被験者は「新しくアイディアを考えるときに有効だと思う」という印象を持った．さらに「精緻化されたかどうかはよくわからないが，いろいろなことを考えるようになった．一つの事柄からイメージが広がっていき，問題対象の限定や位置づけがしやすくなった」という印象を持った被験者もいる．仮説の修正には至らなかった例ではあるが，「マップによって自分の思考から削除したキーワードが明示的に示されたが，根幹の部分での仮説に関する新しいインプットを得ることはできなかった」という場合もあった．

これらの意見に共通な点として，創造性研究の立場から指摘できることは，考え方の幅が広がるという効果である．この効果は，創造性の研究から見れば発散的思考の支援効果ということがいえる．また後半の意見からは，問題の限定や位置づけがしやすくなる効果が指摘されているが，これらは事実やアイディアをまとめることとおなじようことを意味しており，収束的思考の支援効果が現われているということができる．

収束的思考の支援効果は次のような意見にも現われていると考えられる．例えば「仮説自体は変化しなかった．ただし，キーワードや描写が追加され，より説得力ある文章になったと思われる」という意見や「精緻化というよりは具体化した分，人に分かりやすくなったと思う」という意見である．この2つの意見には，文章をまとめる上での収束的な刺激があることが示されているといえる．

2. 情報科学・情報工学関係の被験者

これら地球環境関係の被験者の意見に対して，情報科学・情報工学関係の被験者からも意見が得られた．例えば「問題に対する仮説の生成よりも，問

題をいくつか別の視点から見ることができたと思う」という意見がある．また発想支援の研究者からは「全く違った発想を生み出すというよりは，問題の焦点をより明確化しつつ，関連のある項目を効果的に広げていくという作業にこのシステムが有効に働いたように思う」という意見が得られている．「精緻化というよりは，幅が広がった」という意見は，地球環境関係の研究者にも見られた意見である．これらの意見は発散的思考の支援効果を示すものと考えてよいであろう．

また実験1とは異なる新たな仮説をまとめた被験者は，「新しい仮説によって「より正しくなった」ということはないが，対策法についてのより細かい制約条件について気がつく事ができた」という意見が得られた．また自分自身がまとめた仮説を検証しようとした被験者からは，「正しく精緻化されたと思う．根拠を発見したから」という意見が得られ，仮説の検証にシステムの機能が使われたことを示している．

これらの意見は，収束的思考の支援効果を示す意見と見なせるものと考える．また漠然とではあるが，「因果関係がより詳しく観察できた」という意見もあり，システムの理論的な背景にある因果関係推論が，役立っていることを示している．

3．知識ベースの検索機能の効果

以上で述べた発散的思考や収束的思考の支援と関連して，視点は若干ことなるが，知識ベースの文献を効率よく処理できたかどうかという観点からとらえることが適切と思われる意見もある．例えば「正しく精緻化されていると思う．多くの類似した文献をあたる事により根拠の確信度が増した」などの意見や，「より細かいテーマに絞って，複数の文献を比べることができたように思う」という意見は，収束的思考の支援効果と共に，文献を効率よく処理するという効果に関して有効性があるといえる．

これに対して，「精緻化された．関係のある文献を効率よく検索し読むことができるので，より詳細に触れている文献，違う角度から問題を捉えている文献や，違う問題意識を持っている文献などに触れることができ，多角的に

問題を知ることができた」という意見は，発散的思考の支援効果と同時に，文献を複数の視点からとらえようとするシステムの支援効果が現われているといえよう．

　このように被験者の意見をある程度分類しながら検討してくると，被験者の意見の中には発散的思考と収束的思考の2つの側面に関連して，ほぼ同じ程度の支援効果があるといえるように思う．以上の意見はほとんどが［課題1］に関連して得られたものである．
　多くの被験者は［課題2］について，［課題1］と似たような意見を持つに至った．これはアンケートの質問が同じであるということも影響している．また，2つの実験と2つの課題を行なう上で，被験者が問題解決のために考えて実行した戦略が，ほぼ共通したものであることが指摘される．そのため，複数の被験者は［課題2］においても［課題1］と「同じような思考過程をたどる」という感想を抱くことになった．

9.4　概念ネットワークとKJ法の効果

　既に述べたように本システムは概念ネットワークをマップするネットワークエディタを備えている．このウインドウの上では，概念ネットワークの形にマップされた専門用語をもちいて，KJ法による操作を行なうことができる．この概念ネットワーク上で行なうKJ法について，被験者から多くの意見がよせられ，発想支援の観点からいくつかの重要な評価を行なうことができる．以下に得られた意見の重要な部分をまとめ，その効果を考察する．なお，質問は次のように行なった．

［質問9.3］ネットワークエディタの上で，マップされた専門用語を移動したり，つながりを編集したりすることについての意義と効果はどのようなものがあると考えられますか．

第9章 新たな認知構造の形成支援

1．地球環境関係の被験者

地球環境問題のライフサイクルアセスメントを研究している被験者からは，「マップ機能の一番の特徴は，自分で思考実験ができるところにある．マップで表示されたキーワードを自ら動かすことによって，いろいろな考えを巡らすことができる．文献を読むだけでは，情報に対して受け身であったのに対し，マップの操作によって，情報整理に能動的に参加し，考えをまとめて行けることにある．このシステムは人を受動的にする情報提供システムではなく，操作しながら一緒に思考に参加することができる」という意見を得ることができた．

この被験者が考えるような思考実験ができるためには，マップが被験者に思考を促す刺激となる情報を持っていることが必要である．本システムでは，問題とその構成要素を連結して表示しているが，これらの連結の背後にあるつながりの意味を，被験者に考えさせることによって思考の刺激になっていると思われる．例えばなぜこの用語と用語がマップ上ではつながっているかというような疑問を抱くことである．

被験者の認知構造と整合性が保てるようなマップを最初から生成することは困難なため，被験者はどうしてもシステムとインタラクションをせざるを得なくなる．そして用語と用語のつながりを考えることから，マップを移動することを思いつく．その過程で，マップされた用語は問題を現す概念も含んでいるため，マップ上の用語を動かす段階でも，つながりの意味を考えるきっかけを与えることになった．

被験者はこのような操作を繰り返すことで，「いろいろな考えを巡らす」ようになり「一緒に思考に参加する」という感覚を持たせることになったと思われる．この被験者の意見の中にも，「いろいろな考えを巡らす」という発散的思考と，「考えをまとめて行ける」という収束的思考の両方の表現が現われていることが，重要であると考える．これは人間の思考活動において，発散的思考と収束的思考が繰り返し行なわれるため，システム開発ではこの両方の思考を支援できる機能が求められている．

また都市工学で地球環境問題を研究している被験者からは，「マップ機能は

ブレインストーミングに似ていて，文章をゼロから組み立てていくときには，極めて有用であるような印象を受けた．文章が出来上がっている場合には，文章に盛り込み損ねたタームや関係を記述するのに役立つ」という意見を得た．

ブレインストーミングでは，最初にアイディアを出せるだけ出すようにしているが，本システムは，問題やその構成要素に関係のありそうなものの間に，網羅的にリンクを生成しマップを生成する．この点はブレインストーミングでアイディアを出せるだけ出すことと，問題構造を示す網羅的なマップを生成することには共通点が存在する［上野83］．

ブレインストーミングでは，このアイディアを出す作業をグループで行なうが，本研究ではこの役割に近いことをシステムが行なっていると考えている．単に網羅的なマップを生成するだけでなく，頻度で絞ることによって重要な部分を確認したり，余分な部分を削除したりすることもできる．このようにして自分でまとめようとする文章に近い認知構造を創り出すことができる．このような点が文章をまとめる場合に効果があることは，次章で示すように仮説の増加傾向となって示されている．

また同じ被験者からは，「タームを移動させて，マップを見栄えのする形にしていく作業自体，考えをまとめる作業そのものであると思う．不要なタームを削除していくと，問題の骨格が浮かび上がってくる．文献調査を行なう際にはマップのような作業をやれるにこしたことはないが，このようなやり方で手作業で考えをまとめるのは事実上不可能であるため，このようなことが現実的にできるようになると有り難い」という意見も得られた．

考えをまとめる効果は収束的思考支援の中心課題であり，本システムを利用することによって，このような効果が確認されたといえる．またこの意見で重要なことは，知識ベースからマップを生成するような作業は，手作業で行なうことは事実上不可能であり，手作業でできないことを本システムが実現していることを示している．

2．情報科学・情報工学関係の被験者

以上のほか情報科学・情報工学関係の被験者からは，次のような関連した

意見を得ることができた．

(1) ノードを移動することによって，関連のありそうなノードを集めることができるので，自分なりに問題の構造が明確化でき，問題の理解に役に立つ．また問題全体の構造を壊さない形で，簡潔にまとめることができるので分かりやすい．

(2) キーワードを画面上で移動し，見やすい場所に移動するだけでも，キーワードの適当な配置を考える時点でさまざまな想像がわいた．

(3) 文献を読むのに加えて，手でマップを操作することによって，「なるほど」という強い気持を感じることができる．

(4) 本を読みながら，重要なポイントをメモしておくように，重要なキーワードを関係付けて，メモしていく感じである．

3．問題点

　以上はシステムの効果をかなり評価した意見であるが，問題点として次のような点が指摘されている．

　地球環境関係の被験者から，「いろいろなことを思い付いたのはいいが，キーワードの関連が実際の関連と同じかどうかが疑問であり，画面上でキーワードがつながっている場合は，関連事項と解釈し，論理を組み立てるようになる」という意見が述べられた．

　これと似たような意見として情報科学・情報工学関係の被験者から「問題の中心となっていると予測される言葉とその他の関連する言葉の関連を視覚的に感じ取ることができる．文献の内容を構造化して見ることができるように感じる．しかし，間違って理解している可能性もあるので，文献を実際に読まないわけには行かない．文献を読む代わりにすることは現段階ではできない」という指摘もある．

　現在のシステムでは，全ての関係を正しく表現することは困難である．特に出現頻度の低い部分は，システムがわずかな可能性を求めて機械的に生成する場合であり，この部分のマップを参照する時には，必ず文献を確認することが必要になる．

しかし創造的な発見といわれるような刺激になる部分は，このような部分に潜んでいることは間違いないと思われる．仮説生成によって得られた結果は，厳密な意味ではその確実性を検証することが必要である．本システムが，システムによって生成した関連性を，元の文献に戻って確認するための機能を備えているのは，このような観点を考慮してのことである．

　また本システムを利用することによって，「情報量が多くなった分，人間の情報処理能力が追い付かなくなる」という意見が地球環境関係の被験者から寄せられた．この意見は「作業の大半をキーワードのマップの整理で費やしてしまうので，自動的に見やすくマップしてくれる機能が必要」，あるいは，「できれば初期マップなどを単純化する機能が欲しい」という情報科学・情報工学関係の被験者の意見とも関係している．

　創造性の研究では，特にブレインストーミングなどでは，アイディアの量を求めることが重要とされており，新たな知識の組み合わせが生成される確率は，アイディアの量の増大と共に大きくなることは明らかである．ここに一つのジレンマのようなものが存在することになる．つまりシステムが生成する情報の量が増えると，マップがそのままでは見にくくなる傾向が強いことである．

　従って，初期マップをどのようにして見やすくするかという工夫が必要である．システムには，出現頻度による絞り込みやキーワードによる絞り込み，文献による色分け，作成したマップの保存や呼び出し，リンクの張り替え，新たな用語の追加，自動的グルーピング機能なども備えているが，これらの機能を充分に使いこなせば，かなり自由なマップを作成することが可能である．しかし，システムに慣れてこれらの機能を使いこなすことができるようになるには，実験に費やした時間だけでは不十分であると思われた．「マップにもっと意味が表現されるとよい」という意見もあったが，画面に表示した情報の見やすさの問題と，人間の認知的な限界との関係があり，今後の課題となっている．

9.5 本章のまとめ

本章では開発したシステムが，被験者の認知構造の形成支援に効果を示していることを実験結果のアンケートを分析することによって検証した．被験者のアンケートに記された意見を分析すると，開発したシステムには，発散的思考を支援する効果と収束的思考を支援する効果の両方が現われていることを確認できる．これは人間の思考方法に適合するシステム開発をめざしている本研究の一部を実現したものになっていると考えられる．

次章では，これまでの実験結果をもとに，問題解決過程への支援効果について実験結果のまとめと分析を行なう．

第10章　問題解決過程への支援効果

　本章では，人間の創造的思考（creative thinking）を，問題解決と問題発見に分けて考えることを試みる．本章における実験の目的は，問題解決過程への支援効果について，開発した実験システムの効果を検証することにある．［課題1］はあらかじめ，仮説を文章にまとめる問題が与えられており，［課題2］が範囲を限定しただけで具体的な問題が与えられていないことと比べて大きな違いが存在する．［課題1］は与えられた問題に回答するもので，被験者にしてみれば，論術式の試験問題に回答するような形で，仮説を文章にまとめることになる．

　これに対して，［課題2］は自ら解決が必要な問題点を見いだす必要があり，被験者は問題を発見する努力をしないと回答までたどり着けないことも起こりえる．［課題1］の実験は，与えられた問題に対して，システムが被験者の問題解決過程をどのように支援できるかの実験である．

　問題解決過程で重要なことは，対象とする問題の特徴や構造を解決者の認識に基づいてモデル化することである．このモデル化がスムーズに行なわれるように支援できれば，問題解決戦略の探索や選択，決定が容易になる．ここで取り上げる仮説生成支援は，このモデルの構築を支援することにほかならない．

　これらの分析過程は，従来では問題解決者側の課題と考えられていたものであるが，発想支援研究はこのようなモデルの構築支援を研究の目標としている．つまり最近の発想支援研究では，コンピュータシステムによって問題解決における思考過程を，システム的に支援しようとしている．そこでは問題解決者の発想や思考を支援するためのインタラクションの観点から，インタフェースの構築方法が重要な課題となっている．

　本実験では，問題解決のモデル化に必要な仮説生成を支援するために，問

題構造を概念ネットワークによって視覚化することを試みている．これによって問題のつながりを説明する構造を生成し，そこから新たな問題解決のきっかけや意味を見いだしていくことを支援しようとしている．概念ネットワークは，文献から抽出してマップする場合と文献間に張り巡らされたリンクの両方として実現している．両方の機能はお互いに密接に連結しており，2つの機能が一体となって，一つの機能を実現している．実験ではこのようなシステムのさまざまな機能が，被験者の問題解決における仮説生成に有効かどうかを検証する．

本実験では，問題解決のモデルを，被験者が課題に回答することで，仮説として文章で記述してもらうことにした．また文献の検索履歴や検索するために使われたインデックスの記録，および文献を使って作成された概念ネットワークのマップを保存することによって，仮説の作成過程における試行錯誤の結果を，被験者の思考過程のモデルとして記録しておくことにした．このような方法を採用することによって，被験者の思考過程が，仮説の生成にどのように影響を与えているかを明確に把握することを試みている．これらは実験2でも同様である．

10.1 定量的な仮説の変化

ここでの定量的分析は，実験1と実験2をとおして，被験者における仮説の文章量の変化を，数量的に客観的に把握しようとするものである．実験2で文章の追加あるいは修正などを行なった場合は，数量的な変化として現われるはずであるが，ここにひとつの問題がある．本実験ではシステムを使うことによる仮説生成過程の支援を調べるため，同じ素材を用いて実験を2度繰り返すことにより，学習効果が発生する．本節における実験の数量的変化では，学習効果とシステムの効果を定量的な面で厳密に区別することは困難である．ここではこの章の後半および第11章の後半で行なう定性的分析の参考にするための分析として行なった．

しかし，地球環境関係と情報工学・情報科学関係の被験者グループの実験

第10章 問題解決過程への支援効果

条件は両方とも同じに設定していることから，2つの被験者グループにそれぞれどのようなシステムの効果を与えることができたかを比較検討することが重要であると考える．そのため本節の後半では，数量的な変化を単純に比較するだけに止まらず，2つの被験者グループに与えた効果の比較検討も行なっている．また実験の結果には，学習効果を否定することはできないが，システムの効果であると確かに認められる部分が多く存在することを，本章3節以降で行なう定性的分析において明らかにする．

また第9章の表9.1および表9.2において仮説修正の手かがりになったものをたずねたアンケートでは，「文献を再度読んでいたら，自然に思いついた」という選択肢を選んだ被験者は1人（0.05％）だけであり，その他の被験者は本システムで開発した機能を使って仮説の修正を思いついたと回答していることも示しておきたい．

ここでは被験者のアンケートの回答や，被験者が回答した文章の分析から，数量的に仮説をまとめた文章の変化を測定することを試みている．分析の基準は第7章1節で述べたものに従っている．表10.1にそれぞれの被験者の，［課題1］の実験1と実験2における変化の分析結果を示す．被験者が作成した仮説の量を，文章の行数，用語数，文字数の変化という観点から分析すると次のようなことがいえる．

(1) 数量的に仮説の文章に変化があった被験者は，実験1で作成した仮説に対して，追加や削除などの修正を行なった．
(2) 仮説の文章の量が数量的に増加している場合と減少している場合の両方に，システムの効果があるといえるが，増加している場合の方が文章を書く上での支援があったことになり，効果は大きい．
(3) 仮説の量が変化していない場合は，全く修正が行なわれなかったもので，システムの効果が最も少ないケースである．

これらの分析結果から被験者が作成した仮説の文章の数量的な変化を読み取ることができる．この表から，被験者全体（20人）のうち，Fが量的に全

表10.1 ［課題1］の実験1と実験2の変化

実験1			被験者	実験2		
行数	用語数	文字数		行数	用語数	文字数
6	38	526	*A	7	39	550
8	21	440	*B	10	31	582
6	32	370	*C	11	57	628
9	26	400	*D	4	17	190
4	35	328	*E	5	49	446
7	63	460	*F	7	63	460
9	35	414	*G	12	55	567
3	14	186	H	6	37	488
2	10	83	I	4	21	218
8	30	425	J	17	67	881
2	5	41	K	3	11	132
5	29	286	L	9	47	548
29	126	1565	M	52	227	2792
3	18	155	N	10	62	494
3	19	242	O	4	22	278
4	23	227	P	8	36	497
12	45	289	Q	10	32	281
7	35	463	R	18	72	1176
17	71	838	S	3	16	172
5	15	112	T	4	23	220
7.45	34.50	392.50	平均	10.20	49.20	580.00

　実験1に回答した被験者は全体で20人である．表の中央が被験者を表わし，データは被験者ごとに集計されている．表の左半分は実験1における［課題1］の結果であり，右側は実験2における［課題1］の結果である．左右を比較することによって，2つの実験における，被験者の仮説の変化を数量的に把握することができる．*Aから*Gまでは地球環境関係の被験者を表わし，HからTまでは情報科学・情報工学関係の被験者を表わしている．

く変化していないことを除けば，仮説をまとめる文章での数量的な変化が認められる．被験者DとSが，用語数と全体の文字数で大幅に減少しており，Qも全体的に減少している．それ以外の16人の被験者は，用語数と文字数に

おいて増加傾向にあることが示されている．

次に最初に作成した仮説に対して，どの程度の割合で増減しているかをより詳しく調べるため，被験者ごとの増減率（X）を，行数，用語数，文字数それぞれについて，次の式で求める．$j(n)$は実験1の結果を現し，$j(n+1)$は実験2の結果である．

$$X = \frac{j(n+1)-j(n)}{j(n)}$$

上の式で増減率を求めると，例えば，行数の増減率の値が1.00の場合，文章の行数が2倍に増加したことを示している．この分析によって，被験者個別の2つの実験における，仮説の変化の割合が明らかになる．仮説の量が増加したと思われる被験者は，正の変化を示し，逆に減少したと思われる被験者は負の変化を示している．この増減率の絶対値が大きいほど，被験者の仮説の変化が大きいことを示しており，被験者がシステムから得た効果を示す一つの指標といえる．

さらに被験者全体の［課題1］における実験1と実験2の増減率の平均を求めると，行数の増加は53％，用語数の増加は61％，文字数の増加は74％である．用語数と文字数から見ると，仮説が増加した被験者は全体の80％（20人中16人）に達する．

このように全体的に見れば，仮説の生成作業において，実験1の内容に対して，文や単語の形で修正や追加が行なわれ，文章を書くことに対する発想支援的な効果があったことを明らかに示している．さらにこの分析をより深く考察すれば，数量的に増加した被験者は，開発したシステムの利用をとおして，文章の中に追加できるような新たな用語が思い浮かび，それが文章の修正や追加の要因となったと考えられる．このことは，文章をまとめる上で効果があるということに関連した被験者の意見が多数寄せられたことを裏付けるものである．

また仮説の量が減少した被験者は，全体の15％（20人中3人）であり，増加傾向を示した被験者の5分の1以下である．システムを利用して仮説が減少することは，増加することよりも効果は少ないということがいえるかもし

表10.2 ［課題1］における仮説の増減率

被験者	増　減　率			(注)
	行数	用語数	文字数	
*A	0.17	0.03	0.05	
*B	0.25	0.48	0.32	
*C	0.83	0.78	0.70	
*D	−0.56	−0.35	−0.53	減少
*E	0.25	0.40	0.36	
*F	0.00	0.00	0.00	無変化
*G	0.33	0.57	0.37	
H	1.00	1.64	1.62	
I	1.00	1.10	1.63	
J	1.13	1.23	1.07	
K	0.50	1.20	2.22	
L	0.80	0.62	0.92	
M	0.79	0.80	0.78	
N	2.33	2.44	2.19	
O	0.33	0.16	0.15	
P	1.00	0.57	1.19	
Q	−0.17	−0.29	−0.03	減少
R	1.57	1.06	1.54	
S	−0.82	−0.77	−0.79	減少
T	−0.20	0.53	0.96	行数が減少
平均	0.53	0.61	0.74	

　［課題1］における実験1と実験2の仮説の文章全体の数量的な増減率を示している．左側が行数，中央が用語数，右が文字数についてそれぞれの増減の割合を示す．数字の前に−（マイナス記号）が付いていることろは減少を示している．例として増減率で行数が1.00の場合，文章の行数が2倍に増えたことを示している．

　れない．しかし，被験者がシステムを利用して，一度作成した仮説の中に，何等かの矛盾のようなものが存在することに気がついて，文章の削除などの修正をしているならば，これは利用した効果があったといえる．

第10章　問題解決過程への支援効果

　この点について，仮説が減少したと答えた情報科学・情報工学関係の被験者の一人は次のような意見を回答している．「実験1では少し根拠が薄くても，思い付きのようなことをまとめた．根拠が薄いということは，現実性がなかったりするので，あまり役に立たないと思われる．実験2ではシステムの支援によって，根拠など，内容を少し深められたように思う」．つまりこの被験者の場合，実験1で作成した仮説の中で，実験2でシステムを使うことによって，根拠が薄いと気がついた部分を削除する決断につながり，全体的に仮説の量が減少する結果になった．

　仮説の文章の量が変化しなかった被験者*Fは，地球環境政治に関する研究をしている博士過程の院生であるが，その理由として「実験1の時点でほとんどの文献に目を通してしまったので，特に新しい仮説形成には至らなかった．マップによって，（仮説をまとめるときの）思考から削除したレベルのキーワードが明示的に示されたが，根幹の部分での仮説に対する新しいインプットを得ることはできなかった」と答えている．ほとんどの文献に目をとおしてしまったということは，文献が少なめであることを指しているが，この点はシステムに用意した知識ベース内の文献の数を充実させることで，今後の対応が可能である．

　被験者が課題の仮説をまとめるために，どのぐらいの数と内容の文献を必要とするかは，被験者ごとの格差も存在し，明確にはいえないことであろう．しかし，開発したシステムの背後には大規模なデータベースの存在を想定しているが，そのようなデータベースから被験者が満足するだけの数を用意することは難しいことではない．問題は文献の数だけ揃えればよいということではなくて，内容的に利用者が望んでいるものが相当数含まれている必要があることである．利用者が必要とする文献を収集してくるための，検索機能の研究開発の需要があるのは，このような点にもあるといえる．本システムは利用者がある程度の数を集めた文献の集合を対象としており，自動的に文献を収集してくる機能の追加は今後の課題である．

　次に仮説の増減について，地球環境関係とそれ以外の情報科学・情報工学

関係の被験者に分けて考えてみる．これは開発したシステムが，専門家と非専門家のどちらに効果があるかを考察するための分析である．

表10.1において，＊が着いている被験者は，地球環境関係の被験者を示し，それ以外は情報科学・情報工学関係の被験者である．＊の付いている地球環境関係の被験者は，収集した文献（知識ベース）から考えれば，いわゆる専門家と呼ばれる研究者の集団に属すると考えてよい．

表10.3は地球環境関係の被験者の増減を調べたものである．この表から地球環境関係の被験者だけでは，全体の平均行数で18％の増加，用語数で27％の増加，文字数で18％の増加となっていることがわかる．個別の増減率は表10.3のとおりであり，Fは全く変化しておらず，Aも変化の割合は少なく，文字数で5％の増加となっている．逆に増加傾向の大きかったのはCであり文字数でみると70％の増加となっている．次に変化が大きかったのは，減少傾向を示したDであり，文字数では53％の減少を示している．

このように2つの実験における数量的な変化から，専門の研究者でも実験1で気づかなかった点があり，そのことに実験2で新たに気づいたということがいえる．このことから専門の研究者に対しても，システムの効果があったことを示している．

表10.3　［課題1］における仮説の増減率（地球環境関係）

被験者	増　減　率		
	行数	用語数	文字数
*A	0.17	0.03	0.05
*B	0.25	0.48	0.32
*C	0.83	0.78	0.70
*D	－0.56	－0.35	－0.53
*E	0.25	0.40	0.36
*F	0.00	0.00	0.00
*G	0.33	0.57	0.37
平均	0.18	0.27	0.18

この表は，表10.1から地球環境関係だけの被験者を抜きだし，増減率の平均を求めたものである．

第10章 問題解決過程への支援効果

次に情報科学・情報工学関係の被験者の増減を調べてみたのが表10.4である．情報科学・情報工学関係の被験者は，地球環境関係の被験者から見れば，異分野の研究者と見なすことができる．全体の平均を見ると，行数で71％の増加，用語数で79％の増加，文字数では103％の増加傾向を示している．最も変化の少なかったのは，減少傾向を示した被験者Qであり，文字数で3％の減少を示している．逆に変化の大きかったのは，増加傾向を示している被験者Kであり，文字数で222％の増加となった．全体的に見れば，最初の仮説の量が比較的少なかった被験者において，実験2での増加傾向が大きくなる傾向が若干見受けられる．このように全体的に見れば，[課題1]については異分野の研究者に対しては，専門の研究者と比べて，よりシステムの効果があったことが明らかになっている．

表10.3と表10.4の2つの表から，それぞれの増減率の平均を比較してみた

表10.4 [課題1]における仮説の増減率（情報科学・情報工学関係）

被験者	増減率		
	行数	用語数	文字数
H	1.00	1.64	1.62
I	1.00	1.10	1.63
J	1.13	1.23	1.07
K	0.50	1.20	2.22
L	0.80	0.62	0.92
M	0.79	0.80	0.78
N	2.33	2.44	2.19
O	0.33	0.16	0.15
P	1.00	0.57	1.19
Q	－0.17	－0.29	－0.03
R	1.57	1.06	1.54
S	－0.82	－0.77	－0.79
T	－0.20	0.53	0.96
平均	0.71	0.79	1.03

この表は，表10.1から情報科学・情報工学関係だけの被験者を抜きだし，増減率の平均を求めたものである．表10.3と比較すると，増減率が大きいことが分かる．

のが表10.5である．この表から専門分野である地球環境関係の被験者と，異分野である情報科学・情報工学関係の被験者のどちらによりシステムの利用効果があったかを判断することができる．前者の専門分野における被験者の平均増減率と，後者の異分野における被験者の平均増減率とを比較すると，異分野の被験者は専門分野の被験者に対して，行数で3.94倍，用語数で2.93倍，文字数でみると5.72倍もの効果があったことになる．

表10.5　[課題1]における専門分野別による増減率の差

専　門　分　野	行　数	用語数	文字数
地球環境関係	0.18	0.27	0.18
情報科学・情報工学関係	0.71	0.79	1.03
増減率の倍率	3.94	2.93	5.72

　この現象はどのようなことを意味しているか考察してみる必要がある．まず考えられることは，地球環境関係の被験者は，最初から問題領域に関連した知識を大量にもっている．そのため実験1で課題に回答するために，必要な知識をほとんど利用しつくしたような状態で，実験2を行なうことになった．これは知識ベースに用意された文献の中で，課題に関連した文献にほぼ目をとおしたということも意味している．

　この点に関連して，地球環境関係の被験者の意見に「何よりも，このシステムを使う前に，関連する文献に大体目を通してしまったところが，このシステムの便利さの評価を妨げている大きな理由であると思われる」という指摘があった．これは専門家の能力を示す一面であると同時に，実験1で被験者の能力をほぼ出しきって，課題に回答したことをうかがい知ることができる．つまり問題に関連した知識ベースの内容を，実験1でほぼ理解してしまったと地球環境関係の被験者は自分自身で感じたため，実験2では新たに加わるような思い付きは少なくなったと考えられる．

　これに対して，情報科学・情報工学関係の被験者は，異分野の研究者であるから，課題を理解することから試行錯誤が始まり，次に課題に関連した文献の内容を理解することがまず必要であった．内容が異分野でかつ英語のため，実験1では充分な理解を得ることが難しい被験者が相当数存在した．こ

れは被験者のアンケートに，知識ベースが日本語でないので仮説の生成がやりにくいという意見（8人）や，自動翻訳システムが必要という被験者（8人）があったことで示されている．

このように専門知識の少ない被験者は，システムの支援によって，文献をより詳しく調べられるようになり，より多くの関連した文献を読むことができた．このような効果は，課題を達成するために行なった2回の仮説生成作業において，学習効果を支援することにつながっていると考えられる．これらの理由から，情報科学・情報工学関係の被験者は，専門の研究者に比べて実験2で大きく効果に差が生じることになった．

次に考えられる原因は，開発したシステムのユーザインタフェースに関連した問題点である．開発したシステムは，自動生成した概念ネットワークを見やすくするため，多機能化せざるを得なくなった．そのため，全ての被験者に約30分間，個別に実験に必要な本システムの機能の利用方法を説明した．この過程で，情報科学・情報工学関係の被験者は，システムの活用度が，地球環境関係の被験者よりも優れていることが明らかであった．

本研究ではXwindowが動くワークステーション上で，開発したシステムを稼働させて実験を行なったが，地球環境関係の被験者には，このようなワークステーションの利用の経験者は少なかった．システムを有効に使いこなせるような経験があれば，システムから受ける効果が大きくなることは，自然なことであろう．

また情報科学・情報工学関係の被験者は，ほとんどが筆者の所属する研究室の院生である．そのため開発したシステムを使いこなすために，十分な時間をとることができた被験者が多い．地球環境関係の被験者は，他の研究室の被験者であり，必ずしも満足の行くまで実験に時間を費やすことができなかったことがあげられる．このことは複数の地球環境関係の被験者が，実験の課題を全部こなすには時間が足りないという印象を持ったことからも指摘される．

本実験では，仮説をまとめるための時間に制限を設けていない．これは時間をかければ，何か新たな発想が浮かぶのか，短時間でもシステムの支援効

果が大きければ，ユニークな発想が増加するのかはっきりしないためである．重要なことはユーザが満足の行く時間を費やすことが，今回の実験には適していると思われたことである．

このような原因によって，専門分野である地球環境関係の被験者と，異分野である情報科学・情報工学関係の被験者の間に，システムから受ける効果に大きく差が生じることになったといえる．これが，情報科学・情報工学関係のグループでなく，他の分野のグループで実験するとどのような結果になるかは，今後の研究課題である．

また2つの実験をとおして同じ文献をもちいることによる学習効果が発生することをすでに述べた．しかし地球環境関係の被験者と情報科学・情報工学関係の被験者の実験条件は同じなため，これら2つの被験者グループに対して用意された学習効果の前提となるものは同じであるといえる．従って，上で述べた2つの被験者グループにシステムが与えた効果の差異は，かなり意味を持つものではなかろうか．

10.2 仮説の量的変化に対するアンケート

これまではおもに第三者的な立場から，客観的に仮説の数量的な変化を分析してきた．しかし仮説をまとめるという作業は，極めて主観的な作業が中心であると考えられる．例えば本人が意識していようがいまいが，正しいかどうかは別として，仮説を最初に思い付くのは本人であるし，なによりも本人が仮説と感じるような満足感を得ることが重要であると考えられる．

仮説が文章的な増減をとおして変化しているということは，課題を考える問題解決において，変化が起きていると考えることができる．このことから新たに気づいた用語の追加や文章の修正をとおして，問題解決における被験者の考え方に変化を引き起こしているといえる．このような観点から実験1の［課題1］における仮説の数の変化について，被験者自身の回答を求めた．これによって作成した仮説の数について，先に触れた第三者的な立場とは異なる観点から，被験者自身の考えに基づいて，被験者自身による主観的な判

第10章　問題解決過程への支援効果

断を取り入れることができる．

1．［課題1］における仮説の増減（被験者のアンケート）

2つの実験で作成した仮説の中で，純粋に仮説と思われるような部分（主に自分の考えや意見の部分）の数は，変化したと思われますかという問いに対して，表10.6のような回答数が得られた．これを利用して先に行なった定量的分析から，仮説が変化した人の割合とアンケートから得られた自己申告の数値を比較検討してみる．

このアンケートの結果から，実験1と実験2を比べて，仮説の量が増加したと回答した被験者は14人（被験者全体の70％）である．これは表の中で16人（被験者全体の80％）が増加傾向を示していることから，アンケートの数値と表の分析の結果はかなり整合性を持っているといえる．しかし，実験1と実験2を比べて，仮説が減少したと思う被験者は1人（被験者全体の5％）であり，表の中では3人（被験者全体の15％）が減少しているのに対して，多少の差がでる結果となった．

表10.6　［課題1］における仮説の増減（被験者のアンケート）

[質問10.1]（その1）						(回答総数20人)	
[課題1] 地球温暖化（global warming, global warm）の原因とその対策について2つの実験で作成した仮説の中で，純粋に仮説と思われるような部分（主に自分の考えや意見の部分）の数は，変化したと思われますか．							
		地球環境 (7)		情報工学 (13)		合　計 (20)	
選　択　肢		人数	割合	人数	割合	人数	割合
(1)	実験1と実験2を比べて，増加した．	4	0.57	10	0.77	14	0.70
(2)	実験1と実験2を比べて，減少した．	0	0.00	1	0.08	1	0.05
(3)	実験1と実験2を比べて，変化しなかった．	3	0.43	1	0.08	4	0.20
(4)	その他．	0	0.00	1	0.08	1	0.05

これは文字数などの減少は，仮説の減少ではないと考える被験者が存在する一方で，文字数の減少を伴いながらも，仮説がより詳細化，精緻化される場合があることを示していると考えられる．また実験1と実験2を比べて，仮説の量が変化しなかったと思う被験者は4人（被験者全体の20％）であり，表10.1からこれらの文字数の増減率を調べると，0.05，0.36，0.00，1.62という値を示している．このことから被験者の2人は明らかに増加傾向を示しており，変化の割合の少ない被験者だけが回答しているわけではないことがわかる．アンケートで「その他」とあるのは，被験者が回答しなかったものである．

　このように仮説全体の量的な増加傾向に対して，アンケートにおける回答でも増加傾向にある分については，ほぼ近い割合を示していることから，開発したシステムが文章をまとめる効果を持ち，被験者自身の意見としても仮説の生成を支援する効果があるといえる．

　地球環境関係の被験者の中では，3人が実験1と実験2を比べて，仮説の数は変化しなかったと回答している．そのうち定量的分析の表では，全体的に仮説の文章の増加傾向が見られるが，アンケートでは変化しなかったと回答した被験者は，［課題1］に対して「自分の意見は，文献を見る前からほとんど固まっていて，そもそも考えが変化する余地があまりなかったのが，変化しなかった要因と思われる」という意見であった．

　また「仮説の変化は，説明に用いるキーワードの増加，描写の具体化にとどまった」と述べている．この場合には，説明に用いるキーワードなどが変化したことに触れているが，被験者自身はこの程度の変化では仮説が変わったと感じていないことを示している．このように被験者の仮説に対する考え方に若干の相違が存在している．これはアンケートの中に，仮説を立てることの困難さや，仮説自体をどのように考えれば良いか，という疑問が示されていることからも推測することができる．

2．［課題1］における仮説の数の変化（被験者のアンケート）

　先の質問は，被験者の仮説がどのように変化したかを，全体的な傾向とし

第10章 問題解決過程への支援効果

て分析したものである．そこでここでは，より具体的な数値で仮説の変化をとらえるため，2つの実験で作成した仮説の中で，純粋に仮説と思われるような部分（主に自分の考えや意見の部分）が増減した被験者に具体的な数の回答を求めた．被験者が仮説の変化をどのように考えているか，具体的な数値で答えてもらうことにした．

この結果から，被験者が最初に思い付いた仮説は，大部分が1個から3個までに分布していることが分かる．その後システムを利用することによって，被験者によってそれぞれ1個から3個の仮説が増加したと感じられ，最終的な数として1個から4個までの間に，増加した被験者の78.6％が集中することになった．この回答から，単純な思い付きなども含めて，仮説としてまと

表10.7 ［課題1］における仮説の数の変化（被験者のアンケート）

[質問10.1]（その2）								
[課題1] 地球温暖化（global warming, global warm）の原因について 2つの実験で作成した仮説の中で，純粋に仮説と思われるような部分（主に自分の考えや意見の部分）の数は，変化したと思われますか．（具体的な数値での回答）								
選 択 肢	個 数	地球環境 (7)		情報工学 (13)		合　計 (20)	
		人数	割合	人数	割合	人数	割合
(1) 実験1と実験2を比べて，増加した．(14人)	0個から1個	0	0.00	1	0.08	1	0.05
	1個から2個	0	0.00	5	0.38	5	0.25
	1個から3個	1	0.14	2	0.15	3	0.15
	2個から3個	0	0.00	1	0.08	1	0.05
	3個から4個	1	0.14	0	0.00	1	0.05
	9個から12個	1	0.14	0	0.00	1	0.05
	個数無回答	1	0.14	1	0.08	2	0.10
(2) 実験1と実験2を比べて，減少した．(1人)	3個から1個	0	0.00	1	0.08	1	0.05
(3) 実験1と実験2を比べて，変化しなかった．(4人)		3	0.43	1	0.08	4	0.20
(4) その他．(1人)		0	0.00	1	0.08	1	0.05

めることは難しいことであり，ある程度筋道を立てて説明できるような仮説をたくさんまとめることは簡単なことではないといえる．

しかし，システムを利用することによって，被験者の70％は仮説の数が増加したと自覚していることは明らかである．しかし問題点として，この回答は具体的に被験者に仮説の部分を明示させていないため，被験者の感覚的な側面からの回答になっていることは指摘しなければならない．

10.3　認知構造の変化の定性的分析

これまでは，被験者の仮説の変化について，被験者がまとめた仮説を定量的に分析することを行なってきた．しかし，この章の最初の部分で触れたように，この中には同じ課題を2度行なうことの学習効果が含まれていることを考慮する必要がある．心理学などでは，繰り返し同じ課題を行なうことに対して，学習効果があることが指摘されており，本実験にもこの学習効果が発生する．これは，似たような作業を繰り返すことで，被験者が特定の思考作業に以前より習熟してくる結果として自然に現われる効果である．

今回の実験でいえば，同じ文献を2回の実験にわたり利用しており，加えて同じ課題を繰り返し考えることにより，2回目の実験はより文献の内容が理解しやすくなるという学習効果が発生してくるもので，これはシステムを使っても使わなくても無関係に発生する．先に行なった定量的な分析の場合は，このような学習効果を取り除いて考えることは困難であり，この点は同一課題による実験結果を分析する場合に注意が必要である．このような学習効果を排除した評価を行なうためには，被験者を実験の内容に合わせて，2つのグループにあらかじめ分けて実験を行なう必要があろう．しかしグループを2つに分けてしまうと，2つの実験を通してどのように被験者の仮説が変化したかを分析することは難しい．

このようなことから本実験では，システムの効果によって学習効果が高まることを含めた支援を考えることにした．そのなかでシステムが被験者の行動に直接的に影響を与えた点を探しだし，それを純粋なシステムの効果とし

て把握することを試みている．つまりここで行なう定性的分析は，被験者の行動に直接的に影響を与えたシステムの効果だけを分析しようとするもので，学習効果とシステムが与える効果を，可能な限り区別してより厳密に評価することを目標にしており，今回新たな工夫をおこない，本実験のために考案した方法である．この定性的分析はおおよそ次のような手順で行なっている．

1．仮説の文章上の比較

　実験1と実験2で被験者が作成した仮説を比較し，文章に変化がないかどうかを調べる．

2．問題構造図と仮説の比較

　ほとんどの被験者は仮説をまとめるに際し，被験者なりにシステムが提供した概念ネットワークを整理し，問題の関連性を解釈した問題構造図を作成している．その問題構造図と仮説の文章の変化に対して，関連性がないかどうかを調べる．そのためシステムを使って被験者が残した問題構造図を再現し，その図上の用語と仮説の文章の変化部分との間に似たような表現が使われていないかどうかを調べる．

3．検索履歴による検索過程の再現と分析

　被験者は必ずしも問題構造図を作成するとは限らない．また問題構造図を作成しなくても開発したシステムのそのほかの機能を利用して，被験者は新たな視点に気づくこともある．このような場合には，被験者の検索履歴をもちいて検索過程を再現し，どのような検索過程をたどり，新たな視点に気がついたかを分析することを試みる．そのため本システムでは検索履歴を被験者ごとに収集する機能を開発し，被験者が検索過程でたどったリンクやブラウズした文献の識別番号などを記録している．なお実験では検索履歴を記録していることは，被験者には知らされていない．

4．仮説の構造の視覚化による比較

　被験者が実験1と実験2で作成した2つの仮説から，専門用語を中心に重要な用語を取り出し，今回開発した方法で仮説の文章から概念ネットワークをマップするためのデータを生成する．2つの仮説の構造をマップすること

で視覚化し，変化がないかどうかを調べる．

　このような分析方法を採用することによって，同じ課題を2度行なうことの学習効果を認めながらも，システムの効果であると認められる部分を明確に把握することをめざした．本実験の場合，どこにどのような学習効果があったかを明確に把握することは難しい．しかし，今回工夫した定性的分析を行なえば，どこにどのようなシステムの効果があったについて，数多くの確証を得ることができる．

10.4 仮説の文章上の変化

　開発した実験システムによって，被験者の仮説がどのように変化したかを実際の例を分析しながら考察する．ここでは代表的な例として，地球環境関係の被験者と情報科学・情報工学関係の被験者から，それぞれ1人を取り上げて分析結果を示す．
(1)　被験者Eは，都市工学を専攻している博士課程の院生で，環境リスク論を現在も継続して研究している．またこれまでの地球環境関係の研究期間は2年6か月である．
(2)　被験者Lは，先端学際工学を専攻している筆者と同じ研究室の博士過程の院生で，海外からの留学生である．この被験者は，地球環境問題あるいはその関連分野に関する本を読んだり，講義を受講したりした経験がある．
　最初にMosaicだけで2人の被験者が作成した仮説と，開発したシステムを利用して作成した仮説の文章上での変化をそれぞれ示す（図10.1と図10.2）．

　被験者Eの場合（図10.1），実験1における仮説の本文自体の変化は，文章では1文が増加，重要な用語では13個の増加，全体の文字数では118文字の増加であったが，このうち4つの文章に追加および修正が行なわれた．このような追加による修正は，内容修正型ともいうべきもので，用語の追加や文章の修正によって，仮説の修正が行なわれており，新たな仮説の追加には至

第10章 問題解決過程への支援効果

らなかった例である．これは被験者が，仮説の数は変化しなかったとアンケートに回答していることと一致している．

実験1　Mosaicの利用

> 。。。自然活動が地球温暖化を左右する部分も大きく、また温室効果ガスが温暖化に及ぼす影響の因果関係も不確実であり、議論の余地があるところである。しかしながら、気候変動とそれに伴う自然環境や植生、ひいては農業生産の変化、海面の上昇などといった、温暖化によって引き起こされる種々の事象は、人間社会にとって致命的な影響を与えるため、。。。

↓

実験2　開発したシステムの利用

> 。。。<u>湿地からのメタンなどの温暖化ガスの放出や火山活動などの</u>自然活動が地球温暖化を左右する部分も大きく、また温室効果ガスが温暖化に及ぼす影響の因果関係も不確実であり、議論の余地があるところである。しかしながら、<u>気候変動が仮に起こった場合，植生が変化し，これは農業生産の変化をもたらす可能性がある。また、海水そのものの膨張や極地の氷の溶解により海面が上昇し、沿岸部の国々では国土が水没する可能性がある。</u>このような、温暖化によって引き起こされる種々の事象は、<u>保健衛生、経済、国際政治といったあらゆる面で</u>人間社会にとって致命的な影響を与えるため、。。。

図10.1　文章上の仮説の変化（被験者E）

被験者Eの実験1と実験2における文章上の仮説の変化を示す．実験1はMosaicを利用してまとめた文章を示し，実験2は開発したシステムを利用してまとめた仮説を示している．実験2で下線を引いた部分が追加・修正された部分である．

次に被験者Lの文章上における仮説の変化を示す（図10.2）．被験者Lの場合，実験1における仮説の本文自体の変化は，文章では4行が増加，重要な用語では18個の増加，全体の文字数では262文字の増加を示している．実験2で作成した仮説では，3つの文章が新たに追加され，2つの文章に用語の追加と修正が行なわれ，図10.2のような変化となった．被験者Eが内容修正型の仮説の変化を示したのに対して，試験者Lの場合は，仮説の内部と最

実験1　Mosaic の利用

> 化石燃料を燃やすことで発生する CO_2 が大気中に温室効果(Green House Effect)を起こし、地球の熱バランスを崩して起こる。
> その対策としては、化石燃料の使用量を減らすしかないが、活発な経済発展中の開発途上国にとってはこのようなことは不可能に近い。
> 政治的解決対策は、国別には対策が出ないはずなので国際政治的な話合いと協力体制が必要。
> 具体的には先進国の炭素税による化石燃料使用を凍結した途上国に対する支援、などがありえる。
> 技術的解決対策としては、エネルギー効率の向上(燃費の良い車の開発、大衆交通手段の整備)、炭素固定化技術の開発、などがあげられる。

↓

実験2　開発したシステムの利用

> 化石燃料を燃やすことで発生する CO_2, methane, CFCS が大気中に温室効果(Green House Effect)を起こし、地球の熱バランスを崩して起こる。
> その対策としては、化石燃料の使用量を減らすしかない。
> が、活発な経済発展中の開発途上国にとってはこのようなことは不可能に近い。
> <u>現在の大勢の炭素消費国はアメリカを中心とした OECD 諸国なので、今から産業発展を目指している開発途上国に炭素税あるいは炭素消費量の凍結を要求するのはおかしい。</u>
> <u>しかも、なんの対策もなければ大切な地球環境と未来の人類の生存に大きな害になるため、いけない。</u>政治的解決対策は、前述の理由で国別には対策が出ないはずなので国際政治的な話合いと協力体制を <u>OECD 諸国が積極的にとる必要がある。</u>
> 具体的には、先進国での炭素税で、化石燃料使用を凍結した途上国を支援すること、などがありえる。
> 技術的解決対策としては、エネルギー効率の向上(燃費の良い車の開発、大衆交通手段の整備) 炭素固定化技術の開発、などがあげられる。
> <u>しかし、例えば大衆交通手段の整備などは、個人の自由な移動、時間の節約などを諦める要素があるので、人間を無駄に移動させる制度、習慣を改善することも裏にかくれている対策だとも言えるだろう。</u>

図10.2　文章上の仮説の変化（被験者L）

被験者Lの実験1と実験2における文章上の仮説の変化を示す．実験1はMosaicを利用してまとめた文章を示し，実験2は開発したシステムを利用してまとめた仮説を示している．実験2で下線を引いた部分が追加・修正された部分である．

後の2箇所に新たな文章が追加されている．

　被験者の中には，実験1でまとめた仮説に対して，単純に最後の部分に文章を追加して仮説を修正している場合がある．これを単純追加型というように仮に呼ぶことにすれば，被験者Lの場合は，用語の追加による修正と文章の追加の両方が行なわれており，複合追加型というように考えることができる．

　また，被験者Lは，実験1と実験2を比べて，仮説の数が1個から3個に増加したとアンケートに回答している．仮説の中に追加された文章は全部で3つであるが，そのうちの2つは接続詞「しかも」でつながっており，連結した関係になっている．この2つの文章のつながりを考慮すれば，被験者の考える仮説の増加数と文章の増加数は一致すると見なしてよい．

10.5　被験者の作成した問題構造図

　被験者Eは，実験2の仮説をまとめるにあたり，自分自身でマップを作成している．またアンケートにおいて，どのようにして仮説の修正や追加を思い付いたかという質問に対して，「複数の文献をマップし，専門用語のつながりを見ていて思い付いた」と答えている．このようなことから，被験者Eが作成したマップの中に，仮説の修正や追加を行なうために新たに気づいた部分が示されていると思われる．

　被験者がシステムを利用して作成したマップの中に，追加や修正の原因となるような部分が示されていれば，それはシステムの効果があったという確証を得ることにつながるものである．図10.3は被験者Eが実験2で作成した12枚のマップのうち，仮説の修正された部分と最も関連の深いものを表示している．被験者はこのマップを作成する時に，「つながりが低いものを落としたり，不要なリンクを落としたりして，わかりやすいマッピングになるように心がけた」という操作を自分自身で行なっている．

　被験者がまとめた実験2における仮説で変化した部分と，仮説をまとめながら作成したマップを調べてみると，おおよそ次のように対応していること

が分かる．

(1) 実験1の最初の仮説では，「メタン」という用語は使われていないが，実験2の仮説の中には追加されている．この用語はマップの中では，図10.3の右側の楕円内に「methane」として現われている．知識ベースの中を調べると，methaneは9つの文献にわたり67のセンテンスに出現している．

(2) 実験2で追加された部分で，「海水そのものの膨張や極地の氷の溶解により海面が上昇し」という部分がある．この部分は，マップの左端に「warm-water」という用語の組み合わせがあり，これに一致する部分であると思われる．なぜならこの部分の原文をシステムを利用して検索すると，「Some of this

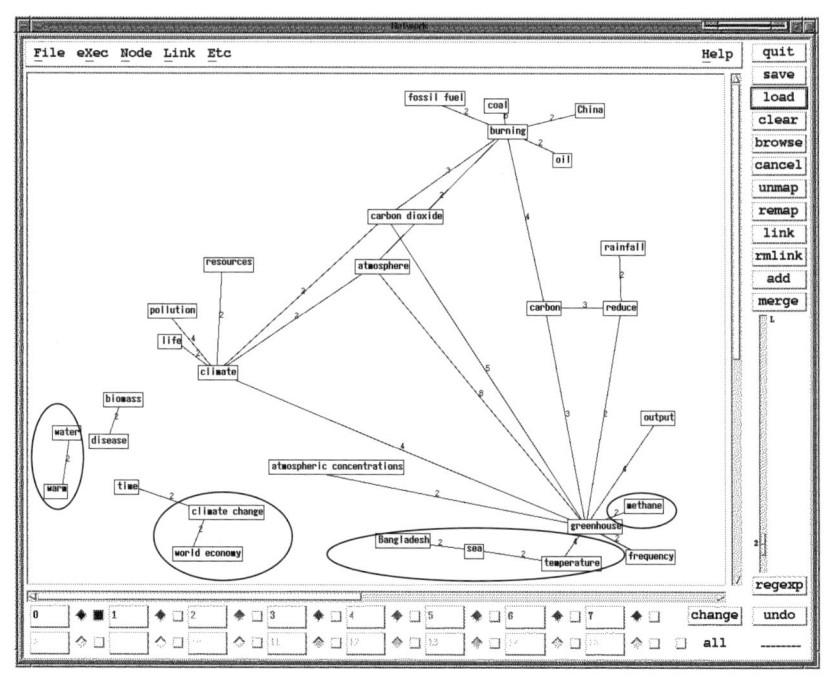

図10.3 被験者がシステムを利用して作成した問題構造図（被験者E）

図10.3は被験者Eが作成したマップである．楕円で囲まれた3つの部分は，被験者が文章上で仮説を追加，修正した部分と関係が深い部分を示している．図の左側から1番目の楕円の中はwater, warm, 2番目はclimate charge, world economy, 3番目はBangladesh, sea, temperature, 3番目はmethanをそれぞれあらわしている．

water falls on Antarctica where, stored up as snow, it may counteract some of the sea level rise that will come from warm water expanding and mountain glaciers melting. （文献 ID：ec9504017577）」という被験者の仮説と内容的によく似た文章を得ることができる．下線部の warm water expanding は「海水そのものの膨張」に該当すると思われる部分であり，知識ベースの中にはこの文章以外には出現していない表現である．

(3) 上記と同様に実験 2 では，「沿岸部の国々では国土が水没する可能性がある」という部分が追加された．この部分はマップの左側から 3 番目の楕円に現われている「Bangladesh-sea-temperature」に該当する部分である．これも知識ベースから原文を検索すると，「If global warming raised the sea level, valuable inhabited land (eg, in Bangladesh, the Nile delta and the Maldive Islands) would be submerged.（文献 ID：ec9504011112）」という文章を容易に得ることができる．temperature については，システムが他の文章に sea と temperature が共出現していることを見いだし，そこから抽出して，組み合わせたものである．

(4) 被験者の仮説の表現が変化した部分で，「気候変動が仮に起こった場合，植生が変化し，これは農業生産の変化をもたらす可能性がある」という部分がある．これはマップでは左から 2 番目の「climate change-world economy」に該当する部分であると思われる．これも知識ベースから原文を検索すると，「Even a pessimistic prediction that climate change could knock 20% off world income in a hundred years' time would imply merely that the world economy expands a little more slowly than otherwise.（文献 ID：ec9504011112）」という文章が得られる．この場合は，「climate change」が文章の表現上で直接関係する部分であるが，英文の意味内容から判断すると，被験者の仮説に影響を与えた部分である可能性が強い．また下線部がシステムによって抽出されマップしている部分である．実際にはこの文章からさらにいくつかの組み合わせが生成されているが，被験者が出現頻度により絞り込むことで，マップに示された関連性が得られた．

10.6 検索履歴の定性的分析

　このように被験者Eが課題の再検討を行なうのに際し，問題構造図を作成して問題を考えたのに対して，被験者Lは問題構造図の作成を行なわずに，仮説の追加や修正を行なっている．しかし，全くマップを使わなかったわけではなく，アンケートには参考程度に使ったことがうかがわれる回答が記されている．

　そこで，ここでは被験者Lの検索履歴を調べ，仮説の追加や修正のきっかけになった新たな発見がどのように行なわれたかを追跡してみることにする．被験者Lは実験2では，自分で作成した「実験1の仮説を確認するために文献をさがした」とアンケートに回答しており，自分で作成した仮説の検証を試みようとしている．

　実験では，仮説の作成を被験者に依頼しており，検証までは困難と考えていた．しかし，このように実験1で作成した仮説を，システムを利用して実験2で検証を試みようとする被験者が，この被験者以外にも存在したことから，検証機能についても今後検討すべき課題となる可能性がある．

　ところで，被験者Lは，実験1で「技術的解決対策としては，エネルギー効率の向上 (燃費のよい車の開発，大衆交通手段の整備)」をあげている．被験者はこれを自分の仮説と考え，実験2ではこの根拠になる部分が見いだせるかどうかを検証しようとした．

　以下に示す図10.4は，被験者が自分の仮説の根拠を求めて行なった検索において，関係する部分の検索履歴を抽出したものである．

　図10.4の検索履歴を調べると，被験者Lは greenhouse effect に関連した文献を重点的に調べていることが分かる．この greenhouse effect というキーワードを，なぜ被験者が検索のためのキーワードとして選んだかは不明である．ここでいえそうなことは，この被験者の場合は環境関係の講座を履修したり，本を読んだりしたことの経験が，このキーワードを思い付いた原因と推測さ

第10章 問題解決過程への支援効果

れる．

　システムが自動的に記録した被験者個別の検索履歴から，被験者Lが仮説の検証を行なうために，検証したいと思った部分の文章をどのように検索したかを読み取ることができる．被験者Lは自分の仮説を検証できる部分を求めて，キーワードインデックスを使って，試行錯誤的な検索を繰り返した．図10.4を見ると，検索過程における試行錯誤の過程が順番に現われている．被験者はこのような検索過程において，自分の追加した仮説を検証できる文章を発見した．それは次の文章であり「大衆交通手段はエネルギー効率が高い」ことを示したものである．

「Airplanes are the most energy-intensive means of carrying people and cargo. On U. S. planes, carrying a passenger one kilometer takes 3,100 Btu ; by automobile, it takes 2,200 Btu ; by intercity rail, 1,500 Btu ; and by intercity bus, 600.」

　被験者Lが発見した部分は，文献ID：vi939091の文献中に含まれており，本文先頭から3つめのパラグラフに記述されている第2の文章である．また検索履歴から被験者Lは，図10.4の部分だけでも3回検索をくりかえしていることが読み取れる．検索履歴のステップ番号で見ると，(3), (15), (26)の3箇所で文献をブラウズしていることが分かるが，3回の検索のどこで，被験者が求める文章に気づいたかははっきりしない．
　しかし，ここでいえることは，システムが被験者の試行錯誤を支援する検索機能を提供しているということであろう．システムの検索支援によって，被験者は求めている内容に近い文章を検索することができたのである．この場合の検索はキーワードインデックスを使って行なわれており，今回開発した検索機能のひとつである．システムを使って，この検索履歴を再現してみると，被験者は「greenhouse effect」に関する文献（この場合は3文献）を，全部調べていることが分かる．
　開発したシステムに実装したマップ機能は，間接的なつながりをも含めて，問題構造の全体を文字通り視覚化することを試みている．それに対してキー

```
(1)  wordlink.html                          (キーワードインデックス全体を見る)
(2)  linkfile/greenhouseeffect.html         (キーワードが greenhouse effect の Index を見る)
(3)  workhtml/vi939091.html                 (ID が vi939091 の文献を表示) 1 回目の検索
(4)  linkfile/greenhouseeffect.html         (キーワードが greenhouse effect の Index を見る)
(5)  wordlink.html                          (キーワードインデックス全体を見る)
(6)  linkfile/greenhouseeffect.html         (キーワードが greenhouse effect の Index を見る)
(7)  workhtml/ec9502258990.html             (ID が ec9502258990 の文献を見る)
(8)  linkfile/greenhouseeffect.html         (キーワードが greenhouse effect の Index を見る)
(9)  workhtml/ec9504017577.html             (ID が ec9504017577 の文献を見る)
(10) linkfile/greenhouseeffect.html         (キーワードが greenhouse effect の Index を見る)
(11) wordlink.html                          (キーワードインデックス全体を見る)
(12) linkfile/transport.html                (キーワードが transport の Index を見る)
(13) wordlink.html                          (キーワードインデックス全体を見る)
(14) linkfile/greenhouseeffect.html         (キーワードが greenhouse effect の Index を見る)
(15) workhtml/vi939091.html                 (ID が vi939091 の文献) 2 回目の検索
(16) linkfile/transport.html                (キーワードが transport の Index を見る)
(中略)
(17) environ.html                           (実験 2 のホームページ)
(18) wordlink.html                          (キーワードインデックス全体を見る)
(19) linkfile/greenhouseeffect.html         (キーワードが greenhouse effect の Index を見る)
(20) workhtml/ec9502258990.html             (ID が ec9502258990 の文献を見る)
(21) linkfile/greenhouseeffect.html         (キーワードが greenhouse effect の Index を見る)
(22) workhtml/ec9504017577.html             (ID が ec9504017577 の文献を見る)
(23) linkfile/Pinatubo.html                 (キーワードが Pinatubo の Index を見る)
(24) workhtml/ec9504017577.html             (ID が ec9504017577 の文献を見る)
(25) linkfile/greenhouseeffect.html         (キーワードが greenhouse effect の Index を見る)
(26) workhtml/vi939091.html                 (ID が vi939091 の文献) 3 回目の検索
(27) linkfile/greenhouseeffect.html         (キーワードが greenhouse effect の Index を見る)
(28) wordlink.html                          (キーワードインデックス全体を見る)
(29) linkfile/gross_national_product.html   (キーワードが gross national product の Index を見る)
(後略)
```

図10.4　被験者Lの実験2における検索履歴

図の左側の部分は，被験者Lが検索に利用したキーワードインデックスや文献のIDを示しており，右側がその検索履歴の説明である．

ワードインデックスによる検索は，直接つながっている関係した用語をハイパーテキストのリンクを利用して連結し，ナビゲーションによって問題構造を部分的に視覚化する試みである．

被験者Lは「greenhouse effect」が地球温暖化の一つの原因と考え，その対策として大衆交通手段の整備によるエネルギー効率の向上に関する仮説をまとめた．「greenhouse effect」というキーワード以外にも「transport」など被験

者の仮説の内容に関連したキーワードが検索履歴の中に残されている．このように被験者Lの検索履歴と仮説の変化を関連付けて分析すると，今回開発したキーワードインデックスの効果が評価できるのではなかろうか．

10.7 被験者の認知構造の変化

　実験1と実験2で文章上の変化があった場合には，被験者の問題構造をとらえる認知構造に変化が表れたと見なすことができる．つまり開発したシステムを利用することによって，部分的ではあっても被験者の考えが変化したため，文章上における変化の原因になったと考えられる．そこで2つの実験をとおした被験者の認知構造の変化を分析するため，開発した実験システムを用いて，概念ネットワークを生成してマップし，仮説の内部における重要語の関連性（つながり）の変化を視覚化することを試みる．開発したシステムのマップ機能を文献単位に適用すれば，著者の文献内における重要な概念構造を視覚化することにつながる．この手順は次のように行なっている．

(1)　重要語の抽出
　被験者が作成した仮説から，第7章1節で行なっている方法に従い，専門用語を中心に重要な用語を抽出する．ここでは名詞や複合語以外にも，文章を構成する上で重要となる語も取り出している．(定量的分析の表における用語数は，これをカウントしたものである．)
(2)　組み合わせデータの生成
　抽出した重要語から，概念ネットワークを生成するための用語の組み合わせを生成する．
(3)　概念ネットワークのマップ
　認知構造の変化を，概念ネットワークを生成してマップすることによって視覚化する．
(4)　マップの操作
　マップ上で出現頻度による絞り込みなどの操作を通して，被験者の概念構

造が変化している部分があるかどうかを調べる．

　このような手順によって被験者の仮説を分析し視覚化すると，2つの仮説における認知構造の変化を確認することができる．文献が短い場合には，人間の目でざっと見れば文章上の違いを識別することができる．しかし，文章が長くなり，調べる文献の数が増えると，その中に表現された概念関係を正確に把握することがしだいに困難になり，まして概念ネットワークのような形に視覚化することは難しい．ここで取り上げる方法もシステムが与えた効果を定性的に分析するための一つの方法を示しており，今回のシステム開発によって可能になった方法である．

1．専門家の概念構造の変化
　図10.5に被験者Eの概念構造の変化を示す．この被験者は地球環境関係の博士課程の院生であるから，知識ベースに用意した地球環境問題に関する文献の領域から見れば，専門の研究者ということができる．
　2つの実験をとおして被験者Eが作成した2つの仮説から，概念ネットワークを生成し出現頻度の高い重要な部分をマップすると，実験1と実験2を比べて，概念構造の変化を視覚化することができる．文章上の変化では，「火山活動」が新たに追加された用語であるが，マップ上でも変更されていることがわかる．また「気候変動–変化–植生」の部分にあたる文章上の表現も修正されており，この部分は実験2でシステムを利用することによって，より重要性が増している部分ということがいえる．
　このような問題解決における認知構造の変化が行なわれたことに対して，被験者は「キーワードや描写が追加され，より説得力のある文章になったと思われるが，仮説自体は変化しなかった」という意見であった．また実験2での仮説の修正・追加に対して，「文章を書く上で最も有効であったと思われたのは，複数文献のマップである」という意見が得られた．

第10章 問題解決過程への支援効果

実験 1. Mosaic の利用

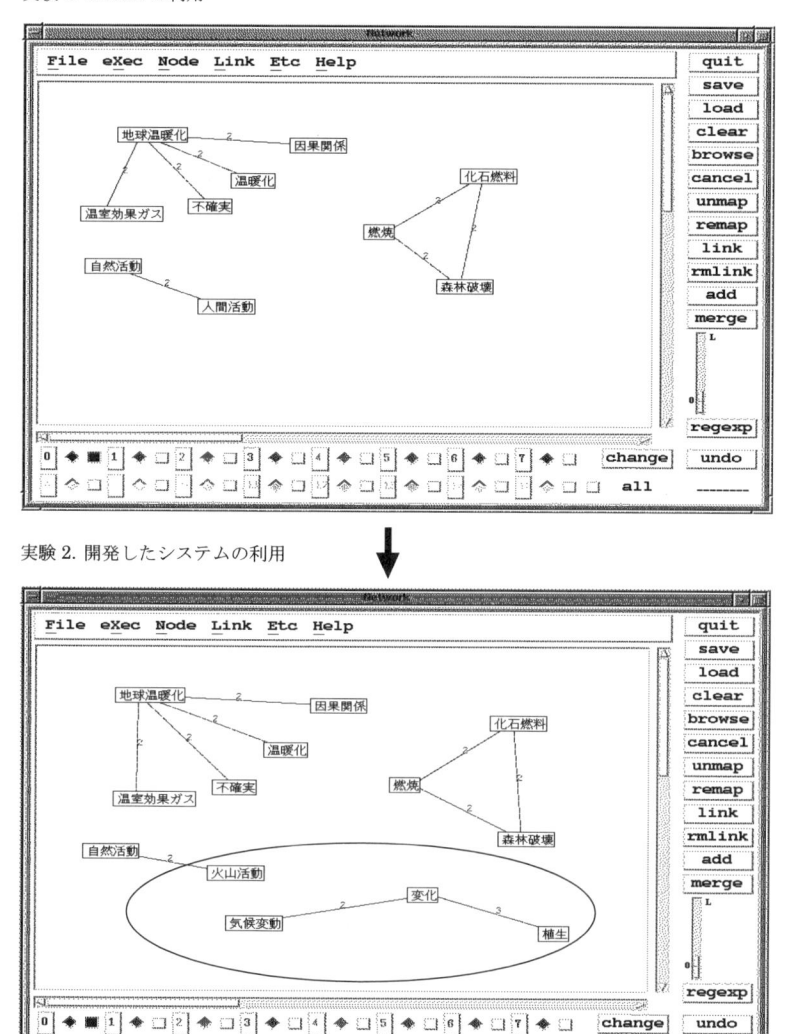

実験 2. 開発したシステムの利用

図10.5　2つの実験における被験者 E の認知構造の変化

図10.5に被験者 E の認知構造の変化を示す．実験 2 において楕円で囲まれた部分が，被験者の認知構造の変化を示す部分である．仮説全体をマップしたあと，出現頻度の高い部分を表示すると，認知構造の重要な部分が変化していることがわかる．

2. 非専門家の認知構造の変化

次に被験者Lの認知構造の変化を示す．この被験者は情報科学・情報工学関係の博士課程の院生である．従って地球環境問題に対しては，非専門家の立場の被験者であると見なせる．

被験者Lの認知構造におけるリンクは，頻度の高い部分が少ないため，頻度が1の部分も含めて全てマップしている．左下の2つのグループは，新たに追加された文章から生成された概念ネットワークである．2つのグループが島になって独立していることから，マップの元になった仮説において，他の文章との間で，用語の共出現による関係が存在しないことを示している．これはそれぞれの文章が，独立的に構成されていることをも示すものである．

左上の部分と右下の部分には，新たに追加された用語が表現されていることが分かる．例えば，左上では「アメリカ」「OECD諸国」「炭素消費量」「開発途上国」「産業発展」「炭素消費国」などが追加された用語である．右下では「methane」，「CFCS」が追加された用語である．両方の概念ネットワークも用語が追加されたことによって，変化していることが視覚化されている．

専門家と非専門家の認知構造の変化には，どのような特徴が存在するといえるであろうか．2つの事例だけから判断を下すことはかなり危険が伴うが，ここでは次のことがいえそうである．

非専門家の文章が他の文章との関係が少ないということは，問題解決の観点から考えれば，問題に対する認識が浅いことにつながる場合が多いと思われる．つまり問題解決の対象をより複雑に認識できれば，より多くの文章の中に関連した用語が出現する傾向が現われるものと考えられるからである．

開発したシステムでは，より複雑に認識された部分は，出現頻度の相対的に高い部分となって，マップされる．従って，単一文献をマップして，頻度の高い部分が多く出現した場合は，その著者が問題に対して，より複雑な認知の構造を持っているということがいえるのではないだろうか．これについては今後の実験と分析が必要な点である．

第10章 問題解決過程への支援効果

実験1. Mosaic の利用

実験2. 開発したシステムの利用

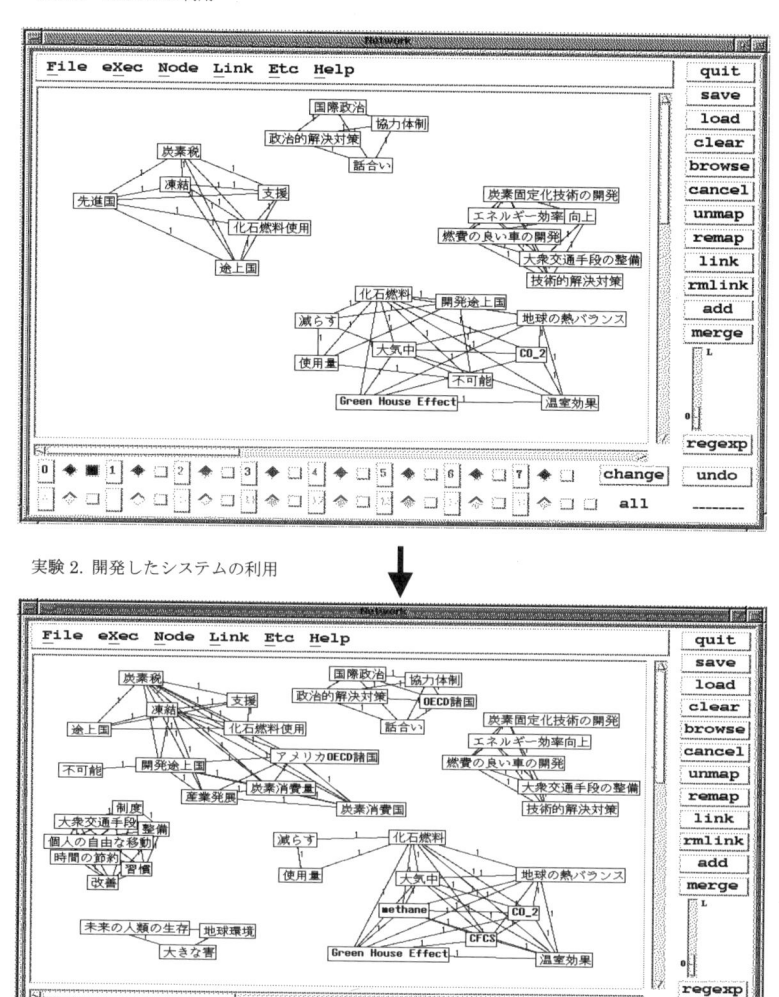

図10.6 2つの実験における被験者Lの認知構造の変化

図10.5に被験者Lの認知構造の変化を示す．頻度の高い部分が少ないため，低い部分を合わせて表示している．

10.8 本章のまとめ

本章では，開発したシステムの問題解決過程への支援効果について，具体的な課題に回答することをとおして，定量的分析と定性的分析の両方からその効果を考察した．実験の構成上，定量的分析には同じ文献を2度使うことの学習効果が発生するが，定性的分析を行なうことによって，直接システムの効果と認められる部分を明確にできたと考えている．これらの結果から，被験者が新たな問題解決の視点に気づく支援効果があることが明らかになった．

またシステムの効果は，具体的な問題解決における，被験者の仮説の変化となって現われていることを確認することができた．また被験者の仮説の変化は，問題解決における認知構造の変化となって現われており，開発したシステムを利用することによって，この変化を視覚化することができる．

被験者は，与えられた問題に対して，システムを使いながら，問題の構造や特徴の認識を深め，被験者自身の問題解決モデルを発展させることができた．この支援効果は本研究の目標としてきたところであり，システムの効果として評価してもよい点であると考える．

次章では，開発したシステムの問題発見支援への効果について，実験結果の分析と考察を行なう．

第 11 章　問題発見支援への試み

　前章では，人間の創造的思考（creative thinking）のうち，問題解決の支援について取り上げ，実験を行ない考察を加えた．本章では問題発見支援について今までに取りあげた問題解決とは異なる観点から実験と考察を行なう．本章における実験の目的は，問題発見への支援効果について，開発した実験システムの効果を検証することにある．このような検証を行なう理由は，創造的思考の最も大きな特徴は，問題の解決過程にあるのではなく，問題そのものの発見にあると考えるためである．

　創造的思考が働くときは，いままでとは全く異なる問題の存在を認識し，そこに何らかの違和感のような問題意識が生じ，それが探求心や好奇心を触発するきっかけになると考えられる．しかし，この問題発見の研究は，現在十分には行なわれておらず，今後の研究に期待されるところが多い．本研究では問題解決の前に，何が問題なのかということに気がつく問題発見の支援を，システムによって行なえるかどうかを検討する．

　［課題1］の実験は，与えられた問題に対して，システムが被験者の問題解決過程をどのように支援できるかの実験であった．これに対して［課題2］の実験は，具体的に解決すべき問題が与えられておらず，システムを利用することによって，被験者自ら新たな問題を発見することができるかどうかの実験として位置付けられる．

11.1　問題発見と創造的思考

　問題発見における重要性を指摘した表現として，「問題が分かれば，問題は半ば解決したも同然だ」といわれることがある．また問題は自ら問題意識を持たなければ，問題として認識されることはなく，存在すらしないことにな

る．この場合の問題意識を持つということは，まさに仮説を立てるということと同じである．NM法の基本的な考え方においても，「発見」ということを「仮説設定」と同じ意味にとらえている．その仮説に気づいたために，今まで解決できなかった問題が解ける場合がある［中山83］．さらに創造的な発想は未知の事象を解明するために仮説を作ることである［大須賀83］．

　自分が問題だと思うからこそ，これを解決しようとする意欲も生まれてくる．また自分が問題だと思っても，すぐに解決できるものではない［恩田84］．問題が明確に把握されて，始めて解決の糸口が見つかると言われる．問題発見とは，ふつう見過ごしてしまうようなことに問題を発見することである．問題点を分析し，実際に解決処理をすることができる具体的な課題として把握することである．問題解決は，問題を見いだすことにはじまり，問題の所在を突き止めることが先である．本研究の立場からすれば，被験者にシステムの情報に触れることによって，問題意識を感じさせることが一つのねらいである．

　また問題を把握するためには，その問題の本質をとらえることが大切であると言う．見せかけの問題ではなく，真の問題は何かをつかむことである．例えば恩田はこのような例として，ゴードンの例を取り上げている．つまりゴードン（Gordon, W. J. J.）の開発したゴードン法では，都市の駐車場をつくるのに，「貯める」というキーワードを見つけて解決させている．

　さらに問題は，目標と現状との差異から生ずるとも言われる．そこで目標と現状とをそれぞれ分析し，それらの条件の差異を埋めてなくすことで問題が解決される．

　既知の情報と新しい情報とを結び付けることによって，問題が生まれる．すなわち問題意識が生ずる．これを別の視点から見ると，既知の情報と新しい情報との間に不調和な関係が生ずると，その不調和を均衡しようという傾向が生ずる．この傾向に基づく欲求が知的好奇心（curiosity）である．この知的好奇心が問題解決の動機となると考えられている．本システムでは，このような考え方に基づき，新たな知識の組み合わせを提案するメカニズムを用意することによって，これらの知的好奇心に適切な刺激を与えることが目標

になる．

　日常的に繰り返し起こる，容易にとらえられる問題は明確な構造を持っており，標準的な手続きで解決できる．しかし，いままで起こらなかった新しい理解しにくい問題は不明確な構造を持ち，創造的な方法でなければ解決できない．

　問題は定義し直すことによって，新しい視点から解決できる．例えば，トマトをつまみ上げるとき，傷つけやすいというので，トマト収穫機の改良をめざしていたが，実際にはもっと皮の厚い，機械で収穫しやすいトマトをつくればよいということで問題を見直して解決している．問題の領域を広めることで，問題を解決することがある．日本では，QC（Quality Control；品質管理）をその部門にとどめずに，企業全体に広げて TQC（Total Quality Control；全員参加の品質管理）をつくり出すことで成功をおさめている．以上のことから，問題解決のために主体的に問題を見つけ，ときには問題を作り出して，解決していく積極的な態度が必要とされる［恩田 84］．

　問題発見と問題解決を厳密に切り分けて考えることは，人間の知的活動のメカニズムが解明されない限りは難しいことであろう．ここで取り上げたような知的活動の支援をめざし，人間の知的活動を分析するためのひとつの視点として，広い意味での問題解決のきっかけとして問題発見を考えるのが適切であると考える．

11.2　本実験における問題発見

　地球環境問題など未解決の問題に対応するためには，単に与えられた問題に回答するだけは，解決は困難である．そこでは新たな問題解決の方法を見いだすための，創造的な問題発見能力が必要とされている［村上 94］．

　［課題 2］は「地球環境問題のなかで，自分自身で関心のある任意な課題」ということに設定している．この課題を設定した背景は，指定した課題に回答することと，自分で問題を見いだして回答することとは，基本的にことなる能力であると考えるためである．本実験における問題発見支援は，地球環

境問題を例として，被験者が自ら問題点を発見することができるような，支援情報をシステムが提供できるかどうかの実験である．これまでの実験経過から，Mosaicを使った実験1で，［課題2］を行なった被験者は，自分自身で問題点を見いだして仮説をまとめる作業を行なっている．［課題2］の任意な課題に回答する実験では18人の被験者の回答が得られた．［課題2］に回答した被験者の数は，［課題1］の回答者が20人いたことを考えると，若干減少している．この人数は実験1と実験2をとおして［課題2］に回答した被験者の数であり，実験1だけ回答した被験者は除いてある．それは実験1と実験2の2つの課題を行なうことによって，問題発見における被験者の思考過程の変化を分析するためである．［課題2］に回答した被験者18人は，Mosaicだけでも自分自身で仮説をまとめるための問題点を見いだしていると考えてよい．このことは開発したシステムを使わなくても，被験者の問題意識の持ち方などから，問題を発見することができることを示している．この場合の問題発見は，被験者の知識や，Mosaicから提供される情報だけで行なわれたことになる．これらのことから本実験では問題発見を，次のように考えることにする．

(1) 実験1の仮説に関連して，新たな視点から専門的な用語や文章が追加された場合．
(2) 実験1の仮説とは全く異なる仮説が生成された場合．

以上の2つの要件のうち，いずれかを満たし，かつ以下の要件を満たしているものについて，問題発見が行なわれたと考えることにする．

(3) 被験者自身で新たな仮説が増加していると認識している場合．

従って，文章の中で，修飾語などが追加されて仮説が修正されたものは，問題発見とは考えない．例えば，前章で取り上げた被験者Lは，最初の仮説に対して，新たな視点から文章を加えることによって，仮説の追加を行なっ

ているので，新たに問題発見が行なわれたと考えることにする．また，問題発見においては極めて主観的側面が強いため，被験者自身で仮説が増加したと認識できることは重要であると考える．前章の例では，被験者Eは専門用語の追加を行なって，仮説の修正を行なっているが，被験者自身では仮説が増加したと思わなかった．ここではこのような例は問題発見が行なわれたとは考えないことにする．

11.3 問題発見における定量的分析

［課題2］に回答した被験者を対象に，前章と同様の方法で，仮説の定量的な分析を行ない，全体的な傾向を把握する．そのなかから定性的分析の対象に適したものを抽出し，分析を行なうことにする．［課題2］の実験1と実験2における変化を表11.1に示す．なお第10章と同じように，以下の定量的分析には同じ文献を2度使うことによる学習効果が含まれている．そのためこの章の後半では，システムのどの機能に効果があったかを確認するため，定性的分析も行なっている．

この分析結果を示す表から，［課題2］の全体的な傾向を読み取ることができる．第10章1節の表10.1における［課題1］の変化と比較すると，作成された仮説の量が［課題2］の方が少なめになっていることが分かる．これは問題発見の方が，問題回答型の問題解決より難しい課題であることを示す一つの側面の現われであると考えられる．また行数や用語数に増加している部分がないと，実験1に比べて新たな視点から問題発見を行なっている可能性は少ないものと思われる．

次に前章と同様に，実験1で作成した仮説に対して，どの程度の割合で仮説が増減しているかをより詳しく調べるために，被験者ごとの増減率を求める．求め方は前章と同じ方法を用いる．［課題2］における仮説の増減率を表11.2に示す．

表11.1 [課題2]の実験1と実験2における変化

実験1			被験者	実験2		
行数	用語数	文字数		行数	用語数	文字数
6	43	435	*A	6	43	435
4	13	120	*B	5	15	146
5	21	237	*C	12	58	742
6	24	273	*D	9	25	377
6	36	320	*E	6	43	364
3	23	153	*F	3	23	130
2	22	151	*G	4	31	236
10	35	365	H	11	40	441
7	32	319	I	6	35	362
8	40	523	J	17	69	931
2	6	44	K	7	22	221
6	29	270	L	11	46	687
15	62	695	M	32	122	1665
8	42	235	N	10	61	444
5	32	245	O	10	52	444
4	20	250	P	5	25	300
5	22	276	Q	4	22	258
3	11	74	R	4	20	140
5.83	28.50	276.94	平均	9.00	41.78	462.39

実験2に回答した被験者は全体で18人である．表の中央が被験者を表わし，データは被験者ごとに集計されている．表の左半分は実験1における[課題2]の結果であり，右側は実験2における[課題2]の結果である．左右を比較することによって，2つの実験における，被験者の仮説の変化を数量的に把握することができる．*Aから*Gまでは地球環境関係の被験者を表わし，HからRまでは情報科学・情報工学関係の被験者を表わしている．

この分析結果から，被験者*Aは仮説の修正が全く行なわれなかったことを示している．*Fは行数と用語数に変化が見られず，文字数が23文字減少している．Iの場合は行数が1行減少し，Qは行数で1行，文字数で18文字減少していることがわかる．この他の被験者は，全て増加傾向を示している．そこで仮説の量が変化していない被験者*Aと，全体的に減少傾向をしめして

第11章 問題発見支援への試み

表11.2 [課題2]における仮説の増減率

被験者	増　減　率			
	行数	用語数	文字数	
*A	0.00	0.00	0.00	無変化
*B	0.25	0.15	0.22	
*C	1.40	1.76	2.13	
*D	0.50	0.04	0.38	
*E	0.00	0.19	0.14	
*F	0.00	0.00	－0.15	文字数減
*G	1.00	0.41	0.56	
H	0.10	0.14	0.21	
I	－0.14	0.09	0.13	行数減
J	1.13	0.73	0.78	
K	2.50	2.67	4.02	
L	0.83	0.59	1.54	
M	1.13	0.97	1.40	
N	0.25	0.45	0.89	
O	1.00	0.63	0.81	
P	0.25	0.25	0.20	
Q	－0.20	0.00	－0.07	行数と文字数減
R	0.33	0.82	0.89	
平均	0.57	0.55	0.78	

いる*FとQを合わせた3人の被験者を除いて，被験者全体の傾向を考えると，全体の83％（18人中15人）が仮説の増加傾向を示していることになる．前章で行なった課題を指定した場合の実験では80％が増加傾向を示したのに対して，この実験ではさらに多くの被験者が増加傾向を示していると言える．また全体的に仮説が減少傾向を示している被験者は*FとQであるから，これらは被験者全体の11％（18人中2人）にあたる．

　これらの作成した仮説に変化が現われた被験者については，開発したシステムの利用をとおして，文章の中に新たに追加できるような用語が見いだせたり，あるいは実験1で作成した仮説の中に，何等かの矛盾のようなものが存在することに気がついたなど，ほぼ実験1と同じような現象が起こってい

ると考えることができる．

11.4 定量的分析における専門分野の特徴

次に専門分野別の仮説の増減の特徴を分析するため，地球環境関係の被験者と情報科学・情報工学関係の被験者に分けて，仮説の増減率を求め，［課題2］で行なった問題発見支援を主な目的とした実験結果に，どのような関係が潜在しているか分析を試みることにする．表11.3と表11.4は前章で行なったように，専門分野ごとの仮説の増減を求めるために，表11.2から専門分野ごとにまとめて抜きだし，増減率の平均を求めたものである．

以上で得られた2つの仮説の増減率から，2つの専門分野の被験者に与えた効果に異なる点がないかどうかの比較検討を行なう．［課題2］の任意な課題における専門分野別の増減率の差を表11.5に示す．

この比較は［課題1］でも行なっており，［課題1］の場合は行数，用語数，文字数のそれぞれについて，3.94（倍），2.93（倍），5.72（倍）であった．これらの数値と比較すると，実験2では，増減率の差が小さくなっていることに，新たに気づくことになった．

この差が少なくなった原因として，実験2の問題発見型の仮説生成では，地球環境関係の被験者の増加率が大きくなったことが原因であることがわか

表11.3 ［課題2］における仮説の増減率（地球環境関係）

被験者	増	減	率	
	行数	用語数	文字数	
*A	0.00	0.00	0.00	無変化
*B	0.25	0.15	0.22	
*C	1.40	1.76	2.13	
*D	0.50	0.04	0.38	
*E	0.00	0.19	0.14	
*F	0.00	0.00	−0.15	文字数減
*G	1.00	0.41	0.56	
平均	0.45	0.37	0.47	

第11章 問題発見支援への試み

表11.4 [課題2]における仮説の増減率（情報科学・情報工学関係）

被験者	増減率			
	行数	用語数	文字数	
H	0.10	0.14	0.21	
I	－0.14	0.09	0.13	行数減
J	1.13	0.73	0.78	
K	2.50	2.67	4.02	
L	0.83	0.59	1.54	
M	1.13	0.97	1.40	
N	0.25	0.45	0.89	
O	1.00	0.63	0.81	
P	0.25	0.25	0.20	
Q	－0.20	0.00	－0.07	行, 文字減
R	0.33	0.82	0.89	
平均	0.65	0.67	0.98	

表11.5 任意な課題における専門分野別の増減率の差

[課題2] 地球環境問題のなかで, 自分自身で関心のある任意な課題			
専門分野	行数	用語数	文字数
地球環境関係	0.45	0.37	0.47
情報科学・情報工学関係	0.65	0.67	0.98
増減率の倍率	1.44	1.81	2.09

表11.5は前章と同じように, 専門分野別の仮説の増減率を求めて比較を行なったものである. 増減率の差は, 情報科学・情報工学関係の数値を地球環境関係の数値で, 単純に割ったものである.

る. [課題1]の時は, 地球環境関係の被験者の増減率が, 行数, 用語数, 文字数のそれぞれが, 0.18, 0.27, 0.18であった. それが今回の[課題2]の実験では表11.3に示されたように, 0.45, 0.37, 0.47のように大きく増加する傾向を示している. 加えて情報科学・情報工学関係の被験者の[課題1]の増減率は, 行数, 用語数, 文字数のそれぞれについて, 0.71, 0.79, 1.03であったが, 実験2ではこれらの値が表11.4に示されたように, 0.65, 0.67, 0.98のように, 増減率が逆に小さくなっていることが指摘される. これら2つの要因によって, [課題2]では, 専門分野別の増減率の差が大きく縮小すること

になった．

　これらの分析結果が何を意味しているか，さらに深く分析を試みる必要がある．そこで実験2での［課題1］と［課題2］における増減率の差を求め，値の比較を行なう．まず地球環境関係の被験者の［課題1］と［課題2］における増減率の差を求め，結果を表11.6に示す．

表11.6　被験者の課題間における増減率の差（地球環境関係）

地球環境関係			
課　題　の　区　別	行　数	用語数	文字数
［課題1］	0.18	0.27	0.18
［課題2］	0.45	0.37	0.47
増減率の倍率	2.50	1.37	2.61

　表11.6から新たに明らかになったことは，地球環境関係の被験者においては，問題が指定された［課題1］に比較して，問題を自分で任意に決めて行なった［課題2］の方が，はるかに仮説の増加率が高いことである．このことは［課題1］で行なった仮説生成に対して，地球環境関係の被験者の大部分が，本実験を行なう前にほぼ仮説が出来上がっていたことが指摘できると思う．従って［課題1］では，よほど新規なデータや文献が見いだされない限りは，地球環境関係の被験者の場合は，比較的小さな仮説の修正を行なうに留めているということが指摘される．これについては，「自分の見解は，文献を見る前からほとんど固まっていて，そもそも考えが変化する余地があまりなかった」という前章で紹介した被験者の意見とも強く関係している．

　また［課題2］の問題発見型の仮説の増減率が高いことは，本実験にとって極めて重要な結果を示している．つまり，専門分野の被験者にとっては，与えられた課題に回答するような問題解決型の仮説生成よりも，新たな問題点を見いだし，それに対して解決のための仮説をまとめる問題発見支援の方に，開発したシステムの効果がより大きかったことを示している．この点が検証できたことは，本実験の一つの成果であると思われる．

　次に情報科学・情報工学関係の被験者における，［課題1］と［課題2］の増

第11章　問題発見支援への試み

減率の差を求め，結果を表11.7に示す

表11.7　被験者の課題間における増減率の差（情報科学・情報工学関係）

情報科学・情報工学関係			
課　題　の　区　別	行　数	用語数	文字数
［課題1］	0.71	0.79	1.03
［課題2］	0.65	0.67	0.98
増減率の倍率	0.92	0.85	0.95

　表11.7の増減率の差が示していることから，情報科学・情報工学関係の被験者は，［課題1］問題解決型の課題のほうが，［課題2］の問題発見型の課題よりも，高い仮説の増加率を示していることが明らかになった．このことは異分野の研究者である情報科学・情報工学関係の被験者にとっては，問題発見を行なうことは，与えられた課題に回答することよりも難しい仕事であることを示している．情報科学・情報工学関係の被験者は，問題を与えられた方が，システムの効果が高いのである．

　このことは，特定の領域における知識の量に関係した問題が存在するためと思われる．地球環境関係の被験者は，問題を考えるために必要な領域知識を多く持っているので，自分の知識を利用して，問題解決に必要な創造的な発想を繰り返すことができる．しかし，情報科学・情報工学関係の被験者は，地球環境の専門家ではないため，領域知識が少ないことから，自分の知識を創造的な発想に利用できる部分が少ない．そのため問題解決型と問題発見型の課題に，表11.7に示されているような増減率の差が生じることになったと考えられる．

　異分野においては創造的な発想が難しいことは明白であるように思われる．しかし，異分野の被験者である情報科学・情報工学関係の被験者にとっても仮説が増加しているということは，問題解決の見方を多様化させ，より多くの問題解決モデルを構築することにつながっていると考えられ，問題発見支援においても効果があったと言える．

　以上のことから，表11.6と表11.7の2つの表を比較してみると，地球環境

研究の被験者と情報科学・情報工学関係の被験者との間に，極めて対照的な現象を見いだすことができる．被験者が実験をとおして作成した仮説の数量的な増減率の分析から，本研究で開発したシステムは，専門家にとっては問題発見支援に対する効果が大きく，逆に非専門家にとっては従来からの問題解決支援に効果が大きいということが言える．［課題1］と［課題2］における分野別増減率の差を表11.8に示す．

表11.8 ［課題1］と［課題2］における分野別増減率の差

専 門 分 野	行　数	用語数	文字数
地球環境関係	2.50	1.37	2.61
情報科学・情報工学関係	0.92	0.85	0.95

これまでの定量的な分析をまとめると次のようなことが言える．
(1) 開発したシステムは，問題発見支援において，専門家と非専門家の両方のグループに対して，仮説を増加させる効果があった．
(2) 非専門家のグループは，課題を指定した問題解決の方が，専門家に比べて開発したシステムの効果が大きい．また任意な課題の方が仮説の増加が少なく，専門家に比べて問題発見支援に対するシステムの支援効果は少ない．
(3) 専門家のグループは，課題を指定した問題解決に対して，非専門家よりシステムの支援効果が少ない．しかし任意な課題について仮説をまとめる場合は，専門家の方がシステムの支援効果が大きく，より問題発見効果があったと言える．

　本実験では，［課題1］の問題を地球温暖化に関するものに設定しているが，他の問題で実験を行なった場合にどのような結果がでるかという疑問も生じる．この疑問については，今後の研究課題とせざるを得ない．

11.5　問題発見における仮説の量的変化に対するアンケート

　前章と同様に仮説の量的な変化に対して，被験者自身の回答を求めた．ここでは前章と異なる点を中心に分析をまとめることにする．［課題2］における仮説の増減について，アンケートの集計結果を表11.9に示す．

第11章 問題発見支援への試み

表11.9 [課題2]における仮説の増減（被験者のアンケート）

質問11.1（その1）					(回答総数18人)	
[課題2] 地球環境問題のなかで自分自身で関心のある任意な課題 2つの実験で作成した仮説の中で，純粋に仮説と思われるような部分（主に自分の考えや意見の部分）の数は，変化したと思われますか．						
	地球環境(7)		情報工学(11)		合　計(18)	
選　択　肢	人数	割合	人数	割合	人数	割合
(1) 実験1と実験2を比べて，増加した．	5	0.71	4	0.36	9	0.50
(2) 実験1と実験2を比べて，減少した．	0	0.00	1	0.09	1	0.06
(3) 実験1と実験2を比べて，変化しなかった．	2	0.29	4	0.36	6	0.33
(4) その他．	0	0.00	2	0.18	2	0.11

表11.9のアンケートの結果と前章の結果（表10.6）を比較検討すると次のことが言える．

(1) [課題1]の問題解決型では，実験1と実験2を比べて，仮説の量が増加したと回答した被験者が14人（被験者全体の70%）であったのに対して，[課題2]になると9人（被験者全体の50%）に留まっている．このうち地球環境関係の被験者が5人をしめている．前節では地球環境関係の被験者にとって，情報科学・情報工学の被験者よりも，問題発見型のほうにシステムの効果が高いことを示したが，表11.9の(1)の選択肢には，同様の効果があると認められる回答がはっきりと示されている．つまり実験1と実験2を比べて，仮説と思われるような部分が増加している被験者の割合は，地球環境関係のほうが情報科学・情報工学関係の被験者よりも2倍近くも高いのである．

(2) 先に行なった定量的分析から，全体の83%（18人中15人）が仮説の増加傾向を示していることを考えると，数量的な傾向と被験者の意識との間に乖離が生じることになった．この差は[課題1]では10%（数量的には被験者全体の80%が増加しているのに対して，アンケートでは70%が増加したと回

答）であったことを考えると，［課題2］でまとめた仮説の中には，被験者が仮説として確信が持てないあいまいな部分が含まれていることを，暗に示していると考えられる．このことは「仮説を考える」という表現がかなり抽象的なものとして被験者に受け取られたことと関係していると思われる．

(3) ［課題2］で仮説の量が変化しなかったと思われる被験者は，6人（被験者全体の33％）となり，［課題1］よりも2人（13％）増加している．これを表11.3および表11.4における被験者ごとの文字数の数量的な増減を調べてみると，1人は無変化，1人は減少，残りの4人は0.14, 0.21, 0.78, 0.89という増加率を示している．このことは文章の量が倍近くに増加した被験者でも，仮説の個数となると，増加したとは言えない場合があることがわかる．

表11.10 ［課題2］における仮説の数の変化（被験者のアンケート）

質問11.2（その2）							(回答総数18人)	
［課題2］地球環境問題のなかで自分自身で関心のある任意な課題 2つの実験で作成した仮説の中で，純粋に仮説と思われるような部分（主に自分の考えや意見の部分）の数は，変化したと思われますか．（具体的な数値での回答）								
選択肢		個　　数	地球環境 (7)		情報工学 (11)		合　計 (18)	
			人数	割合	人数	割合	人数	割合
(1) 実験1と実験2を比べて，増加した．（9人）		1個から2個	1	0.14	0	0.00	1	0.06
		1個から3個	1	0.14	1	0.09	2	0.11
		1個から4個	0	0.00	1	0.09	1	0.06
		1個から5個	1	0.14	0	0.00	1	0.06
		2個から3個	0	0.00	1	0.09	1	0.06
		3個から5個	1	0.14	0	0.00	1	0.06
		個数無回答	1	0.14	1	0.09	2	0.11
(2) 実験1と実験2を比べて，減少した．（1人）		3個から2個	0	0.00	1	0.09	1	0.06
(3) 実験1と実験2を比べて，変化しなかった．（6人）			2	0.29	4	0.36	6	0.33
(4) その他．（2人）			0	0.00	2	0.18	2	0.11

仮説として個数は増えないが,「内容の幅が広がり,深まった」という被験者の意見が得られており,個数の増加はしなくても,仮説の精緻化という点で支援効果があると言える.これは9章2節の表9.4仮説の精緻化（課題2）における分析ですでに触れたとおり,課題2では67％が仮説の精緻化を肯定的に回答していることにも示されている.

次に［課題2］における具体的な仮説の数の変化における,アンケートの結果を表11.10に示す.

この表から,［課題2］において被験者が最初にまとめた仮説は,1個から3個までに分布しており,これは［課題1］とほぼ同じ傾向を示している.その後システムを利用することによって,2個から5個の仮説が増加したと認識されている.最終的な仮説の数の平均を求めると［課題1］では1人あたり2.79個であるが,［課題2］でも2.78個と非常に近い値となっている.

11.6　問題発見における認知構造の変化の定性的分析

前章では問題解決における支援効果を中心にシステムの性能評価を行なってきた.人間の問題解決過程はいくつかの特徴を持っており,ここでは問題発見支援に関連したシステムの効果を調べることを主な目的とする.どこにどのような問題が存在するかということに気がつくことは,問題解決よりも先に必要なことであり,極めて重要なことであろう.そのためには思考の材料として,知識が必要となる.知識が少ないところでは創造的な問題解決は行ないがたい.本システムに文献を収集した知識ベースを備えたのは,思考の材料を提供するためである.人間の記憶はあいまいであるから,知識の記憶を支援するための知識ベースと,それを活用するメカニズムが必要である.開発したシステムはこのような機能を備えることをとおして,問題発見のための支援機能を実現しようと試みている.

ここでは前章で開発した定性的分析の手法をもちいて,被験者がシステムを利用してどのように問題発見を行なったか,またシステムの機能はどのよ

うに役だったかを被験者ごとに分析する．

1．被験者*F（地球環境関係）

　被験者*Fは博士課程の院生であり，地球環境政治の研究を行なっている．アンケートには研究を現在も継続して行なっており，新しい研究テーマをこれから決めようとしている状況であることが記されている．また実験を行なった時期ではMosaicやNetscapeなどは，たまに使っている程度であり，今回の実験システムを動かすワークステーションなどは，ほとんど利用したことはないということであった．

　実験では，被験者に対してどのようにして仮説を思いついたかという質問を行なっている．被験者*Fはこの質問に対して，「主に自己の知識を利用し，システムの中の文献を部分的に参考にしながら作成した」と回答している．このことは［課題1］で指定された問題の仮説を作成したときは，「自己の知識を基にシステムを利用し，自己の知識を確認しながら仮説を作成した」と回答しており，システムの利用の仕方に若干の変化が見られる．また，この［課題2］で作成した仮説については，「正しいと思われる」という回答であり，被験者自身である程度納得できる仮説であると考えられる．被験者*Fの仮説の文章上の変化を，図11.1に示す．

(1)　仮説の文章上の変化

　被験者*Fは，実験1の地球温暖化の課題については，まとめた仮説に新しい部分は加わらず，全く変化しなかった被験者である．しかし，図11.1に示されているように，実験2の問題発見の課題になると，仮説に追加や修正が加えられた．この例では全体の文字数は減少しているが，内容的に新たな要因が追加される形で仮説の修正が行なわれた．被験者のアンケートの意見には，「生物多様性に関する文献は少なかったが，実験2のシステムを利用することにより新たな要因を発見した」と記されている．

　実験1と実験2における被験者の仮説の変化を調べると，実験2では「気候変動」「汚染による免疫機能及び繁殖機能の低下」という2つの要因と，こ

第11章 問題発見支援への試み

実験1　Mosaic の利用

> 生物多様性減少の原因とその対策
> 生物多様性が減少する原因は、生息地の破壊、過剰な捕獲、外来種の侵入などがあげられる。その対策としては、生物多様性が減少している地域および熱帯雨林などの重要な地域を指定しその生息地を保護すること、また減少にある種の捕獲を制限するとともに国際取引を規制することが必要である。

↓

実験2　開発したシステムの利用

> 生物多様性減少の原因と対策
> 生物多様性が減少する原因は、生息地の破壊、過剰な捕獲、外来種の侵入、気候変動、汚染による免疫機能及び繁殖機能の低下が上げられる。よって、生息地保護、捕獲及び取り引きの規制以外に汚染物質の環境蓄積を防ぐ対策を取らなければならない。

図11.1　被験者*F の仮説の文章における変化

図11.1　被験者*F の仮説の文章における変化を示す．上の図は実験1で Mosaic を利用してまとめた仮説を示し，下の図は開発したシステムを利用してまとめた仮説を示している．

れらの要因に対し「汚染物質の環境蓄積を防ぐ対策」が新たに加えられた．これらの要因と対策の追加から，仮説の数量的な変化を求める質問には，実験1と実験2を比べて，仮説の数は3個から5個に増加したと被験者は感じている．

(2)　被験者が作成した問題構造図

次に被験者*F がいかにしてこれらの要因に気づいたかを分析してみる．アンケートでは，被験者に作成した仮説の修正・追加をどのようにして思いついたかを尋ねている．この被験者の場合は，「マップを見ているうちに，気候変動が多くの種を絶滅させ，生物多様性を減少させることに気づいた」とい

うことである．被験者は実験2で3枚のマップを残しており，そのマップを以下に示す（図11.2から図11.4までの3つの図を指す）．なお楕円で囲まれた部分は，文章上の仮説の修正があった部分と関係が深いと思われる部分を示したものである．

被験者が作成した図11.2の問題構造図（その1）は，被験者自身で2つの文献をマップし，出現頻度の高い部分を表示したものである．この問題構造図の中には，「気候変動」にあたる climate change, 生物の種類を現す species がシステムによって生成されていることがわかる．問題構造図（その2）には，生物多様性を意味する biodiversity と絶滅を意味する extinction が表示されている．さらに問題構造図（その3）には，species と汚染を意味する contamination が連結して示されている．これらは被験者が実験2でおこなった仮説の修正に直接影響を与えているものである．

また仮説に追加された要因とは直接の関係は薄いが，contamination は生息

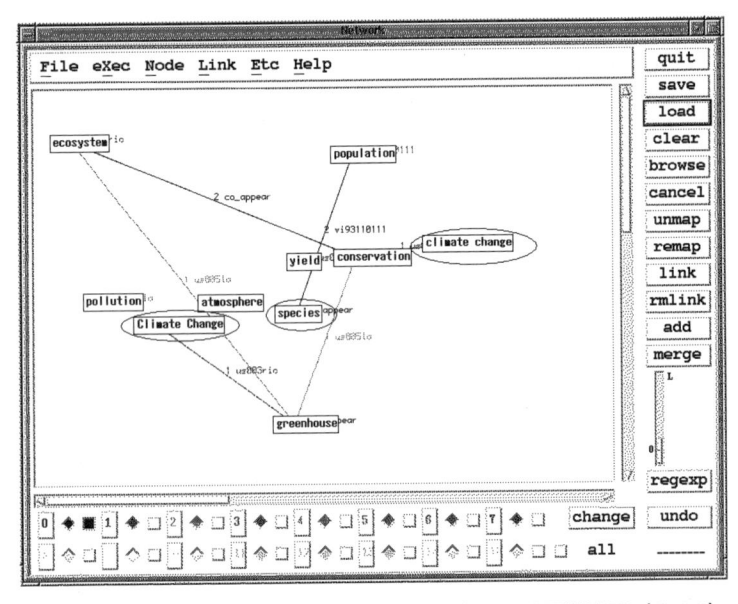

図11.2 被験者*F がシステムを利用して作成した問題構造図（その1）

第11章 問題発見支援への試み

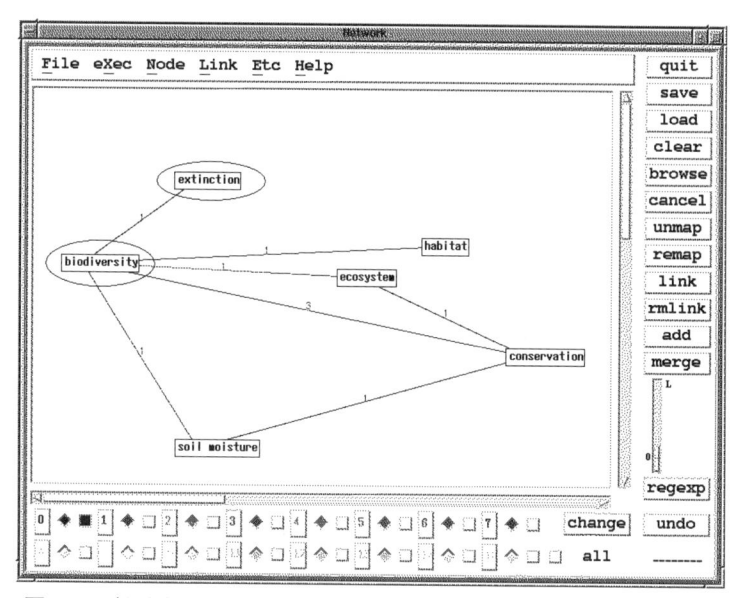

図11.3 被験者*F がシステムを利用して作成した問題構造図（その2）

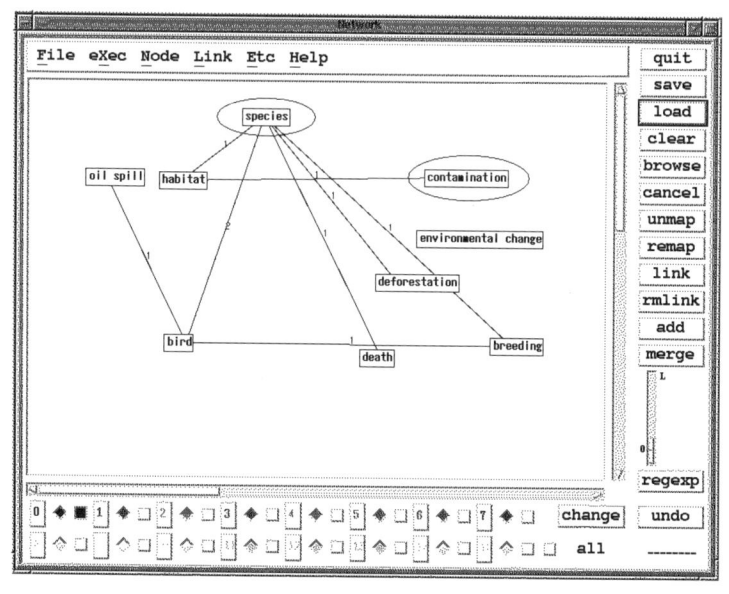

図11.4 被験者*F がシステムを利用して作成した問題構造図（その3）

203

地を示す habitat と連結しており，汚染による生息地の破壊や減少を示唆するマップが表現されており，被験者は自分でまとめた仮説と一致する部分が生成されていることに気づくことになった．またこの問題構造図は，この後に示す検索履歴から，少なくとも vi93110111.html, us003rio.html, us005la.html の3つの文献を一緒にマップしていることがわかる．

(3) キーワードインデックスと検索履歴の分析

　被験者*F にとって，これまでの部分は主にシステムが生成したマップを操作していて，新たに仮説に追加すべき要因に気づいたものである．この被験者からは，キーワードインデックスを活用して，新たな視点を見いだしたという意見も同時に得られた．それは「キーワードインデックスを読むうちに，汚染が生物の繁殖能力を弱め，強いては生物多様性を減少させることに気づいた」というものである．

　キーワードインデックスはシステムが自動的に生成しているインデックスであり，開発したシステムの検索機能の一部を構成している．このインデックスをブラウズすると，システムが自動的に被験者の検索履歴を採取するようになっている．この検索履歴から被験者がどのキーワードインデックスを参照したかを調べることができる．

　図11.5に被験者*F の検索履歴を示す．この検索履歴を見ると，被験者は biodiversity のキーワードインデックスを，重点的に繰り返し調べていることがわかる．次に図11.6のキーワードインデックス（図11.5では biodiversity.html のファイル）の内容をシステムを使って表示させた結果を示す．

　図11.6のインデックスを見ると，一番上の楕円で囲まれた文献のタイトル部分から，「汚染が森林にダメージを与える」ことがわかり，2番目の楕円の部分の文章で，「港の生物多様性を脅かすことになる」ことが示されている．被験者が検索したキーワードインデックスは，図11.5の検索履歴に示したように biodiversity だけであること（図11.5では linkfile がキーワードインデックスを示す）から，図11.6に楕円で囲んだ部分が被験者の仮説生成に影響を

第11章 問題発見支援への試み

```
(1) worktitle.html
(2) workhtml/vi949495.html
(3) workhtml/vi949495.html
(4) workhtml/vi949495.html
(5) workhtml/vi949495.html
(6) worktitle.html
(7) workhtml/vi949495.html
(8) wordlink.html          ==> キーワードインデックスの一覧リスト
(9) linkfile/biodiversity.html  ==> キーワードインデックス
(10)workhtml/vi93110111.html
(11) workhtml/vi93110111.html
(12) linkfile/biodiversity.html ==> キーワードインデックス
(13) workhtml/vi93108109.html
(14) linkfile/biodiversity.html ==> キーワードインデックス
(15) workhtml/vi93108109.html
(16) linkfile/biodiversity.html ==> キーワードインデックス
(17) workhtml/us007bolivia.html
(18) linkfile/biodiversity.html ==> キーワードインデックス
(19) workhtml/us003rio.html
(20) linkfile/biodiversity.html ==> キーワードインデックス
(21) workhtml/us005la.html
(22) workhtml/us005la.html
(23) linkfile/biodiversity.html ==> キーワードインデックス
(24) workhtml/vi94128129.html
(25)workhtml/vi94128129.html
(26) workhtml/vi94128129.html
(27) workhtml/vi94128129.html
(28) linkfile/biodiversity.html ==> キーワードインデックス
(29) workhtml/vi94128129.html
(30) workhtml/vi94128129.html
```

図11.5 被験者*F の検索履歴

図11.5は被験者*F の検索履歴である．図の履歴から被験者は，キーワードインデックスと文献を交互に検索していることが分かる．

```
[ TITLE Index || AUTHOR Index || FIGURE & TABLE Index ||
================================================
KEYWORD Index || JOURNAL Index || HELP ]
================================
  
RELATED ARTICLES and SENTENCES to "biodiversity"
==========================================

  Air Pollution Damaging Forests
========================

Number of related lines = 1

Taken together, these direct and indirect pressures threaten not only future
wood supplies, but the ability of forests to protect watersheds, stabilize soils,
and harbor biodiversity .

Birds Are in Decline
========================
```

図11.6 キーワードインデックス (biodiversity) の一部

図11.6にキーワードインデックス (biodiversity) の一部を示す．実際のインデックスは，biodiversityが含まれる7つの文献タイトルと該当するセンテンスが表示され，それぞれの文献にリンクが張られている．

与えた部分であると言えそうである．また直接的なつながりではないが，「Birds Are in Decline」という文献のタイトルも，キーワードインデックスに出現しており，被験者が「生物の繁殖能力を弱め」と考える部分の根拠や「生物多様性の減少」と考える一つの根拠になっていると思われる．このようなシステムの支援効果によって，この被験者からは「実験1では考慮されていなかった要因が仮説に追加された」という結果を得ることができた．

(4) 問題発見における認知構造の変化

これまでの分析結果のまとめとして，2つの実験における被験者*Fの認知構造のマップを作成して可視化し，その変化を調べる．

2つの認知マップを比較すると，実験1では全体が一つのグループになっているが，実験2では2つのグループに大きく分かれることになった．2つのグループをつなげている「対策」という用語は，仮説のタイトル部分に使われているものである．被験者は実験1の仮説から余分と思われる表現を削除しており，文章全体では文字数は減少しているが，重要な用語の数は変化していない．このことが仮説の精緻化につながり，対策の部分がほぼ独立した認知構造となってマップの変化に反映していると言える．

2．被験者*C（地球環境関係）

次に取り上げる被験者も，地球環境問題を研究する博士課程の院生である．被験者*Cは，地球環境問題とライフサイクルアセスメントを研究しており，研究期間は5年程である．現在の研究の段階としては，特定の研究方法に基づいて成果を出そうとしているところである．また実験を行なった時期ではMosaicやNetscapeなどはほとんど利用した経験がない．

実験1の課題2における被験者*Cの仮説は，文献の中の図表に示されている統計の傾向や，被験者自身の専門領域における知識などから，因果関係を推測しながらまとめられている．例えば被験者は，「エネルギー価格が上昇すれば，タバコの例からも明らかなように何らかのインセンティブが働くのも間違いない．そのパスは何なのだろうかと思った．土木や建築というのは，自分の専門領域から．交通に関しては（Mosaicに用意した文献の中に）交通のカテゴリーがあったのでそうではないかとふと気になった」というように考え，初期仮説をまとめている．

また作成した初期仮説の正しさについて，「価格が上昇すると，消費量が減るということ自体，一般的に言われていることではあるが，確信もないし，例も限られている．まして，間接的にエネルギー消費量が削減され，しかもそれ

実験1　NCSA　Mosaic の利用

実験2　開発したシステムの利用

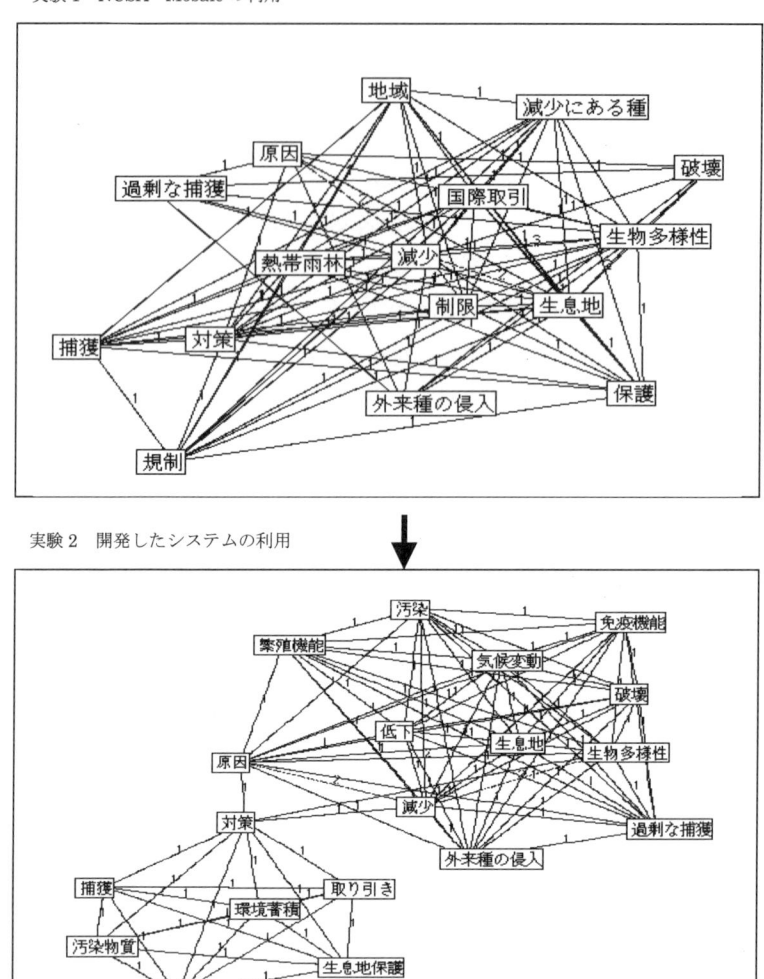

図11.7　問題発見における被験者*F の認知構造の変化

がどの分野に生じるかというのは，論文のインデックスを参照した程度では何ともいえない」という意見である．実験1ではMosaicの機能とタイトル，著者，図表のインデックスが主なシステムの機能であるが，被験者は「システム

の構成を認知するのにかなりの時間がかかった」という印象を持った．反面では，「グラフなどがすぐに呼び出せるところは非常に役に立つ」と感じている．

(1) 仮説の文章上の変化

本実験の中では，実験1と実験2をとおして，仮説が全く新たに生成された例は少ないが，この例はそのうちのひとつであり，最初1つだけだった仮説が新たに5つに展開されている．実験1と実験2で被験者の仮説は大きく変化し，全くことなる仮説としてまとめられている．この被験者の場合は，[課題1]における仮説の増加率も，他の被験者に比べて相対的に高い値を示している．被験者*Cは，図11.8のように仮説を変化させているが，それらはアンケートへの回答から，

(a) システムが提供する類似度の高い文献を読んでいて思いついた
(b) 表示している文献をマップし，専門用語のつながりを見ていて思いついた
(c) 複数の文献をマップし，専門用語のつながりを見ていて思いついた
(d) キーワードマップを使っていて，マップを作成していて思いついた

など，開発したシステムの機能によって思いついたという回答が得られた．被験者*Cの仮説の文章上の変化を，図11.8に示す．

(2) 被験者*Cが作成した問題構造図

被験者*Cは2つの実験をとおして，2枚の問題構造図を作成して残している．これらの問題構造図が実験2における[課題2]の仮説をまとめるときに使われ，まとめた仮説と多くの点で関連性があることを指摘することができる．被験者*Cがシステムを利用して作成した問題構造図を，図11.9（その1）および図11.10（その2）に示す．

被験者*Cの策定したテーマは，「タバコの価格と消費量の例から，経済的手法がどの程度有効なのか，どのように社会的資源利用効率性を向上させる

実験1　Mosaic の利用

> 　タバコの価格と消費量の例から、経済的手法がどの程度有効なのか、どのように社会的資源利用効率性を向上させることができるのか。
> 　エネルギー価格を上昇させても、直接的にエネルギー消費量は削減されない。なぜなら、現在の先進国諸国における人間活動の大部分はエネルギー消費によって成立しているからである。従ってエネルギー価格を上昇させれば、間接的なエネルギー消費量のうち、効率化の図れる部分で削減されることになろう。その一番大きな部分は、建設・土木と輸送の部分ではないだろうか。

↓

実験2　開発したシステムの利用

> 　タバコの価格と消費量の例から、経済的手法がどの程度有効なのか、どのように社会的資源利用効率性を向上させることができるのか。
> (i) タバコの税率を上昇させることは、タバコの消費量あたりの国の収入を上昇させることになる。消費量が減少することで、国の利益がプラスになるのかマイナスになるのかは、微妙なところである。
> (ii) エネルギー価格を上昇させる場合、どのように上昇させるかが一つの重要な課題となる。国際的な炭素税で行うと、その税収をどうするかという問題が発生する。フロンの削減のための税は、代替フロンへの促進に使用されたが、炭素税の収入の場合も、エネルギー効率などの資源利用効率の高い整備投資に使われることなどが考えられる。これによって円滑に社会的資源利用効率が向上するだろう。
> (iii) 課題1でも述べたように、石油全体に課税することは、経済全体に関わることであり環境の原則を振りかざしても、ＯＰＥＣ諸国や開発途上国に対する国際問題に発展しかねない側面を持っている。
> (iv) また、炭素税などの経済的手法が、世界経済に影響を及ぼすとすれば、時間的スパンを考慮することも必要となってくる。世界的なイニシアチブを持っている集団としては、アメリカ合衆国とヨーロッパを中心とするＯＥＣＤがあるが、どちらもエネルギーバランスの調査に力を入れているところが注目される。ＩＭＦなどの機関との連携により、経済的手法をより現実的な対応としてとらえることも必要だが、エネルギーデータベースを活用して、どの分野でエネルギー消費量削減を行えるポテンシャルがあるかを検討することが重要といえる。
> (v) どの部分でエネルギー消費量を削減できるかは、未知なる領域だが、どの分野で社会的効率性を向上させることができるかは重要な課題といえる。

図11.8　被験者*Cの仮説の文章における変化

ことができるのか」と言うものである．このテーマに添って新たにまとめられた仮説の中で，被験者が作成したマップと関係の深い部分を抽出してまとめてみる．仮説の数については，被験者が1個から5個に増加したと回答し

第11章　問題発見支援への試み

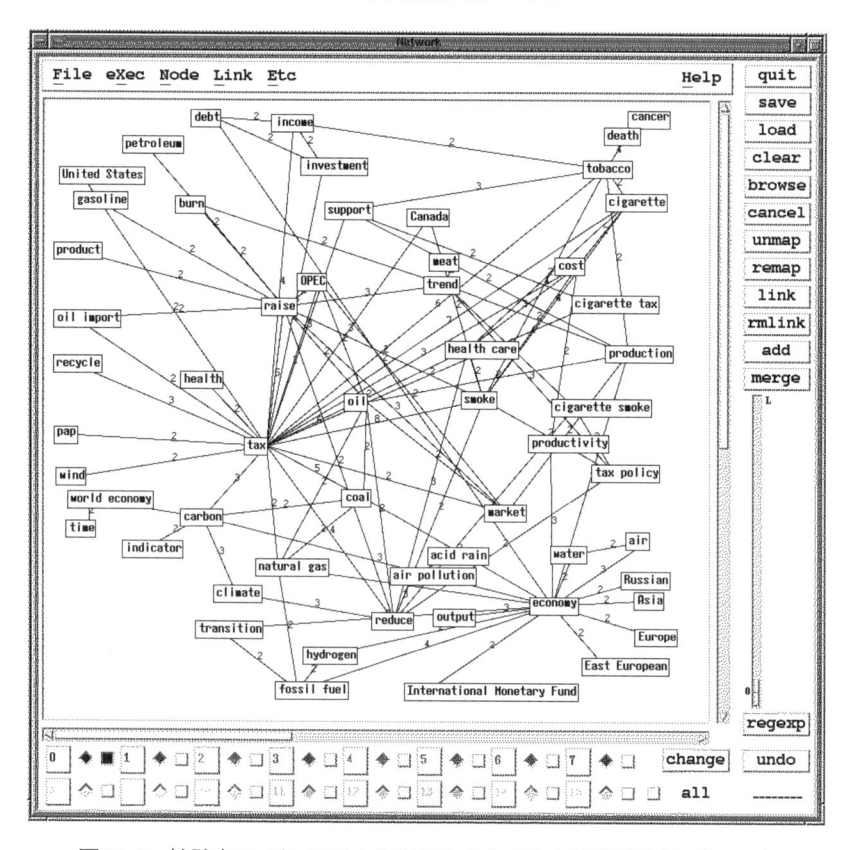

図11.9　被験者*Cがシステムを利用して作成した問題構造図（その1）

被験者*Cは，複数の文献を選んでマップし，出現頻度で絞り込むことによって，頻度が1の部分を削除してこのマップを作成した．

ており，文章の構成上も5つにはっきりと分けられている．

(i) 第1の仮説では，「タバコの税率を上昇させることは，タバコの消費量あたりの国の収入を上昇させることになる」という部分が，マップ（その1）では，

　　tobacco ⇒ tax ⇒ raise ⇒ income

というリンクで結合された部分と関係が深いと言える．

　また「国の利益がプラスになるのかマイナスになるのかは，微妙なところ

211

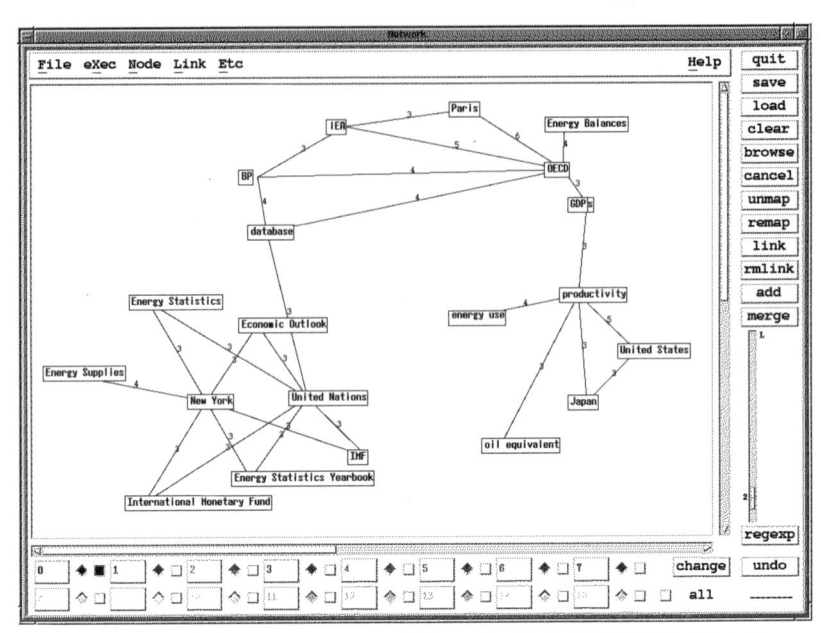

図11.10 被験者*C がシステムを利用して作成した問題構造図（その2）

である」という部分は，

 income ⇒ debt ⇒ economy

のようにリンクされた部分と関係がありそうである．また economy は，この先で

 production ⇒ tobacco ⇒ income

につながっており，リンクによる循環を形成している．

(ii) 第2の仮説では，「エネルギー価格を上昇させる場合，どのように上昇させるかが一つの重要な課題となる」という部分は，問題構造図（その2）に，

 energy use ⇒ productivity ⇒ oil equivalent

などの部分や，Energy Supplies が New York, IMF, United Nation などと連結しており，システムが生成したマップは，エネルギーの供給が国際的に重要な問題であることを示唆している．また問題構造図（その1）に出現している oil は，

oil ⇒ production ⇒ economy

と連結しており，経済的に重要な課題であることが示されている．

また「炭素税の収入の場合も，エネルギー効率などの資源利用効率の高い整備投資に使われることなどが考えられる」という部分は，問題構造図（その1）にtaxにつながったリンクの中で，

carbon ⇒ tax ⇒ income ⇒ investment

というように表現された部分があり，被験者の仮説との関連性を指摘することができる．

(iii) 第3の仮説では，「石油全体に課税することは，経済全体に関わることであり環境の原則を振りかざしても，OPEC諸国や開発途上国に対する国際問題に発展しかねない側面を持っている」という部分がある．この部分は問題構造図（その1）に描かれている

oil ⇒ tax ⇒ economy

のリンクと関係がある．またリンクで結合はしていないが，world economyは間接的な表現として，OPECは明らかに直接的な表現で関連していると言える．

(iv) 第4の仮説では，「炭素税などの経済的手法が，世界経済に影響を及ぼすとすれば，時間的スパンを考慮することも必要となってくる」という部分が，問題構造図（その1）では，

carbon ⇒ tax ⇒ economy ⇒ world economy ⇒ time

というリンクで結合された部分が，仮説の文章における単語の出現順序に近い表現となっていることがわかる．さらに「世界的なイニシアチブを持っている集団としては，アメリカ合衆国とヨーロッパを中心とするOECDがあるが，どちらもエネルギーバランスの調査に力を入れているところが注目される」という文章は，問題構造図（その2）の右側の部分に，

United States ⇒ productivity ⇒ GDPs ⇒ OECD ⇒ Energy Balances

という部分に関係していると思われる．さらにこの部分は，「IMFなどの機関との連携により，経済的手法をより現実的な対応としてとらえることも必

要だが，エネルギーデータベースを活用して，どの分野でエネルギー消費量削減を行なえるポテンシャルがあるかを検討することが重要といえる」と続いていく．この部分は問題構造図（その2）のなかで，左側の部分に関連したリンクが生成されている．つまり，

　　IMF　⇒　United Nations　⇒　database

というつながりと関係が深いと言える．またこのリンクの周辺には，Energy Statistics, Energy Supplies などの用語が出現しており，被験者の仮説の内容に関係があると言える．

(v)　第5の仮説では，「どの部分でエネルギー消費量を削減できるかは，未知なる領域だが，どの分野で社会的効率性を向上させることができるかは重要な課題といえる」と仮説が述べられている．この部分では，問題構造図（その2）に出現している energy use という用語が「エネルギー消費量」と明示的に関連している．

　被験者*C は，本システムを利用しながら，以上の仮説をまとめた．その際に2つの問題構造図を作成したが，仮説とシステムの支援によって作成した問題構造図との間には，いくつもの関連性を見いだすことができた．これは開発したシステムが被験者に与えた効果として認めらる点であるが，いくつか問題もある．

　この被験者はマップを操作する作業をとおして，仮説が正しく精緻化されたかどうかという質問に対して，[課題1]で問題が指定されたときは，「いろいろなことを考えるようになった．一つのことがらからイメージが広がっていき，問題対象の限定や位置付けがしやすくなった」という意見である．しかし[課題2]において任意な課題を行なった後は，「考えがまとまったかというと少し気になる．いろいろなことを思いついたのはいいが，キーワードの関連が実際の関連と同じかどうか疑問がある．画面上でキーワードがつながっている場合は関連事項と解釈し，論理を組み立てるようになる．情報量が多くなった分人間の情報処理が追いつかなくなり，無関係のことも書い

たような気がする．時間が無限にあればゆっくりと考えることもできるが，限られた時間では仮説を構築するのが逆に難しくなるような気がする」という感想を抱いた．

被験者の感想を再検討してみると，本システムが提供しているのは「いろいろなことを思いつかせる」ことと，その思いついたことを文章化する支援効果にあると考える．アンケートへの回答から仮説と思われる部分の数は，この被験者の場合は1個から5個へ増加したと自覚しているが，厳密な意味での仮説になっているかどうかは被験者自身も疑問を感じている．従ってこの被験者の場合だけでなく，他の被験者にもいえることではあるが，厳密な意味で仮説が増加したと考えるより，システムから得られた情報をもとに，アイディアをまとめて文章を組み立てやすくなったと解釈したほうがよい．本システムにとって重要なことは，いろいろなことを思いつかせる情報と，それを文章化しやすくする構造を提供していることにあるといえる．この効果は仮説生成支援の範囲を広くとらえて進めてきた本研究の目標の一部を達成している．

11.7 本章のまとめ

問題解決は，問題を正しくとらえることから始まる．問題は誰にも同じように認識されるとは限らないし，種々の要因が複雑に絡んでいて，容易にはその因果性，相互関係がつかみきれない．原因や根拠・背景といったものにも多角的に検討を加えて行かなくてはならない［上野83］．地球環境問題はまさにこのような問題の考え方が必要な典型的なものである．

本章では，現実的な地球環境問題を対象に，専門家のグループと非専門家のグループを対象に，問題発見支援の実験を行ない，開発したシステムの可能性をまとめた．定量的な分析結果からは，専門家と非専門家の問題発見の一つの特徴を発見した．結論的に言えば，専門家は非専門家よりも問題発見能力が高いことを示す定量的な分析結果が得られた．これは実験システムの開発による2次的な成果として得られたものである．

また定性的分析においては，被験者全員の定性的分析を報告することはできなかったが，特徴的な被験者の分析結果を紹介した．これらの定性的分析から，被験者の作成した仮説には，システムの支援効果がはっきりと現われている．

　次章ではこれらの実験結果をもとに，研究全体の評価を行なう．

第12章 評　価

12.1　今後のシステムに必要な機能

　システム開発では，中心となる利用者の意見を取り込み，システムの機能に反映させることが重要である．特に発想支援システムの開発では，ユーザインタフェースの善し悪しが，直接利用者の思考に影響を与えるため，実験による評価によって，利用者の意見を取り込むことが必要であると考える．ここでは今後のシステム開発の参考にするため，実験の最後に，今回の2つの実験をとおして，仮説の作成を支援するために今後どのような機能を付け加えるべきかについて，被験者の意見を求めた．今後のシステムに必要な機能についての，アンケートの集計結果を表12.1に示す．

表12.1　今後のシステムに必要な機能

[質問12.1] この2つの実験をとおして，仮説の作成を支援するために今後どのような機能を付け加えるべきでしょうか．（複数選択可）					（回答総数18人）	
	地球環境 (7)		情報工学 (11)		合　計 (18)	
選　択　肢	人数	割合	人数	割合	人数	割合
(1) 自動翻訳機能	4	0.57	6	0.55	10	0.56
(2) 自動要約機能	2	0.29	7	0.64	9	0.50
(3) 自動的に知識の階層構造を生成するような機能	6	0.86	4	0.36	10	0.56
(4) 図表からも分析データを抽出するような機能	1	0.14	4	0.36	5	0.28
(5) その他	2	0.29	1	0.09	3	0.17

　被験者全体では選択肢のうち，自動翻訳機能，自動要約機能，自動的に知識の階層構造を生成するような機能の3つが，ほぼ同じ支持率となり50％を

越えている．自動翻訳機能については，文献が英語のため止むをえない面もある．地球環境研究の関係者でも「言語の壁は厚い」と感じている被験者がおり，実験では英語辞書も自由に使ってよいことにしていたが，実験ということで時間的な制約もあり，文献を深く読む時間的な余裕がないことが原因であると思われる．

次の自動要約機能についても半数が要望しており，「タイトルの索引と論文の間に要約があるとよい」いう意見があった．今回のシステムには要約機能は用意されておらず，今後課題となっている．概念ネットワークのマップデータの生成に関連して，長い論文を複数組み合わせると，生成されるデータが多くなることが多い．このような場合，現在は全体的な出現頻度で絞っているが，あまりにも抽出されるデータが多い場合は，本文の代わりに要約を使うことも考えられる．

また自動的に知識の階層構造を生成するような機能については，やはり半数以上が要望しており，現在の概念ネットワークが，関連性を全てリンクによって連結してしまうため，かえって認知的な負荷を被験者に与えてしまうことが原因である．システムが可能性のありそうなものを全て連結してしまう点に一つの問題点がある．「キーワードの重要性」が指摘され，「知識の階層化が行なえればさらにわかりやすくなる」と地球環境関係の被験者は評価している．

マップの初期配置との関連では，「最初のマッピングに意味が持たせられれば，かなり違った高度なもになるのではないかと思う」という意見もあり，初期配置の見やすさに加えて，それに何らかの意味が入れられるかどうかの可能性を検討すべきと思われる．また初期配置を自動的に見やすく行なうためにも，自動的な知識の階層構造の生成は一つの方法であると考えられる．これはデータベースからの知識発見とも関係のある課題である[大須賀93b]．

以上のほか，複数のマップを作成した被験者から「個別に整理されたマップどうしをマージする機能が欲しい」という意見があるが，これは被験者の新たな認知構造の形成支援として効果が期待できるものの，今回のシステムでは実現できなかった．また「自分で文章を作成して，それと他の文献の間

にどれほどの共出現があるのかを計算する機能．文章でなくても単語の羅列でも役割を果たす」という意見が得られた．これについてはシステムの言語と利用者の言語が一致すれば，問題は少ないと思われ，実現の可能性は高い．

またアンケートで意外に支持率が低かったものに，図表からも分析データを抽出するような機能という項目がある．この支持率が低い原因として考えられるのが，仮説を生成する場合の思考方法にあるのではないかと思われる．つまり仮説を生成するということは，被験者が問題に対して，思ったことや考えたことを，言語化する作業を行なうことであると考える．図表には，言語的な部分が少ないため，発想を促す効果はあっても，言語化を支援し，仮説をまとめるような作業の刺激には意外に向いていない面があるのかもしれない．図表を見ながら，思考の言語化を行なう場合と，文章を読みながら思考の言語化を行なう場合には，思考のメカニズムに違いがあるものと思われ，これらの疑問点の解明は今後の課題である．

12.2 システム全体に関する評価と問題点

本書では，これまでに概念ネットワークを自動生成することによって，問題構造を視覚化支援するための，システムの実験と考察について述べてきた．ここでは2つの実験をとおして得られたシステム全体に関する意見から，主な問題点と評価をまとめる．

1．実験時間について

本実験は，システムを利用した思考過程を，定性的側面と定量的側面の両方から把握するため，Mosaicとの比較実験によって行なったが，非常に作業量の多い実験となり，実験時間も長時間におよぶことになった．実験時間は一応の目安は示しているが，被験者の自由にしてよいことにした．地球環境関係の被験者では，2つの実験を行なうために短い場合で約4時間，長い場合で約7〜8時間を必要とした．

情報科学・情報工学関係の被験者の場合は，全体的に実験時間が地球環境

関係の被験者より若干少なく済んでいる．

　時間が必要になった原因は，実験自体の作業量が多い，マップの操作に時間がかかる，質問用紙の回答を文章でまとめるのに時間がかかる，英語の文献を読むのに時間がかかるという4点にある．実験の方法についても今後の検討が必要である．

2．システムの習熟について

　地球環境関係の被験者は，本システムが動作するワークステーションになれていないため，システムになれるのに時間がかかる被験者が多い．また，見やすく整合性のあるマップを作成するために，システムが全体的に多機能化している．地球環境関係の被験者の場合は，自分なりに有効に活用できる状態になるためには，数時間を要する場合があるように見受けられた．これは今後のユーザインタフェースを検討する場合に，システムの使いやすさという観点から考えねばならない点である．

3．システムの知識ベースについて

　現在知識ベースに蓄積されている論文については，その量と質においていまだ大規模かつ多様であるとはいえない．本システムの知識ベースについて，35％の被験者が文献量の不足を感じている．これはシステム上で文献を読めるようにするために，現状では手間がかかるという問題と，実験の目的にあった文献を入手することが意外に困難であったことによる．

　収集した論文は，地球環境問題の概論的なものが多く，専門家にとっては限られた支援だけになっているという指摘がある．しかし，非専門家に対しては効果があるという意見も同時に得られている．この問題については，今後も論文の収集と蓄積を続ける一方で，論文の概要などを集めたデータベースの利用についても検討することが必要であろう．

　また本システムの場合は，データベースなどから利用者が必要な文献をある程度集めた状態を想定しており，手当たり次第に論文を集めるのではなく，論文の数よりも利用者の目的に合わせて，必要としている内容の文献を集め

ることが重要であると思われる．また論文を収集するための支援機能が，実験ではMosaicだけであり，今後の対応が必要になっている．しかしインターネットの爆発的な普及により，より多くの学術論文が公開されるようになり，それに伴い検索機能も充実しつつある．今後は文献の数が足りないということは，大きな問題ではなくなるであろう．

4．キーワードマップの処理時間について
　「キーワード検索は，実用的に使えれば，強力なツールになると思った」という地球環境関係の被験者の意見が得られているが，これは現在のキーワードマップはその効果が期待できる反面，時間がかかるという指摘である．これ以外のマップ機能は，待ち時間が長くても数十秒以内に納まっており，ほぼユーザの要求を満たしていると思われ，待ち時間に対する不満はほとんど出されなかった．
　しかし，キーワードマップは，ユーザの要求を取り入れるため，前処理をほとんど行なっていないため，マップに必要なデータの生成に時間がかかっている．これについては処理手順や使用している言語の見直し，アルゴリズムの改善などの対処が必要である．

5．マップされた概念ネットワークについて
　概念ネットワークのマップについて，複数の被験者から，「原文を読まなければならない部分はほとんど変わっていない」という意見が出された．しかし「現段階では文献は読まざるを得ないが，マップは文献の検索およびすでになんとなくわかっていることがらに対して，目に見える形の理解の促進として役立っている」ことも被験者の意見から確認されている．
　今後のシステム開発の方向に関連したことでは，「マッピング機能がもっと有効に機能するようになれば，原文に当たらなければならない仕事量は大幅に減少する可能性がある．なぜなら，マッピング機能が的確に数々の文章の骨格を自動的に明らかにするものに発展していけば，究極的には，マップを見れば文章の内容は大体分かる，ということになるのではないか」という意

見が得られ，今後の研究方向を考える上での重要な示唆が得られた．

これはマップに対して被験者の期待があるものといえる．また「現段階でも，文章の構造をマップさせることはおおむね可能であると思われるが，それには多少の作業時間とこつが必要なのが現状での問題点であるように思った」という意見も得られた．マップだけを作成する場合の作業時間は，手作業よりも手間がかかることはすでにふれたように，他の実験で確認されている［小山92］．今後はこの時間がかかる点をどのように改善するかを検討する必要がある．

6．初期配置支援とグループ化支援について

マップの操作に時間がかかるという問題，および初期配置とグループ化をどうやって支援するかは，関連性のある問題で，本システムのように多量のデータをマップ上で操作する場合は重要なことである．マップを作成することは，本研究の主たる目的ではないが，マップに仮説を生成するための効果が期待できるなら，今後の研究方向としてさらに初期配置支援やグループ化支援について検討を加えることが必要になる．

地球環境関係の被験者は，「欲しいものを的確に絞って行くには，うまくキーワードをかけていくことと，実際に目で見て不要なタームを落としていく手作業が要求される．現行のこの試行錯誤的なやり方でも，慣れてくればそれなりに素早く作業できるようになるのだろうが，この辺を自動化できれば，文句のないナレッジ・マッピングシステムができるのだろうと思った．これが『自動的に知識の階層構造を生成』ということになるだろう」という意見を抱くに至った．

この意見の中には発想支援を考える上で慎重に検討すべき問題がある．本システムの目的は，見やすいマップを作成することではなく，マップを操作することによって，問題を考える刺激や素材を利用者に与えることにある．初期配置のマップに認知的な負担が大きいという意見から，何らかの改善を行なう必要があるが，現在のシステムでは完全に問題構造を視覚化することは難しい．またシステムが提案したものがそのまま利用者の考えになるので

はなく，最終的に考えをまとめるのは被験者が行なうべきであると考える．

　これは最初から見やすいマップを提供すると，専門家に対して効果があるかどうかという問題とも関係している．システムでは最初から出現頻度の高い部分をマップすることができるが，この部分は専門家にとっては常識的な知識のつながりとなり，刺激を受ける効果は少ない．従って重要な部分を考える場合には，出現頻度に頼らない方法が必要である．

　本システムでは，この部分に専門用語の辞書を使い，重要な部分を抽出することを行なっている．現在頻度の低い重要な部分をどのように取り出すかは，そのキーワードで検索するか，関連したキーワードのつながりとして二次的に検索されるか，のどちらかになる．最初からキーワードを利用者が知っていると発見的な支援にはならないので，関連したキーワードに付随したものも，利用者が取り出せる機能が重要になる．

　現在のシステムでは，最初のマップで全体的なマップを作成し，その中のデータを使って部分的なマップを描くという使い方ができる．この方法で複数のマップを同時に画面上に表示し，頻度の低い重要な部分を取り出すことができる．しかし，このような操作を行なうためには，ある程度システムを使いなれることが必要である．

　また，自動グループ化には利用者の認知的な混乱を引き起こす危険性も伴う場合がある．システムが行なうグループ化の中に不適切な部分や，利用者の認識と合わない部分がある場合，利用者が混乱したり，無駄な試行錯誤を繰り返させたりすることになり，良い結果が得られるとは限らない．地球環境関係の被験者の一人は，「のめり込むと使う時間の割りに成果が少ないということにもなりかねない」ということを感じている．

　自動グループ化には，利用者を一定の思考形式にはまり込ませたり，それまでとは全く別な思考状態に飛躍させるなどの，危険を伴う可能性があるといえる．また逆に利用者の状態をモニタしながら，自動グループ化機能を上手にコントロールすることによって，さらに優れた発想支援機能を実現する可能性も高いといえる［堀93，堀94b，堀95］．

　本システムでは，自動グループ化を文章単位に考えており，初期配置の中

で行なっているが，問題構造との関係からどのように配置するのが適当か試行錯誤の段階である．問題解決に対して認知のきっかけを与えることは，必ずしも有効であるとは限らず，思考のさまたげになることも想定され，この点は今後の研究が必要である．

7．仮説を作成することについて
　日常生活において，我々は仮説を立てるということをほとんど意識しないで行なっている．そのため実験用のアンケートには，仮説を作成することについて「問題解決を行なうために，考えたこと，思ったことのように考えてください」ということを明記している．しかし，実験1の段階で，「仮説を立てるということは難しい」という意見や，「自分で仮説を生成するのは文献を読むより思考を必要とする」という感想が寄せられていた．
　また「仮説を生成するというイメージがいま一つよくわからなかった」という意見や，「仮説を考えるという表現は，かなり抽象的で，いいたいことはわかるような気がするが，実際にどうすればいいのか，かなり戸惑った」という意見が寄せられた．仮説をまとめることに対して複数の被験者から疑問がある反面，ほとんどの被験者は質問用紙にそのまま回答している．また情報科学・情報工学関係の被験者から，「いずれにしても，仮説生成は，単に頭の中だけで行なうよりも，今回の実験のように，情報検索の中で，インタラクティブに行なう方が，よりうまく行くことが実感できた」というシステムの効果を肯定する意見が得られた．

8．システムの活用方法について
　本システムをどのように活用するかは利用者の自由であるが，活用方法についていくつかの意見が得られた．例えば，「広範囲に文献を探索して，ともかく何が書いてあるのかを一目で確認したいときや，それをまとめて文章を書くような仕事をする際には，この実験2のようなマッピングができると作業がずいぶん楽になるし，人が思いこみを起こしているときにありがちな重大な誤りを起こしにくくなるように思われる」という意見が得られたが，こ

れは複数の被験者が思い付いた活用方法である．

またこの文章をまとめるという支援効果と関連して，「みんながこれを使えるようになると，文献調査のスタイル，またレポート書きのスタイルは大きく変わるように思えた．勿論，これができるようになるためには，実験1のように情報が（しかも全文情報が）ネットワーク上で取得できるのが前提であるが，例えば要旨情報だけでも手にはいるのであれば，このようなシステムを使っていくことは可能であろう」という見方もあり，全文が手に入らない場合でも，要旨情報だけでもどのようなマップが生成されるか，検討してみることが必要かもしれない．

また，システムが自動的に知識の階層化までできるようになれば，「本当にここまで高精度にできるようになると，得られたマップを文章化するのは不可能ではないだろうから，そうすると人間の仕事はなくなってしまいそうである」ということを思う被験者がいたが，今後のシステム開発がどこをめざして行なわれるべきかという課題と関係している．

研究者を対象とした支援システムの開発を行なう場合は，研究者の発想方法などを調べるだけでなく，研究者の研究活動の仕方や社会的な活動なども考慮に入れる必要がある．地球環境関係の被験者は，「従来，電算機による文献検索システムがなかった頃は，研究者は一生かけて自分の研究領域の論文を買い集めたものである．そのような研究者の作業は現在では，データベースシステムによって瞬時に検索・入手できるようになった．しかし，真の研究者は，いかに問いを発見するかにあり，どれだけものを知っているかということだけではなくなった」という指摘をしている．

この指摘は本研究と無関係ではなく，問題発見支援の試みは本研究の主な目的として取り上げたが，今後の研究開発に期待されることが多い．

12.3　本実験の位置付けと考察

研究全体の中で，本実験を位置付けると，2つの側面から考えることができる．ひとつはシステムの性能評価に関連しての実験である．あとひとつは

被験者の認知心理学的な側面からの実験である．この2つの位置付けから本実験を考察することにより，研究全体のこれからの進め方を検討することが必要である．

1．システムの性能評価としての位置付け

　発想支援システムの性能評価を行なうため，被験者のまとめた仮説を定量的に分析した．仮説が全体的に増加傾向を示していることや，仮説の中に専門用語が増加していることなどから，発想を質的にも量的にも豊かにするという初期の目標はほぼ実現されたといえる．しかし定性的分析のなかには，同じ文献を2度読むことの学習効果が含まれているため，今後は学習効果を排除した実験の計画が必要である．

　そのため学習効果を取り除いてシステムの効果を検討するため，開発したシステムを利用して，被験者の仮説を定性的に分析する方法を考案した．その結果，システムが被験者の認知構造に変化を与えており，仮説をより精緻化する方向に支援する効果があることが明らかになった．これらの効果は，被験者がシステムの支援によって作成したマップや，検索履歴の分析などからはっきりと確認することができる．定性的な分析が可能になったことは，開発したシステムが，認知心理学的な知識表象や知識構造の分析のツールとしても，活用可能であることを示している．

2．認知心理学的な実験としての位置付け

　システムの性能評価を行なう段階で，実験に工夫を加えることにより，また開発したシステムを分析のツールとして活用することによって，認知心理学的な実験を行なうことが可能になった．被験者を専門家と非専門家の2つのグループに分けて実験を行なうことにより，これらのグループにおける，問題解決と問題発見のいくつかの特徴を見いだすことができた．また，被験者個人のデータを収集し，分析可能な手法を開発したことから，認知心理学の分野で行なわれているような，個人間における知識表象や知識構造の分析が可能になった．

第12章 評　価

　認知心理学における知識表象の研究は，すべての人に共通な知識や常識だけはなく，個人間の差を対象とするさまざまな研究が行なわれている［太田92］．個人間の差を扱うためには，個々の被験者の知識を表現するための，データ収集と分析および表現を行なう必要があるが，それらの方法論はまだ研究の途上にあり，さまざまな工夫と努力がなされている段階であるといわれている．本実験で示した方法と開発したシステムは，このような知識表象の研究分野にも，一つの方法論を提案しているといえそうである．

　しかし，認知心理学的な立場から，人間の問題解決における思考過程の支援として，本実験を位置付けるならば，まだ多くの問題点が残されている．本システムは知識ベースの内容を地球環境問題に設定しているが，他の分野の知識ベースをもちいた場合には，どのような効果を被験者に与えることになるか．また被験者の比較の組み合わせを，地球環境関係と情報科学・情報工学関係に設定したが，他の分野の被験者が行なった場合は，どのような結果が得られるだろうか．本研究を人間の思考過程における一つの支援方法として位置付けるためには，多くの分野でシステムを試してみる必要があると思われる．今回の実験ではこのような疑問に答えることはできなかったが，今後の課題として検討すべきであると考える．

12.4　本章のまとめ

　本章では，本研究の評価として，被験者のシステム全体に対する意見と評価を述べた．その中で今後のシステム開発に必要な機能として，自動翻訳機能や自動要約機能あるいは自動的に知識を体系化する機能などが指摘された．実際の開発では，これらの機能をどのように統合化するかが一つの課題になると考える．

　また本章におけるまとめの中から，被験者の意見を取り入れることで，開発したシステムの客観的な評価を行なうことができたと思う．システムの機能について，いくつか不十分な点が指摘されているが，これらについては今後の研究課題として取り組んで行くことにする．

さらに本実験は，システムの性能評価だけでなく，認知心理学的な側面からの実験として，位置付けることも必要であることを言及した．認知心理学的な側面から本実験を再検討すると，いくつかの点で今後解決すべき問題点が残されている．

　次章では研究全体の結論をまとめる．

第13章 結 論

13.1 研究の成果

本研究のきっかけとなった仮説は，人間の問題解決における思考過程を支援するためには，問題構造を視覚化することが一つの方法ではないかということにあった．この仮説に基づき，システム開発に必要となる体系的な枠組みをまとめた．そして枠組みに基づいたシステムを実現し，被験者による実験結果を分析することによって評価を行なっている．本研究で得られた成果は次のようにまとめられる．

1．問題構造の視覚化を実現するための基本的枠組みの構築

本研究では，問題構造を自動的に視覚化することが，問題解決支援における新たなアプローチであるととらえ，問題構造の視覚化の意義を論じた．問題構造を視覚化する目的は，利用者の仮説生成の支援にあると考え，問題構造の視覚化と仮説生成の統合化を行なった．さらに発想支援技術を結合することによって，仮説生成における新たな視点の発見を効率的に支援するための基本的な枠組みを構築した．

2．概念ネットワークの自動生成手法の開発

問題構造を視覚化するための方法として，概念ネットワークよる知識の表現方法を採用した．問題構造を利用者に分かりやすく表現することを目標に，文献から抽出した専門用語を利用して，自動的に概念ネットワークを生成する新たな手法を開発した．この方法によって，問題構造のつながりを視覚的に2次元空間に描画することができる．利用者は生成された概念ネットワークのマップを自由に操作することができる．またマップは複数の視点から生

成することができるようになっており，問題を多面的に把握することが可能である．このような手法によって利用者の問題構造に対する，新たな認知構造の生成支援が可能であることを論じた．

3．概念ネットネットワークと連結した発想支援法の開発

概念ネットワークとKJ法を連結することにより，自動的に生成された概念ネットワークのマップ上で，KJ法による発想支援活動が行なえることを可能にした．これらの手法の統合によって，収束的思考と発散的思考の両方を支援することが可能になった．またディジタル・ライブラリ機能を取り入れることによって，インターネットからの文献の収集を可能にし，ハイパーテキストによる連想的な検索を可能にしている．

4．仮説生成支援システムの構築

本研究において開発した仮説生成支援システムは，ディジタル・ライブラリ機能を基本としており，概念ネットワークの自動生成手法，KJ法支援機能，リンクの自動生成と検索機能，類似文献の提案機能，分析結果の表示機能などを統合して構築した．また図表を含む全文データの間にリンクを張りめぐらせた知識ベースを持っている．構築したシステムはこれらの機能が一体となって機能し，統合的な発想支援システムを構成している．

5．発想支援システムの性能評価方法の提案

本研究で開発した仮説生成支援システムの性能を評価するため，定性的に把握できる方法を提案した．定性的分析は開発したシステムをもちいて，被験者のまとめた仮説から概念ネットワークを生成し，認知構造の変化を調べることができる．

6．問題構造の視覚化に対する効果の検証

構築した仮説生成支援システムが，問題構造を視覚化する効果を持つかどうか，実験によって検証した．被験者をもちいて具体的な問題解決を行なう

実験を実施し，開発したシステムには，被験者が気づかなかった関係が表現されていることがあること，複数の文献にまたがる問題の関連性が分かること，キーワードに関連した問題の関連性が分かるなどの効果を持つことが確認された．

7．新たな認知構造の形成支援の検証

　システムが提供する問題構造の視覚化機能を利用して，被験者がどのようなところから新たな視点に気がつき，被験者の認知構造に影響を与えたかどうかを実験によって確認した．その結果，マップの専門用語のつながりを見ていて仮説の修正を思い付いた，類似度の高い文献を読んでいたら思い付いた，などの効果が確認できた．また概念ネットワークとKJ法の組み合わせによる支援効果には，発散的思考と収束的思考の両方が支援されていることが，アンケートの分析から明らかにできた．

8．問題解決過程への支援効果の検証

　本システムが実際の問題解決において，仮説の生成支援効果があることを実験によって検証した．実験の内容は具体的な課題について，仮説をまとめる作業を行なうことである．被験者全体を対象にした実験結果の定量的分析では，仮説の増加傾向が示されている．本システムの利用効果は，専門家と非専門家の両方に確認され，非専門家のほうが専門家よりも，利用効果が高いことが明らかになった．また個別の被験者の定性的分析から，被験者の仮説に加わった新たな専門用語や文章が，システムの効果によるものであることを検証することができた．

9．問題発見支援への支援効果の検証

　本システムを利用することによって，問題発見における支援効果が高まることを実験によって検証した．実験は具体的な課題を与えずに，問題の領域を地球環境問題に限定しておこなった．被験者全体を対象にした定量的分析では，仮説の増加傾向が示されている．また，本システムの利用効果は専門

家と非専門家の両方に確認された．また仮説の増加率は，専門家の方が非専門家よりも高いことが明らかになり，問題発見における専門家と非専門家の特徴的な違いが明らかにされた．さらに個別の被験者の定性的分析を行ない，システムの効果が，被験者の仮説の変化に影響を与えていることが確認された．

13.2 今後の展望

　いかに問題を考えるべきか，これは哲学的な課題でもあり，永遠に回答のないものかもしれない．発想支援システムの研究が人間の思考支援を対象とすると，人間というものはどういう方法で考えているのか，思考とは何か，思考のプロセスはどのようになっているか，などというような問題を考える必要がある．これらの問題は，古くから哲学者を悩ませてきた問題であり，いまだにその解明には至っていないのが現状であろう．

　本研究ではシステム開発の中心となる理論的な背景を，人間の問題解決における仮説生成と因果関係推論に求めた．それはこれらの方法を実現できれば，人間の思考と違和感のないシステムが開発できるのではないかと考えたためである．しかし，人間の思考方法は，これ以外にも演繹法や帰納法などもあり，その上まだよく分かっていない部分も多いといわれる．とにかく解明されている部分だけでも，発想支援システムの開発に利用しようというのが現在のやり方であるように思う．

　前章で述べたように，本システムにも改善すべき点はいくつも残されている．発想支援システムの開発では，利用者の思考を助ける優れたユーザインタフェースが求められており，この点に関連した研究は今後も続ける必要があると考えている．なかでも概念ネットワークの自動生成とマップの生成には，被験者からもさまざまな意見や要望が寄せられており，今後の研究開発が必要であると考える．

　また今回は英語の論文を対象に，地球環境問題を中心にシステムを開発してきたが，今回の枠組みを他の分野にも適用してみることも必要と思われる．これには短期間に効率良く大規模な知識ベースを構築する方法の開発も必要

である．また地球環境問題などでは今後も異分野間の研究の交流が続くものと思われ，異分野の研究者をどのように支援するかということも重要なことではないかと考える．

13.3 むすび

　本研究をとおして，人間の問題解決における思考過程を，コンピュータをもちいて支援するための，ユーザインタフェースの在り方について検討してきた．コンピュータで人間の創造活動を支援する研究の目的は，人間が行なう作業を単にコンピュータに肩代わりさせることではない．コンピュータを活用することによって作業そのものを変革し，人間とコンピュータが一体となった創造活動の支援システムを実現することにあると考える．
　発想支援システムを含めてこれまでに開発されたシステムの多くは，人間だけで行なう作業を，コンピュータに代わりに行なわせることによって，システム化したものであった．本システムは，概念ネットワークのマップのように，コンピュータとユーザが協調することによって，人間だけではできないことを実現していると考える．
　本研究はこのような点で，創造活動におけるマンマシンインタラクションについて，充分とはいえないが新たな提案を行ない，効果を検証することができたと思う．まだ多くの問題点も残されており，今後も長期的な観点で研究を進めていくべきものと考えている．
　本研究が，今後の創造活動支援に関する研究において，何らかの示唆を提供するものであれば幸いである．

参考文献

[ACM 98] "Toward a World Wide Digital Libraries," *Communications of the ACM*, Vol. 41, No. 4 (1998).

[Adam 95] Adam, N. R., Bhargava, B. K. and Yesha, Y. (eds.): Digital Library: *Lecture Notes in Computer Science 916*, Springer-Verlag, pp. 321 (1995).

[荒木 85] 荒木 峻ほか編：環境科学辞典, 東京化学同人, pp. 1015 (1985).

[Avouris 95] Avouris, N. M.: Cooperating Knowledge-based Systems for Environmental Decision Supports, *Knowledge Based Systems*, Vol. 8, No. 1, pp. 39–54 (1995).

[Bolter 91] Bolter, J. D.: *Writing Space – The Computer, Hypertext, and the History of Writing –*, Lawrence Erlbaum (1991). 日本語訳：ボルター, J. D. 著, 黒崎政男ほか訳, ライティングスペース―電子テキスト時代のエクリチュール―, 産業図書, pp. 452 (1994).

[Brodlie 94] Brodlie, K. W. (ed.): *Scientific Visualization, Techniques and Applications*, Springer-Verlag, pp. 284 (1994).

[Brown 93] Brown, R. L. (*et al.*): *Vital Signs: Trends That Are Shaping Our Future, 1993–1994*, Earthcan, pp. 150 (1993).

[Brown 94] Brown, R. L. (*et al.*): *Vital Signs: Trends That Are Shaping Our Future, 1994–1995*, Earthcan, pp. 160 (1994).

[Card 99] Card, S. K., Mackinlay, J. D. and Shneiderman, B.: *Readings in Information Visualization : Using Vision to Think*, Morgan Kaufmann, pp. 686 (1999).

[Davis 72] Davis, W. H.: *Peirces's Epistemology*, Nijhoff, pp. 165 (1972). 日本語訳：赤木昭夫訳, パースの認識論, 産業図書, pp. 288 (1990).

[Dobashi 92] Dobashi, K. and Terano, K.: How to Navigate the Naive User in Information Retrieval? : A case study, *Proc. of First Singapore International Conference on Intellegent Systems* (SPICIS '92), pp. 85–90 (1992).

[Dobashi 94] Dobashi, K., Hori, K. and Ohsuga, S.: A Way of Visualization of Problem Structure in Information Retrieval, *Proc. of International Federation for Information and Documentation 47th Conference and Congress*, pp.

	291–295 (1994).
[土橋 95]	土橋　喜, 堀　浩一：文献情報の分析による地球環境問題における関連構造の仮説生成支援について, 情報処理学会情報学基礎研究会論文集, 95-FI-39, 9–16（1995）.
[土橋 96a]	土橋　喜, 堀　浩一, 中須賀真一, 山内平行, 立花隆輝：ディジタル・ライブラリを活用した概念ネットワークの自動生成と問題構造の可視化支援, ディジタル図書館, No. 7, pp. 17–31（1996）.
[土橋 96b]	土橋　喜：概念ネットワークの自動生成による問題構造の可視化支援, PhD thesis, 東京大学大学院工学系研究科先端学際工学専攻, pp. 245（1996）.
[土橋 96c]	土橋　喜, 堀　浩一, 中須賀真一, 山内平行, 立花隆輝：概念ネットワークの自動生成による仮説生成支援システムの開発と評価―地球環境問題を例として ―, 1996年度人工知能学会全国大会（第10回）論文集, pp. 537–540（1996）.
[土橋 97]	土橋　喜, 堀　浩一, 中須賀真一, 山内平行, 立花隆輝：電子図書館における発想支援機能の評価方法, ディジタル図書館, No. 9, pp. 93–110（1997）.
[土橋 98a]	土橋　喜：地球環境問題における関連構造の可視化を支援する電子図書館の開発, 第4回社会情報システム学シンポジウム講演論文集, pp. 47–52（1998）.
[土橋 98b]	土橋　喜, 堀　浩一, 中須賀真一, 山内平行, 立花隆輝：問題構造の可視化による概念関係発見支援, 人工知能基礎論研究会第33回（人工知能学会研究会資料 SIG-FAI-9801), pp. 1–6（1998）.
[土橋 98c]	土橋　喜, 堀　浩一, 中須賀真一, 山内平行, 立花隆輝：文献からの概念ネットワークの自動生成と問題構造の理解に与える効果, 日本認知科学会第15回大会発表論文集, pp. 74–75（1998）.
[土橋 99a]	土橋　喜：WWWとテキストマイニングの統合による問題構造可視化支援, 信学技法, Vol. 99, No. 447, pp. 51–58（1999）.
[土橋 00]	土橋　喜：テキストマイニングによる問題構造の生成と可視化支援, 2000年情報学シンポジウム論文集, 情報処理学会, pp. 161–168（2000）.
[Duncan 89]	Duncan, E.B.: A Concept-map Thesaurus as a Knowledge-based Hypertext Interface to a Bibliographic Database: Prospects for Intelligent Re-

参考文献

	trieval, *Informatics 10*, Aslib, pp. 43–52 (1989).
[Ellis 90]	Ellis, D.: *New Horizons in Information Retrieval*, Library Association, pp. 138 (1990). 日本語訳：細野公男監訳, 情報検索論, 丸善, pp. 180 (1994).
[遠藤 93]	遠藤聡志, 大内　東：統合型発想支援システム：FISM, 人工知能学会誌, Vol. 8, No. 5, pp. 75–81 (1993).
[Fayyad 96]	Fayyad, U. M. (*et al* eds.): *Advances in Knowledge Discovery and Data Mining*, AAAI Press, pp. 611 (1996).
[Finke 92]	Finke, R. A., Ward, T. B. and Smith, S. M.: *Creative Cognition, Theory, Research, and Applications*, MIT Press, pp. 239 (1992).
[富士通 91]	富士通研究所, 国際情報社会科学研究所：発想支援システムの構築に向けて：第7回国際研シンポジウム報告書, 富士通研究所, pp. 421 (1991).
[福田 96]	福田剛志：データマイニングの最新情報—巨大データからの知識発見技術—, 情報処理, Vol. 37, No. 7, pp. 597–603 (1996).
[Funke 91]	Funke, J.: Solving Complex Problem: Exploration and Control of Complex Social Systems, *Complex Problem Solving: Principles and Mechanism*, Sternberg, R. J. and Frensch P. A. (ed), Lawrence Erlbaum, pp. 185–222 (1991).
[Graham 95]	Graham, I. S.: *The HTML Sourcebook*, John Wiley & Sons, pp. 416 (1995).
[原岡 90]	原岡一馬：心理学研究の課題と問題, ナカニシヤ, pp. 372 (1990).
[堀 91]	堀　浩一：知識の姿—人工知能研究者の立場から—, 現代思想, Vol. 19, No. 6, pp. 142–149 (1991).
[Hori 93]	Hori, K.: A Model for Explaining a Phenomenon in Creative Concept Formation, *IEICE Trans. Information and Systems*, Vol. E-76D, No. 12, pp. 1521–1527 (1993).
[Hori 94a]	Hori, K.: A system for Aiding Creative Concept formation, *IEEE Transactions on Systems, Man and Cybernetics*, Vol. 24, No. 6, pp. 882–894 (1994).
[堀 94b]	堀　浩一：発想支援システムの効果を議論するための一仮説, 情報処理学会論文誌, Vol. 35, No. 10, pp. 1998–2008 (1994).
[堀 95]	堀　浩一：発想支援のための人間機械系とその認知モデル, 学習

と対話, Vol. 95, No. 1, pp. 1-9 (1995).

[堀 97a] 堀 浩一:システム統合のAIへむけて — 発想支援系と知識処理系の結合の提案 —, 人工知能学会誌, Vol. 12, No. 2, pp. 85-89 (1997).

[Hori 97b] Hori, K.: Concept Space Connected to Knowledge Processing for Supporting Creative Design, *Knowledge-Based Systems*, Vol. 10, No. 1, pp. 29-35 (1997).

[Hushon 87] Hushon, J. M.: Expert Systems for Environmental Problems, *Environmental Science and Technology*, Vol. 21, No. 9, pp. 838-841 (1987).

[市川 94] 市川定夫:環境学 — 遺伝子破壊から地球規模の環境破壊まで —, 藤原書店, pp. 523 (1994).

[ICOT-JIPDEC 91] ICOT-JIPDEC AIセンター編:知的ハイパーテキストに関する調査研究 (編集版), 日本情報処理開発協会, pp. 583 (1991).

[Ingwersen 93] Ingwersen, P.: *Information Retrieval Interaction*, Taylor Graham, pp. 246 (1992). 日本語訳:細野公男ほか訳, 情報検索研究 — 認知的アプローチ —, トッパン, pp. 378 (1995).

[石 88] 石 弘之:地球環境報告, 岩波書店, pp. 258 (1988) (岩波新書赤版 33).

[石 92] 石 弘之:酸性雨, 岩波書店, pp. 242 (1992) (岩波新書赤版230).

[石谷 93] 石谷 久:有限の地球と人間活動, オーム社, pp. 166 (1994) (地球環境セミナー7).

[Johnson-Laird 83] Johnson-Laird. P. N.: *Mental Model: Toward a Cognitive Science of Language, Inference, and Consciousness*, Cambridge University, pp. 513 (1983). 日本語訳:海保博之監修・AIUEO訳, メンタルモデル言語・推論・意識の認知科学, 産業図書, pp. 602 (1988).

[情報 99] "特集:ディジタル図書館", 情報処理, Vol. 37, No. 9, pp. 813-864 (1996).

[Kahney 89] Kahney, H.: *Problem solving: A Cognitive Approach Open Guide to Psychology*, The Open University, (1986). 日本語訳:認知科学研究会訳, 問題解決 (認知心理学講座3), 海文堂, pp. 167 (1989).

[金子 93] 金子朝男:ハイパーメディアの研究動向, 情報処理, Vol. 34, No. 1, pp. 60-71 (1993).

[科学 92] 科学技術庁資源調査会編:"知的技術"その現状と展望 — 人間の

参考文献

	知的活動を支援・代替する技術 —, 大蔵省印刷局, pp.113 (1992).
[河合95]	河合和久ほか著：カード操作ツールを用いた Internet アクセス, 第17回システム工学部会研究会「発想支援ツール」資料, pp.85–92 (1995).
[川喜田86]	川喜田二郎：KJ 法, pp.581, 中央公論社 (1986).
[国立94]	国立環境研究所：地球環境年報（平成6年度）(1994).
[小山92]	小山雅庸, 河合和久, 大岩元：カード操作ツール KJ エディタの実現と評価, コンピュータソフトウエア, Vol.9, No.5, pp.38–53 (1992).
[久野69]	久野　収：思想の科学辞典, 勁草書房, pp.757 (1969).
[國藤93]	國藤　進：発想支援システムの研究開発動向とその課題, 人工知能学会誌, Vol.8, No.5, pp.16–23 (1993).
[國藤99]	國藤　進：オフィスにおける知的生産性向上のための知識創造方法論と知識創造支援ツール, 人工知能学会誌, Vol.14, No.1, pp.50–57 (1999).
[KBS 97]	*Knowledge-Based SYSTEMS*, Vol.10, No.1 (1997).
[Lebowitz 85]	Lebowitz, M.: Categorizing Numeric Information for Generaliza-tion, *Cognitive Science*, Vol.9, No.3, pp.285–308 (1985).
[Lindsay 93]	Lindsay, R.K., Buchanan, B.G., Feigenbaum, E.A. and Lederberg, J.: DENDRAL: A Case Study of the First Expert System for Scientific Hypothesis Formation, *Artificial Intelligence*, Vol.61, No., pp.209–261 (1993).
[Long 91]	Long, J.M. (*et al.*): Automating the Discovery of Causal Relationships in Medical Records Database, in Piatetsky-Shapiro, G. and Frawley, W.J. (eds.), *Knowledge Discovery in Databases*, AAAI Press, pp.465–476 (1991).
[増井99]	http://www.csl.sony.co.jp/person/masui/bib/Visualization.html
[三末95]	三末和男, 杉山公造：思考支援システムの評価法および D-ABDUCTOR の評価実験について, 第17回システム工学部会研究会「発想支援ツール」資料, pp.69–76 (1995).
[三末99]	三末和男, 渡部　勇：テキストマイニングのための連想関係の可視化技術, 情報処理学会研究報告99-FI-55, 99-DD-19, 情処研報, Vol.99, No.57, pp.65–72 (1999).

[守 95]	守 一雄:認知心理学（現代心理学入門1）,岩波書店,pp.186 (1995).
[宗森 94]	宗森 純,堀切一郎,長澤庸二:発想支援システム群元の分散協調型KJ法実験への適用と評価,情報処理学会論文誌,Vol.35, No.1, pp.143-153（1994）.
[村上 83]	村上幸夫:創造技法の比較―新しい学的体系と原理発見への道―, 創造の理論と方法(創造性研究1),共立出版,pp.196-206 (1983).
[村上 94]	村上陽一郎:科学者とは何か,新潮社,pp.186（1994）.
[村上 84]	村上陽一郎:仮説のすすめ,生体の科学,Vol.35, No.3, pp.162-166 (1984).
[邑本 98]	邑本俊亮:文章理解についての認知心理学的研究―記憶と要約に関する実験と理解過程のモデル化―,風間書房,pp.232（1998）.
[長尾 94]	長尾 真:電子図書館,岩波書店(岩波科学ライブラリー15), pp.125（1994）.
[長尾 95]	長尾真ほか著:電子図書館Ariadneの開発(1)―システム設計の方針―,情報管理,Vol.38, No.3, pp.191-206（1995）.
[中山 83]	中山正和:NM法の基本的な考え方と特徴,創造の理論と方法 (創造性研究1),共立出版,pp.176-185（1983）.
[那須川 99]	那須川哲哉,諸橋正幸,長野 徹:テキストマイニング―膨大な文書データの自動分析による知識発見―,情報処理,Vol.40, No.4, pp.358-364（1999）.
[名和 94]	名和長年:知識空間の可視化による論文検索に関する研究,Master's thesis,東京大学大学院工学系研究科情報工学専攻（1994）.
[西尾 93]	西尾章治郎:大規模データベースにおける知識獲得,情報処理, Vol.34, No.3, pp.343-350（1993）.
[新田 95]	新田清,三末和男,杉山公造:D-ABDUCTORを使った一連の作業における思考過程の記録と分析,第17回システム工学研究部会「発想支援ツール」資料,計測自動制御学会,pp.69-76（1995）.
[野村 96]	野村浩郷ほか著:情報ハイウエイ時代のテキスト情報への知的アクセス,情報処理,Vol.37, No.1, pp.1-9（1996）.
[大須賀 83]	大須賀節雄:情報科学と創造性,創造の理論と方法（創造性研究 1),共立出版,pp.90-99（1983）.
[大須賀 92]	大須賀節雄:AIパラダイムと知識,(次世代情報処理技術シンポ

参考文献

ジウム），日本情報処理技術開発協会, pp. 1–21 (1992). Ohsuga, S.: AI Paradigm and Knowledge, *Proc. Symp. New Generation Knowledge Processing*, JIPDEC, pp. 1–21 (1992).

[Ohsuga 93a] Ohsuga, S.: How Can Knowledge-based Systems Solve Large-scale Problems?: Model-based Decomposition and Problem Solving, *Knowledge-based Systems*, Vol. 6, No. 1, pp. 38–62 (1993).

[大須賀 93b] 大須賀節雄：データから知識へ―知識発見への形式的アプローチ―, 知識科学の最前線シンポジウム論文集, pp. 47–53 (1993).

[恩田 89] 恩田彰：問題解決の教育的側面, 創造的な問題解決（創造性研究7）, 共立出版, pp. 24–48 (1989).

[O'Rorke 94] O'Rorke, P.: Abduction and Explanation-based Learning: Case Studies in Diverse Domains, *Computational Intelligence*, Vol. 10, No. 3, pp. 295–330 (1994).

[太田 92] 太田信夫, 多鹿秀継編：認知心理学：理論とデータ, 誠心書房, pp. 230 (1992).

[折原 93] 折原良平：発想支援システムの動向, 情報処理, Vol. 34, No. 1, pp. 81–87 (1993).

[折原 93b] 折原良平：発散的思考支援ツールの研究開発動向, 人工知能学会誌, Vol. 8, No. 5, pp. 24–31 (1993).

[大鹿 83] 大鹿 譲：シネクティクスとフロイト心理学, 創造の理論と方法（創造性研究 1）, 共立出版, pp. 154–161 (1983).

[Peirces 68] パース論文集（世界の名著48）, 中央公論社, pp. 562 (1968).

[Piatetsky-Shapiro 91] Piatetsky-Shapiro, G. and Frawley, W. J. (eds.): *Knowledge Discovery in Databases*, AAAI Press, pp. 525 (1991).

[Rivlin 94] Rivlin, E. Botafogo, R. and Shneiderman, B.: Navigating in Hyperspace: Designing a Structure-based Toolbox, *Communication of the ACM*, Vol. 37, No. 2, pp. 87–96 (1994).

[Sakai 94] Sakai, T. (*et al.*): A User Interface for Generating Dynamic Abstracts of Retrieved Documents, *Proc. of International Federation for Information and Documentation 47th Conference and Congress*, pp. 284–290 (1994).

[坂田 93] 坂田俊文：地球環境とは何か（地球環境セミナー 1）, オーム社, pp. 158 (1993).

[Salton 94] Salton, G. Allan, J. and Buckley, C.: Automatic Structuring and Retrieval

	of Large Text Files, *Communication of the ACM*, Vol. 37, No. 2, pp. 97–10 (1994).
[佐藤 84]	佐藤允一:問題構造学入門 ― 知恵の方法を考える ―, ダイヤモンド社, pp. 223.
[Sarkar 94]	Sarkar, M. and Brown, M. H.: Graphical Fisheye Views, *Communications of the ACM*, Vol. 37, No. 12, pp. 73–83 (1994).
[篠原 93]	篠原靖志:知識整理支援システム CONSIST-II ― CONSIST の評価と改良について―, 人工知能学会誌, Vol. 8, No. 5, pp. 57–64 (1993).
[Shen 92]	Shen, W.: Discovering Regularities from Knowledge Base, *International Journal of Intelligent Systems*, Vol. 7, pp. 623–635 (1992).
[SICE 94]	計測自動制御学会:第15回システム工学部会研究会「発想支援技術」, pp. 80 (1995).
[SICE 95]	計測自動制御学会:第17回システム工学部会研究会「発想支援ツール」資料, pp. 108 (1995).
[杉山 93]	杉山公造:収束的思考支援ツールの研究開発動向 ― KJ 法を参考とした支援を中心として ―, 人工知能学会誌, Vol. 8, No. 5, p. 32–38 (1993).
[角 99a]	角　康之:情報可視化システムにおける適応的インタラクション, 人工知能学会誌, Vol. 14, No. 1, pp. 33–40 (1999).
[角 99b]	角　康之:システム設計における要求モデル構築支援, 人工知能学会誌, Vol. 14, No. 1, pp. 103–110 (1999).
[Swanson 87]	Swanson, D.R.: Two Medical Literature that are Logically but not Bioliographically Connected, *Journal of the American Society for Information Science*, Vol. 38, No. 4, pp. 228–233 (1987).
[田村 79]	田村坦之:構造モデリング ― 理論とアルゴリズムを中心にして―, 計測と制御, Vol. 18, No. 2, pp. 170–179 (1979).
[舘村 96]	舘村順一:Docspace:文献空間のインタラクティブ視覚化, 田中二郎編「インタラクティブシステムとソフトウエアIV」日本ソフトウエア科学会 WISS '96, 近代科学社, pp. 11–20 (1996).
[上野 83]	上野一郎:ブレイン・ストーミングの基本的な考え方と特徴, 創造の理論と方法(創造性研究1), 共立出版, pp. 136–143 (1983).
[Warfield 74]	Warfield, J. N.: Developing Interconnection Matrices in Structural Modeling, *IEEE Transactions on Systems, Man and Cybernetics*, Vol. SMC-4,

参考文献

No. 1, pp. 81–87 (1974).

[渡部94] 渡部 勇：発散的思考支援システム「Keyword Associator」第二版，第15回システム工学研究部会資料「発想支援技術」，計測自動制御学会, pp. 9–16 (1994).

[渡部95] 渡部 勇ほか著：ハイブリッド発想支援システム「HIPS」，第17回システム工学研究部会資料「発想支援ツール」，計測自動制御学会, pp. 77–84 (1995).

[渡部99] 渡部 勇, 三末和男：単語の連想関係によるテキストマイニング, 情報処理学会研究報告99-FI-55, 99-DD-19, 情処研報, Vol. 99, No. 57, pp. 57–64 (1999).

[渡辺84] 渡辺俊男：創造性における思考の拡大と集約, 創造の諸型（創造性研究2），共立出版, pp. 95–105 (1984).

[米本94] 米本昌平：地球環境問題とは何か, 岩波書店, pp. 262 (1994)（岩波新書331).

[You 94] You, G. N. and Rada, R.: A Systematic Approach to Outline Manipulation, *International Journal of Human-computer Studies*, Vol. 41, pp. 283–308 (1994).

[Young 87] Young, L.F.: Metaphor Machine: A Database Method for Creativity Support, *Decision Support Systems*, Vol. 3, No. 4, pp. 309–317 (1987).

[Young 88] Young, L.F.: Idea Processing Support: Definitions and Concepts, chapt. 8, pp. 243–268, in *Decision Support and Idea Processing Systems*, Wm. C. Brown Publishers (1988).

[弓野92] 弓野憲一：記憶の構造と検索過程, 風間書房, pp. 210 (1992).

付　　録

　付録として，本書で取り上げた2つの実験において，被験者が作成した仮説の文章を以下に示す．付録Aには実験1における被験者の仮説の文章を，付録Bには実験2における被験者の仮説の文章をそれぞれ掲載した．実験の方法や手順および課題などについては，第6章で述べたとおりである．また本文で言及した分析内容は，これらの仮説の文章を用いて行なったものである．この付録には本文では言及しなかった被験者の結果も記載している．

　実験1では被験者*Aから*Gまでの7人は，地球環境関係の被験者であり，被験者HからTまでの13人は，情報科学・情報工学関係の被験者である．また実験2では被験者*Aから*Gまでの7人は，地球環境関係の被験者であり，被験者HからRまでの11人は，情報科学・情報工学関係の被験者である．

　被験者はこれらの仮説の文章を，主にパソコンのワープロやエディタを使って作成した．これらの文章には明らかに誤字や脱字と判断されるものが若干含まれていたため，このような場合にのみ該当する文字の修正を行なったが，それ以外は全て被験者が作成した原文のままである．

付録A：実験1における被験者の仮説の文章

1.　被験者*A

[課題1] 地球温暖化（global warming, global warm）の原因とその対策について
（作成に要した合計時間＝60分）
地球温暖化の原因は，地球上に太陽から達した熱や，地球内で発生した熱を地球上に蓄積する要因が，地球上への熱の到達を阻む要因と，地球の熱蓄積を減少させる要因の両者に比べて大きいことにある．前者の要因として，熱の放射を阻む二酸化炭素，メタン，フロン等の温室効果ガスの増加が注目されるが，地熱や原子力利用など自然現象や人為活動による地球内で発生する熱も無視できない．後者の熱の到達を阻む要因としては大気中の汚染物質や水蒸気の増加，地球の熱蓄

付　録

積を減少させる要因としては宇宙への熱放射に加え，温室効果ガスを減らす光合成や海の作用が挙げられる．加えてこれらの要因には相互関係が有るが，地球温暖化では前者の要因が後者の要因よりも前者の要因を促すポジティブフィードバック的な関係が強い．従ってこの対策として熱蓄積要因を減らすとともにポジティブフィードバックを断ち切り，熱到達阻害要因と熱放射要因を増やすことが考えられる．しかし現実には熱蓄積要因の一つである温室効果ガスの削減においてさえ国際社会では各国の利害がからんで合意が難しいうえ，熱到達要因の大気汚染物質のように他の問題を考えると非現実的なものもあり，科学的知見の不足と合わせて問題解決には困難が多い．

[課題2] 地球環境問題のなかで，自分自身で関心のある任意な課題
(作成に要した合計時間＝35分)
[自分で策定したテーマ]：中国の石炭利用による環境破壊
[仮説]：中国の石炭利用はその物質代謝のほぼ全過程に置いて深刻な環境破壊を生みだしている．すなわち，採掘段階においては地盤沈下，水資源破壊，土砂流失，ボタの堆積と自然発火，さらに労働環境破壊，運搬と貯蔵の段階では粉塵汚染，燃焼の段階では大気汚染，燃焼後の灰の処理においては河川や農地の汚染の原因となっている．中でも燃焼による大気汚染は，都市大気汚染のほか，工業の農村立地という中国特有の政策的条件から，小は都市農村の小さな地域社会から，大は越境酸性雨や地球温暖化等の形で省，国，国際社会，地球規模へと至る，様々な規模の社会に被害をもたらす問題となっている．これに対して中国政府は，問題解決を重要課題としながらも，経済発展と技術の遅れを理由に，十分な対策を取ることは不可能とし，国際社会に技術と資金面での協力を求めている．しかし中国は他国と比べて炭素排出量に対する経済生産性が著しく悪く，それを改善するだけでもかなりな経済発展が見込まれる．

2．被験者*B

[課題1] 地球温暖化 (global warming, global warm) の原因とその対策について
(作成に要した合計時間＝25分)
原因としては，(1)人口増加，(2)一人当たりエネルギー消費拡大，(3)都市と農村，先進国と途上国，富裕層と貧困層などのギャップの存在の3つだと思います．

もう少し根源的なレベルでは，人間の遺伝子が自己増殖するようにプログラムされていて，ある plateau の地点に行くまで，人口は増えていくのでしょう．科学技術の発達が，急激な変化を抑制する場合もありますが，(環境保全技術の開発など) それほど期待はできないでしょう．また貧富の格差が存在する限り，欲望の拡大は押さえることは不可能でしょう．

対策としては，上の3つの原因をどうにかして「小さく」していくほかはありません．具体的には，まず先進国から途上国への資金，技術の移転がなければ，状況は変わらないと思います．そして温暖化のスピードを押さえるために省エネ技術の開発にかけるリソースを現在の数倍ぐらいのレベルにあげなければだめでしょう．ただし，そのような努力をしても，温度上昇を多少押さえるぐらいしかできないでしょう．

[課題2] 地球環境問題のなかで，自分自身で関心のある任意な課題
(作成に要した合計時間＝　　分)
[自分で策定したテーマ]：石炭消費の変化と地球温暖化
[仮説]：全体的に石炭消費は低くなりつつあるが，中国の消費は拡大している．しかし，中国では石炭が一番コストが小さいので，これ以外のエネルギーを利用するようになるのは当分先である．

---

3. 被験者*C

[課題1] 地球温暖化 (global warming, global warm) の原因とその対策について
(作成に要した合計時間＝50分)
原因：人口の増加，すなわち人間活動の活発化による地球温暖化効果ガス排出量の上昇があげられる．大気中の二酸化炭素濃度が上昇し，エネルギー消費量も増えていることからさらに地球温暖化が深刻化することが予想される．
食料などの生産量は増大しているものの，気候変動が実際に大規模に生じた場合，あれだけの食料を生産し続けることができるかどうかは疑問である．
対策：人口の増大をどうするか，人間の活動を沈静化するかどうかはともかく，地球温暖化効果ガスを削減する以外に方策はない．直接規制も考えられるが，燃料消費量が急増するトレンドの中，人間活動に影響をあまり与えずに，温暖化効果ガスを削減することは不可能に近い．タバコの価格が上昇するとタバコの消費

付　録

量が削減できる例があるが，これが地球温暖化効果ガスに対しても有効であるかは疑問の残るところである．

［課題2］地球環境問題のなかで，自分自身で関心のある任意な課題
（作成に要した合計時間＝30分）
［自分で策定したテーマ］：タバコの価格と消費量の例から，経済的手法がどの程度有効なのか，どのように社会的資源利用効率性を向上させることができるのか．
［仮説］：エネルギー価格を上昇させても，直接的にエネルギー消費量は削減されない．なぜなら，現在の先進国諸国における人間活動の大部分はエネルギー消費によって成立しているからである．従ってエネルギー価格を上昇させれば，間接的なエネルギー消費量のうち，効率化の図れる部分で削減されることになろう．その一番大きな部分は，建設・土木と輸送の部分ではないだろうか．

4.　被験者*D

［課題1］地球温暖化（global warming, global warm）の原因とその対策について
（作成に要した合計時間＝　　　分）
地球温暖化は地球規模の変化で時間スケールが長いので人間の目から見ると直接的に捉えることが難しい．従って長期にわたり観測した信頼できるデータで検討する必要がある．短期間である特定地域での温度変化だけからでは傾向を議論することはできず，体表的，あるいは平均的な場所での長い視点でのデータを検討する必要がある．
このようなデータからは温暖化が起こっていることは確かである．これは人間の活動が活発になるにつれて引き起こされていると考えてよいであろう．従って人間活動を抑制することが解決になるが，それは難しい．従って温暖化の原因を突き止めそれを抑制するような技術の開発が必要となる．現在では大気中に放出されるCO_2が一番の原因とされている．しかしCO_2を回収するような技術はエネルギー的に損をするので適当ではない．いかにCO_2をださないような効率の良い技術を開発するかが必要になってくる．

［課題2］地球環境問題のなかで，自分自身で関心のある任意な課題
（作成に要した合計時間＝　　　分）

[自分で策定したテーマ]：酸性雨問題について
[仮説]：酸性雨は人間活動により放出される SO_2 や NO_2 が原因となっている．従ってこれらの物質を排出しないようにすればよいのだが，コストの関係からアジアなどではこのような対策をしていないのが現状である．また，酸性雨は大気に運ばれて近隣の地域にも影響するので中規模の地球環境問題である．原因物質をいかに低コストで取り除くことができるかということと，原因物質を放出することでいかなる影響が近隣地域にでるかということを広くわかってもらうことが重要である．従って，原因物質の放出と酸性雨による被害の相関を明快に説明することが重要である．

---

5. 被験者*E

[課題1] 地球温暖化（global warming, global warm）の原因とその対策について
（作成に要した合計時間＝92分）
地球温暖化の原因としては，化石燃料の燃焼，森林破壊，その他と言った人間活動の影響が考えられるものの，自然活動が地球温暖化を左右する部分も大きく，また温室効果ガスが温暖化に及ぼす影響の因果関係も不確実であり，議論の余地があるところである．しかしながら，気候変動とそれに伴う自然環境や植生，ひいては農業生産の変化，海面の上昇などといった，温暖化によって引き起こされる種々の事象は，人間社会にとって致命的な影響を与えるため，そのような危険を回避すべく，化石燃料の燃焼や森林破壊による大気中への二酸化炭素の放出量を削減する対策を講ずるべきである．具体的な対策としては，炭素税の導入といった経済的誘導や，先進国から途上国への技術援助といった方策が挙げられる．

[課題2] 地球環境問題のなかで，自分自身で関心のある任意な課題
（作成に要した合計時間＝82分）
[自分で策定したテーマ]：生態系の破壊と生物種の減少
[仮説]：人間活動の影響により，地球規模の生態系の破壊が進行しており，それに伴って生物種の減少が起こっている．熱帯雨林の破壊が進行していることは広く知られているところであるが，そればかりではなく温帯での雨林の破壊も無視できない問題となってきているし，陸上ばかりではなく海の珊瑚礁も減少している．また，生息地の減少や乱獲などによって，鳥類やその他の野生動植物の種の

付　録

減少が起こっている．これらのことは，生態系保全の観点からも，また遺伝子資源保護の観点から見ても，人類の生存に対する脅威となっている．この問題を解決するためには，生態系に関する研究を推進し，より良く生態系を保全する手法を開発する必要があると思われる．

―――――――――――――――――――――――

6.　被験者*F

［課題1］地球温暖化（global warming, global warm）の原因とその対策について
（作成に要した合計時間＝120分）
地球温暖化の直接的な原因は，二酸化炭素，メタンガスなどの炭化ガスの大気中の残存量の増加によると考えられている．炭化ガスの増加をもたらす原因は，二酸化炭素を放出する化石燃料の消費量の増加，水田や家畜から放出されるメタンガス排出量の増加，スプレーや精密機器の製造に利用するフロンガス排出量の増加，炭化同化能力の高い熱帯雨林やタイガなどの森林の減少があげられる．
以上のことから，温暖化防止のための対策は炭化ガス排出量の削減または森林の減少の防止に関するものとなる．フロンガスの全廃が決まっていることからガス排出量の削減に関しては化石燃料の消費に伴う二酸化炭素の排出量の削減が第一義的課題である．二酸化炭素の排出量を削減するために，たばこ税と同様の原理で炭素税をかけることによって，消費量を削減する政策が考えられる．一方，森林保護に関しては途上国の反発が強いため思うように進められない．そこで，炭素税の収入を保護と引き換えに途上国に配分したり，森林保護と引き換えに債務を削減する債務スワップなどの政策が有効となる．

［課題2］地球環境問題のなかで，自分自身で関心のある任意な課題
（作成に要した合計時間＝30分）
［自分で策定したテーマ］：生物多様性減少の原因とその対策
［仮説］：生物多様性が減少する原因は，生息地の破壊，過剰な捕獲，外来種の侵入などがあげられる．その対策としては，生物多様性が減少している地域および熱帯雨林などの重要な地域を指定しその生息地を保護すること，また減少にある種の捕獲を制限するとともに国際取引を規制することが必要である．

―――――――――――――――――――――――

7. 被験者*G

[課題1] 地球温暖化（global warming, global warm）の原因とその対策について
（作成に要した合計時間＝30分）
私たち人間による人間活動，特に産業革命以後，活発になった産業活動が地球温暖化をもたらしたことは疑いようのない事実であるように思われる．特に，近年，化石燃料の燃焼によって排出の激しい二酸化炭素は気候温暖化の主原因とされているが，以前のように先進国のみならず，発展途上国でも排出が増えてきている．また，発展途上国の急激な人口の増加に伴う，バイオマスバーニングによる二酸化炭素の排出も増加しており，まさに，「人間活動」によるものだと考えている．
森林を増やす．フロン類を減らす．リサイクルを進める．自動車をなるべく使わないような政策を提案する，などである．しかし，負債を抱える途上国にはこのような政策を実施する能力に劣るだろうから，先進国が経済的，政治的に援助することが必要になるだろう．
また，経済的な手法によってGDPを保ちつつこれらの方法を実現していくことが大切であろう．

[課題2] 地球環境問題のなかで，自分自身で関心のある任意な課題
（作成に要した合計時間＝20分）
[自分で策定したテーマ]：大気中微量成分気体と生物圏とのかかわりについて
[仮説]：近年，大気中の主成分である窒素や酸素ではなく，二酸化炭素やメタン，一酸化二窒素などの天然にも起源のある成分やフロンなど完全に人工起源の気体成分の大気中濃度の増加が報告されているが，それらを動物，植物が取り込んで生体内で有毒なものに変化したりしないのか？

---

8. 被験者H

[課題1] 地球温暖化（global warming, global warm）の原因とその対策について
（作成に要した合計時間＝60分）
高校などで，地球の温暖化には「温室効果」などが原因となっていて，それは森林の乱伐，工場や自動車などで化石燃料を燃焼させることによる二酸化炭素や

付　録

NO_xによる大気汚染，人工爆発，などが起因していると言われて来た．そのため，地球の温暖化の原因はそういうものだと言う思い込みがあった．そのため，本課題においては，その思い込みを裏付けてくれる論文にざっと目を通すことを行なった．

［課題2］地球環境問題のなかで，自分自身で関心のある任意な課題
（作成に要した合計時間＝30分）
［自分で策定したテーマ］：人間の利便性の追求が，我々人間の生活を根底から脅かすことになる危険性を持っていると思われる．自動車・航空機など，輸送機器の発展の環境への悪影響の原因，とその対策について考えてみたい．
［仮説］：航空機を使った旅行が増えている．モータリゼーションも地球規模で進んでいる．当然，燃料であるガソリンなどはどんどん消費されることになる．その対策として，(1)自動車などの性能（燃費，排気系）の技術革新，(2)交通量を制限する，(3)自動車・航空機の移動の必要性を減らす，などの対策が考えられる．(1)で劇的な燃料の消費を押えるのは出来ない．(2)は一般大衆のコンセンサス，特に発展途上国の積極的な賛同を得にくい．これからは(3)を進めるべきだ．そのために，在宅勤務や仮想旅行などの情報・通信技術がもっとも必要とされるのではないか．

8.　被験者I

［課題1］地球温暖化（global warming, global warm）の原因とその対策について
（作成に要した合計時間＝35分）
二酸化炭素などの地球温暖化に寄与する物質の排出量の，産業革命以来の工業化とそれによる人口の増加による大幅な増加．
温暖化プロセスは複雑なので，排出量の直接的な制限．

［課題2］地球環境問題のなかで，自分自身で関心のある任意な課題
（作成に要した合計時間＝20分）
［自分で策定したテーマ］：食糧問題．人口増加に耕地面積の拡大や肥料の投入，品種改良などの技術革新で追い付けるかどうか．また，地球上の陸地面積に制限がある以上，単位面積あたりの収穫量をいかに増やすかが鍵になる．

[仮説]：耕地のかんがいが収穫量に大きく影響するので，生態系の破壊を最小限に食い止めるようにしつつかんがいをすすめることである程度は解決する．しかし，根本的には人口問題がその背景にあるので，人口の抑制が必要だが，強制による制限ではなく，先進国で見られるように教育費の高騰による少子化の方が望ましい．単位収穫量を増やすには耕地の立体化も考えられるのではないか？ この場合，採光が問題となるが，必要な波長が分かれば人工的に光をあてることもできるのではないか．

---

10. 被験者 J

[課題1] 地球温暖化 (global warming, global warm) の原因とその対策について
(作成に要した合計時間＝40分)
消費優先の経済構造（資本主義社会のもつメカニズム）は，より多くのエネルギーを消費することが経済の活性化につながり，人々が幸福になる．このことにより，西側諸国を中心として，過去何万年もかけて蓄積された化石燃料などのエネルギー資源を競って使うという構図ができあがった．これが根本的な原因．これに対して，産業革命以降の科学技術の進展により，高エネルギーをさまざまな資源から取り出す技術と，それらの高エネルギーを利用し何らかの財やサービスに変換する技術が確立したことが，地球の温暖化を決定的なものとした．また，生活の上で，エネルギーを大量に消費することが当たり前のこととなった．つまり，大量に消費するしくみができあがったことが，現実的には最大の原因．
対策としては，人口の抑制，大量消費の規制，再利用技術の確立，地球外へのエネルギーの放出，などが考えられる．具体的にこれらの対策を実行するにあたっての，さまざまな問題点については，個々に検討する．

[課題2] 地球環境問題のなかで，自分自身で関心のある任意な課題
(作成に要した合計時間＝25分)
[自分で策定したテーマ]：南北間の政治的な対立をどう調整するかについて．（根本的な価値感の異なる人々をどのようにしたら，1つの目的のもとで協調させることができるか）
[仮説]：地球温暖化という問題意識は北側先進国のものである．南側途上国の論理は温暖化の防止は必要と考えてはいても，最重要課題ではない．目的あるいは

付　録

基本的な問題認識が異なる国または地域間での調整は，恐らく単純ではない．地球温暖化という問題が，それぞれの国または地域のその他さまざまな問題の中でどのように位置付けられているかを明確にし，その上でこの複合問題を各国または地域間のインタラクションを考慮しながら解決するためには，どのようにすればよいか，という問題解決のプロセスは，多目的，ダイナミック，複数主体，であり悪構造問題である．
このような問題解決のためには，目的から手段を決定する方法ではなく，ある手段を目的の中で位置付けるというアプローチが必要．手段（オペレーション）としてあらかじめ選択枝をできるだけ多く用意し，それらを各問題解決主体における現実問題の中で位置付け，すべての主体においてプラスの効果があり，かつ効果の合計が最も大きいオペレーションを順次選択し適用していくという方法がよいだろう．

11.　被験者 K

[課題1] 地球温暖化（global warming, global warm）の原因とその対策について
（作成に要した合計時間＝90分）
原因；化石燃料の使用による二酸化炭素の放出
対策；化石燃料の使用抑制や人口の抑制

[課題2] 地球環境問題のなかで，自分自身で関心のある任意な課題
（作成に要した合計時間＝30分）
[自分で策定したテーマ]：必要総エネルギー量の抑制
必要総エネルギー量を抑制することで，地球温暖化を抑制できる．

12.　被験者 L

[課題1] 地球温暖化（global warming, global warm）の原因とその対策について
（作成に要した合計時間＝30分）
化石燃料を燃やすことで発生する CO_2 が大気中に温室効果（Green House Effect）を起こし，地球の熱バランスを崩して起こる．その対策としては，化石燃料の使

用量を減らすしかないが，活発な経済発展中の開発途上国にとってはこのようなことは不可能に近い．政治的解決対策は，国別には対策が出ないはずなので国際政治的な話合いと協力体制が必要．具体的には先進国の炭素税による化石燃料使用を凍結した途上国に対する支援，などがありえる．技術的解決対策としては，エネルギー効率の向上（燃費の良い車の開発，大衆交通手段の整備），炭素固定化技術の開発，などがあげられる．

[課題2] 地球環境問題のなかで，自分自身で関心のある任意な課題
(作成に要した合計時間＝　　分)
[自分で策定したテーマ]：森林保護の原因はおもに紙の消費にあり，その対策とは？
[仮説]：Paper Recycle はその限界がある．だからその消費量を減らせる画期的な対策がなければいつかは世界の森林はなくなる．その対策としては，紙の消費量を減らす文化を作ることであろう．数千年間紙中心の情報伝達体系を維持してきた人間文明は，電子化という波をむかえ，情報の保存に0に近い空間と，伝達に0に近い時間を要する電子文書文化が開きつつある．新しいメディアに対する社会的な違和感と保安性，無形の情報に対する価値観不足などが解決されたら，紙が（あまり）要らない時代がくると思う．

13.　被験者M

[課題1] 地球温暖化（global warming, global warm）の原因とその対策について
(作成に要した合計時間＝210分)
〈原因〉
二酸化炭素は化石燃料の焼却，工業過程，森や生物資源の焼却により発生されると考えられている．二酸化炭素は透明であり太陽光を透過するが，地球が宇宙に熱を放出する際の赤外反射を吸収する．このために地球は余計に熱を帯びることになり，すなわち温暖化することになる．
〈対策〉
既に出してしまったガスを何とかするということはできないので，温暖化についての対策を練るということは，これから出るガスを減らすようにするということである．対策を練る際には大きく分けて化学的視点と政治経済的視点の2つの視点が必要になると考えられる．

付　録

環境化学的研究によって何をどうすれば温暖化が防げるかを知るということは重要であるが，それによって得られるのは自然環境を破壊する物質とその規模（程度）の特定に留まるだろう．環境問題において本質的なのは，そのような物質を生産しないためにはどうすればよいかという「実践」であると思われる．つまり環境を守るための全地球的体制である．そのためには政治的，経済的視点が重要となる．環境問題では化学的な視点はヒントを与えるのみで実践は与えない．

温暖化を促進するガスの排出を抑制する上で，先進国と後進国に大きな意識の違いがあることが問題である．今日までに工業発展を遂げて来た先進国はガスを大量に放出するような産業構造の下で発展をしてきたが，現在に至ってエネルギー重視型の産業構造からサービスを重視する（ソフトウェアのような）産業に移行している．先進国には経済的余裕があって，しかも自国の産業構造がもはやエネルギー重視型でないので，全地球の環境問題をとりあげることにさほどのコストがない．しかし，自国は既に産業構造ができてしまっているし森林も伐採してしまったので，これから環境問題に改めて手をつけるのは手間がかかる．一方，先進国から見れば発展途上国はまだ産業構造が固まっていないので，環境問題に対処しやすい位置にあるように見える．先進国にとっては「自国の森林はもう開発してしまったから，いまさらどうしようと大差は無いが，地球全体のことを考えるとアマゾンの熱帯雨林は開発するべきではない．」ということになる．また，後進国の環境保護に対する意識の低さも先進国の不満の対象になっている．

一方後進国は多大な負債を抱えそれを返済できるあてもつかないでいる．グローバルな地球環境に気を配っている余裕など当然ない．また現状の地球環境に対する責任意識も低い．これは，現在の環境破壊も先進国が生んだ状況であり，後進国の責任ではないという意識と，先進国がこれまでにしてきたことを自分らがしていけない道理はないという意識が理由になっている．しかし他方で後進国にとっては自国が握る環境への影響力の他国に対する力は無視できないものがある．環境保護を自国の経済発展の材料として利用する，つまりは先進国に資金援助／技術提供を要求する際の題目とすることができるのである．

このように先進国と後進国という一つの図式においても利害の大きな相違が見られるため，環境保護に対する足並みをそろえることができないでいる．地球環境問題に対する対策は先進国と後進国の関係を明らかにすることなしには図れないであろう．お互いの利害の折衷点を見出せるように，環境問題と南北問題，南南問題などを論議の対象とする世界会議が必要である．

最初に化学的視点よりも政治経済的視点の方が重要であるという意見を述べたが，

化学的研究によって人間のどのような行為がどれほど何に影響を与えるのかを数値的に測り責任の所在を明確にすることも重要である．何をどれほど規制するのかということは各国が合意を得るためにも明確にされる必要がある．環境化学的研究も引続き重要さを失わない．

[課題2] 地球環境問題のなかで，自分自身で関心のある任意な課題
(作成に要した合計時間＝120分)
[自分で策定したテーマ]：森林破壊の原因とその対策
[仮説]
〈原因〉酸を形成する硫酸塩，窒化塩，SO_2，オゾン，重金属などの大気汚染物が自然的要因と共に森林破壊に影響を持つ．空気汚染は工業や輸送，発電のために化石燃料が燃やされることが原因である．
〈対策〉酸性雨による森林破壊は地球の温暖化と比して影響が広範囲に及ばない問題である．SO_2はCO_2ほど長期的には大気中に漂わない．対策は国単位で，あるいは近隣の国との話合いで検討するので十分と思われる．
具体的には石炭，石油の使用を減らすことと，それらを燃焼した際の排気ガスに最大限の注意を払うことが最大の対策のようである．そのためには天然ガス／太陽熱／水力／地熱／を利用すること，煙突や車の排気口に空気清浄器の設置，工場や乗物，発電所に対する排気ガス放出規制の徹底などが必要である．ただしこれらを徹底するためには多少なりとも現在のエネルギーシステムを抜本的に再構築する必要があるので容易には行なうことはできない．
アメリカで森林破壊の調査がされた時に出された結果ははなはだ信憑性の低いものであった．これを製紙産業や電気機器産業からの圧力がかかったのではないかと考えている者もいる．問題であるのは利を受ける行動をした人とそれによって害を受ける人が異なることである．製紙産業や電子産業の廃棄物などを原因として酸性雨が発生するのに，森林破壊によって実害を受けるのは農業や林業に携わる人達である．また，温暖化に比して影響の及ぶ範囲が狭いとしても，国境を越えて影響が及ぶこともある．自然破壊による損害を，その破壊の原因となる行為をしたものが負担するような体制（意識）も必要である．

付　録

14.　被験者 N

[課題1] 地球温暖化（global warming, global warm）の原因とその対策について
（作成に要した合計時間＝45分）

化石燃料の使用や森林伐採によって，空気中 CO_2 濃度が高まり，地球の温暖化につながっている．

対策としては，天然ガスの使用，エネルギ効率の向上，風，太陽エネルギの使用などによって，特に先進国，工業国の CO_2 の排出を抑制することがあげられる．また，車やバスを使わないで自転車を使うことも考えられる．

[課題2] 地球環境問題のなかで，自分自身で関心のある任意な課題
（作成に要した合計時間＝30分）
[自分で策定したテーマ]：酸性雨の原因と酸性雨が及ぼす影響
[仮説]：まず，酸性雨の原因は硫黄や窒素である．硫黄発生の最大の原因は石炭の燃焼であり，他の原因として石油燃焼，金属の溶解などがあげられる．例えば中国では，排ガスをきれいにする技術がなく，またエネルギを石炭に頼っているので，硫黄の排出が多い．窒素発生の原因は車，発電所，産業エンジンなどである．影響としては，酸によって土壌中のカルシウムやマグネシウム，リンを解かしてしまって，木が育たなくなったり，かんばつや風，温度の変化に耐えられなくなったりして，森林が減少してしまう．人の健康に悪影響を及ぼす物の生産の低下などがあげられる．例えば，北東アメリカや南東カナダでは，酸性雨によってカエデの木が減少し，シロップの生産が落ちてしまった．

15.　被験者 O

[課題1] 地球温暖化（global warming, global warm）の原因とその対策について
（作成に要した合計時間＝10分）

地球温暖化と二酸化炭素に関係があることは以前から知っていたが，それに関係するらしい物質の存在は今日知った．また第三世界の工業化が大気汚染と地球温暖化に影響するらしいことは以前から知っていたが，それらの食料生産特に蛋白質生成（動物飼育のことであろう）が何らかの形で地球環境に関係するらしいということは，今日初めて気がついた．しかし，第三世界の食料生産特に蛋白質生

成（動物飼育のことであろう）と大気汚染そして地球温暖化にどのような影響があるかは，自分は直接的な情報をまだ得ていない．

［課題2］地球環境問題のなかで，自分自身で関心のある任意の課題
（作成に要した合計時間＝10分）
［自分で策定したテーマ］：農業生産と地球環境問題の関係
［仮説］：動物を飼育する農業（酪農や畜産）において飼料を用いて飼育すると，放牧する場合に比べて地球環境への悪影響が生じ易い．それは，飼育するための牧場や餌を作成する畑を開墾することが環境のサイクルを狂わすためかも知れない．穀物を人間が食べる場合よりも，穀物を飼育に用いる場合の方がより多くの開墾やエネルギーそして工業的なプロセスを必要とするためでもあるだろう．また，第三世界の農業が小作化し，余剰農業労働力が必然的に工業に向かい産業構造を変換するためかも知れない．

---

16. 被験者P

［課題1］地球温暖化（global warming, global warm）の原因とその対策について
（作成に要した合計時間＝25分）
地球温暖化の直接的な原因は，地球をとり巻く大気中の気体組成が変化したこと，特に二酸化炭素の割合が増加していることによると考えられる．そしてその様な変化をもたらしているのは人間の活動，特に石油・石炭などの化石燃料使用の加速度的増加である．したがって，その対策としてはこれらの化石燃料に頼った現在のエネルギー政策を改めることであろう．具体的には，水力，太陽力，風力，潮汐力，地下熱などの自然力や原子力などによるエネルギー供給への移行を進めることである．

［課題2］地球環境問題のなかで，自分自身で関心のある任意の課題
（作成に要した合計時間＝25分）
［自分で策定したテーマ］：人口増加問題
［仮説］：発展途上国と呼ばれる国々の人々は従来，病気や飢餓などによる児童死亡率の高さという問題に対して，「多産」という手段によって対抗していた．そしてそれは彼らの宗教観，価値観などに深く根付いてきた．しかるに，近年の先進

付　録

国による「人道的立場」に基づく医療・食糧援助はこれらの発展途上国における子どもの死亡率を激減させ，一見成功したかのように思われるが，彼らの（多産という）習慣までをもそれに合わせて変えることはできず，結果としてこれらの国における「人口爆発」という新たな問題を引きおこした．

---

17. 被験者Q

[課題1] 地球温暖化（global warming, global warm）の原因とその対策について
（作成に要した合計時間＝　　分）
人口（世界または地球上の）がふえてきた．（仮説）
（原因）食糧や人類がくらすためのエネルギー消費が増える．
1．森林の伐採（CO_2を取り込む緑の生物が減る）
2．人口増（CO_2を出す人類が増える）
3．電力を得るため，石炭，石油をからだきする量が増加
4．鉄の使用量増（FeOを還元するため，石炭（コークス）を入れる．その結果CO_2が発生）．
これらによって，CO_2が増える．（CO_2の大気中の濃度大）C（炭素）を燃やしているため，地球の温度上昇．一方で，CO_2のため地球上の熱が外に排出されなくなる．
（対策）
1．人口の増加を減らす．
2．エネルギー消費量を減らす．
3．質素な生活をおくる．

[課題2] 地球環境問題のなかで，自分自身で関心のある任意な課題
（作成に要した合計時間＝　　分）
[自分で策定したテーマ]：科学技術の体系化
地球環境問題において，科学技術のはたした役割を見直し，地球全体にとって役に立つ（例えば，CO_2を出さないような）科学技術のあり方を提示する．
[仮説]：科学技術のあり方の転換
科学技術は人類の進歩に役立った．公害，薬害，地球温暖化等々，人類の進歩に役立たない現象が見られるようになった．科学技術の進歩は良い面と悪い面の2

面性がある．悪い面を正すにも，科学技術の力を借りなくてはならない．人類が科学技術を使う使い方を反省．科学技術と人類あるいは社会との関係を再度，吟味し，新しい科学技術のあり方を提示しないといけない．

---

18. 被験者 R

[課題1] 地球温暖化（global warming, global warm）の原因とその対策について
（作成に要した合計時間＝30分）
Green House Effect が温暖化の主要な原因であることが "Carbon Emission Unchanged" の論文にかかれている．このため，この論文を信用し，石油などの化学燃料による CO_2 の発生に伴う Green House Effect が原因であると考える．ただし，実は CO_2 が温暖化の原因であり，その絶対量を下げないと温暖化が進んで将来大きな問題となりうるということは社会常識として知ってはいた．ただし，その知識はメディアを通してのものに留まっていたので，ここにある論文を読むことで，それに対する裏付けというか確信を持てた．石油の使用が CO_2 の発生の主要な要因となっていると記述されているので，石油の使用を減少させることが必要であろう．石油に代わるエネルギー資源として，よく言われることであるが，原子力，太陽光，地熱などを効率的に利用できる技術を開発することが重要であろう．また，従来の重工業のようなモノ中心の社会から，コンピュータなどを利用した情報中心の社会に移行させていくことも有効であろう．

[課題2] 地球環境問題のなかで，自分自身で関心のある任意な課題
（作成に要した合計時間＝20分）
[自分で策定したテーマ]：原子力の利用の実際とその危険性，将来性
[仮説]：現時点では石油を利用しての発電の方がコストが安く，また原子力発電には常に危険性が伴うので，環境への関心が高まってくるにつれて，原子力発電はあまり使用されなくなるのではないか．

---

19. 被験者 S

[課題1] 地球温暖化（global warming, global warm）の原因とその対策について

付　録

(作成に要した合計時間＝70分)
原因としては，いくつか考えられる．まず，化石燃料の利用に非常に依存しているということである．化石燃料の利用は二酸化炭素の発生につながり，二酸化炭素は温室効果によって地球の温度上昇へと貢献してしまう．

また，人口増加も温度上昇に関与している．人の発生する二酸化炭素が直接的に及ぼす影響はわずかかも知れないが，消費エネルギーの増加分の二酸化炭素発生の増加は間接的にだが大きな影響を及ぼすだろう．対策について考える際には，以下のような事に注目できると思われる．天然ガスの生産が増えている，という報告がある．天然ガスは石炭，石油に比べて比較的二酸化炭素発生量が少ない．現在では熱源としてのみ利用されているようだが，天然ガスを利用した冷却サイクル，ヒートポンプ，自動車燃料としての利用等が開発されれば，よりいっそう石炭，石油への依存度を下げ，温度上昇の防止にすることができるであろう．同様にして，太陽熱発電，原子力発電，風力発電などの利用の増加もこういったことに貢献できると考えられる．

人口の増加の傾向が下がっているという報告もある．これは総人口の5分の1を占める中国での，人口増加抑制のための政策の効果の現れと考えられている．こういった世界規模での人口増加にたいする配慮は爆発的な人口増加を防ぐことになり，ひいては消費されるエネルギーを抑制し，それにともなう二酸化炭素発生を押え温度上昇を防ぐことができるであろう．ピナツボ火山の噴火による噴煙が太陽光線を防ぎ，地球全体の平均温度が下がったという報告もあった．少し非現実的になるが，太陽熱発電用のプレートを地球上空におくことによって，エネルギー問題対策かつ太陽光線による温度上昇の防止，という解決策になるかも知れない．しかし，太陽光線が減ることの植物などへの影響についても考慮しなくてはならないであろう．これらの対策は，技術的，社会的にこれから長い時間をかけて努力して行かなくてはならないことであろう．

[課題2] 地球環境問題のなかで，自分自身で関心のある任意な課題
(作成に要した合計時間＝80分)
[自分で策定したテーマ]：大気汚染の原因とその対応策について
[仮説]：大気汚染は深刻な問題で，森林などにも非常に大きなダメージを与えている．森林破壊は，二酸化炭素濃度上昇などにもつながる非常に大きな問題である．これらの大気汚染の原因については，たとえば，日常で利用されている車などの排気ガスや，主たるエネルギー源である石油の燃焼後の排気などが考えられ

る．しかし，車の生産量はここしばらく伸びていないという報告や，エネルギーが石油から風力などクリーンなエネルギー源へ移っているという報告があるので，こういった所から考えて行けば，大気汚染問題のとっかかりとすることが出来るであろう．

---

20. 被験者 T

[課題1] 地球温暖化（global warming, global warm）の原因とその対策について
(作成に要した合計時間＝50分)
原因：化石燃料の使用などによる，空気中の炭酸ガスなどの温室効果をもたらすガスの増加．
対策：＊それらのガスの減少
　　　#1　化石燃料の使用の効率化
　　　#2　ガスそのものを積極的に減らす
　　　＊　太陽光が地球に届くのをある程度遮断する

[課題2] 地球環境問題のなかで，自分自身で関心のある任意な課題
(作成に要した合計時間＝20分)
[自分で策定したテーマ]：大気汚染と森林
[仮説]：空気中の汚染物（酸性物，重金属）により木が弱っている．空気中から直接影響を受ける場合や，土壌から間接的な影響を受ける場合がある．

付　録

付録Ｂ：実験２における被験者の仮説の文章

1. 被験者*A

［課題１］地球温暖化（global warming, global warm）の原因とその対策について
（作成に要した合計時間＝100分）
地球温暖化の原因は，地球上に太陽から達した熱や，地球内で発生した熱を地球上に蓄積する要因が，地球上への熱の到達を阻む要因と，地球の熱蓄積を減少させる要因の両者に比べて大きいことにある．前者の要因として，熱の放射を阻む二酸化炭素，メタン，フロン等の温室効果ガスの増加が注目されるが，地熱や原子力利用など自然現象や人為活動による地球内で発生する熱も無視できない．後者の熱の到達を阻む要因としては大気中の人為的・自然的汚染物質（火山灰などを含む）や水蒸気（雲）の増加，地球の熱蓄積を減少させる要因としては宇宙への熱放射に加え，温室効果ガスを減らす光合成や海の作用が挙げられる．加えてこれらの要因には相互関係が有るが，地球温暖化では前者の要因が後者の要因よりも前者の要因を促すポジティブフィードバック的な関係が強い．従ってこの対策として熱蓄積要因を減らすとともにポジティブフィードバックを断ち切り，熱到達阻害要因と熱放射要因を増やすことが考えられる．しかし現実には熱蓄積要因の一つである温室効果ガスの削減においてさえ国際社会では各国の利害がからんで合意が難しい．そのうえ，熱到達要因の大気汚染物質のように他の問題を考えると非現実的なものもあり，科学的知見の不足と合わせて問題解決には困難が多い．

［課題２］地球環境問題のなかで，自分自身で関心のある任意な課題
（作成に要した合計時間55分）
［自分で策定したテーマ］：中国の石炭利用による環境破壊
［仮説］：中国の石炭利用はその物質代謝のほぼ全過程において深刻な環境破壊を生みだしている．すなわち，採掘段階においては地盤沈下，水資源破壊，土砂流失，ボタの堆積と自然発火，さらに労働環境破壊，運搬と貯蔵の段階では粉塵汚染，燃焼の段階では大気汚染，燃焼後の灰の処理においては河川や農地の汚染の原因となっている．中でも燃焼による大気汚染は，都市大気汚染のほか，工業の農村立地という中国特有の政策的条件から，小は都市農村の小さな地域社会から，

大は越境酸性雨や地球温暖化等の形で省，国，国際社会，地球規模へと至る，様々な規模の社会に被害をもたらす問題となっている．これに対して中国政府は，問題解決を重要課題としながらも，経済発展と技術の遅れを理由に，十分な対策を取ることは不可能とし，国際社会に技術と資金面での協力を求めている．しかし中国は他国と比べて炭素排出量に対する経済生産性が著しく悪く，それを改善するだけでもかなりな経済発展が見込まれる．

2.　被験者*B

[課題1] 地球温暖化（global warming, global warm）の原因とその対策について
（作成に要した合計時間＝　　　分）
原因としては，(1)人口増加，(2)一人当たりエネルギー消費拡大，(3)都市と農村，先進国と途上国，富裕層と貧困層などのギャップの存在の3つだと思います．
もう少し根源的なレベルでは，人間の遺伝子が自己増殖するようにプログラムされていて，ある plateau の地点に行くまで，人口は増えていくのでしょう．科学技術の発達が，急激な変化を抑制する場合もありますが，（環境保全技術の開発など）それほど期待はできないでしょう．また貧富の格差が存在する限り，欲望の拡大は押さえることは不可能でしょう．
対策としては，上の3つの原因をどうにかして「小さく」していくほかはありません．具体的には，まず先進国から途上国への資金，技術の移転がなければ，状況は変わらないと思います．そして温暖化のスピードを押さえるために省エネ技術の開発にかけるリソースを現在の数倍ぐらいのレベルにあげなければだめでしょう．ただし，そのような努力をしても，温度上昇を多少押さえるぐらいしかできないでしょう．
4番目の原因として貧困や戦争と温暖化がかなり強く結び付いていると考えましたが，マッピングを行なったところ，それほど強い関係は見られませんでした．恐らく地球温暖化よりも燃料としての木材や水資源を巡る争いとして戦争と貧困と環境が結び付きそうな感じがマッピングの結果として得られました．

[課題2] 地球環境問題のなかで，自分自身で関心のある任意な課題
（作成に要した合計時間＝　　　分）
[自分で策定したテーマ]：(1)石炭消費の変化と地球温暖化，(2)軍備の削減が環境

付　録

投資の増加に結び付くか
［仮説］：全体的に石炭消費は低くなりつつあるが，中国の消費は拡大している．しかし，中国では石炭が一番コストが小さいので，これ以外のエネルギーを利用するようになるのは当分先である．
いわゆる平和の配当の分が環境投資に振り向けられる．

3.　被験者*C

［課題１］地球温暖化（global warming, global warm）の原因とその対策について
（作成に要した合計時間＝　　　分）
原因：人口の増加，すなわち人間活動の活発化による地球温暖化効果ガス排出量の上昇があげられる．地球温暖化の原因として大きいものは，石炭の使用があげられる．大気中の二酸化炭素濃度が上昇し，エネルギー消費量も増えていることからさらに地球温暖化が深刻化することが予想される．
食料などの生産量は増大しているものの，気候変動が実際に大規模に生じた場合，あれだけの食料を生産し続けることができるかどうかは疑問である．
対策：人口の増大をどうするか，人間の活動を沈静化するかどうかはともかく，地球温暖化効果ガスを削減する以外に方策はない．地球温暖化効果ガスとしてエネルギーの使用も大きな要因の一つだが，石炭の使用も地球温暖化効果は高く，これらの削減が望ましい．
タバコの価格が上昇するとタバコの消費量が削減できる例があるが，これは，健康被害の影響と価格の上昇によって消費量が削減された例である．地球温暖化効果ガスとして効果の大きい石炭の消費量を削減する場合にも，健康被害ではなく環境被害の大きさをPRし，消費量を削減することが望ましい．
また，石油の消費量を削減することは，OPECなどの取り扱いを注意して行なわないと，国際問題にも発展しかねない．
経済的影響力を考えた場合には，世界的な影響力も考慮すべきで，特に旧ソビエトなどの東欧，またアジア諸国の経済発展にも注意する必要がある．これに対して石炭の制約は一国集中でもないので，手段が講じやすいと思われる．

［課題２］地球環境問題のなかで，自分自身で関心のある任意の課題
（作成に要した合計時間＝　　　分）

[自分で策定したテーマ]：タバコの価格と消費量の例から，経済的手法がどの程度有効なのか，どのように社会的資源利用効率性を向上させることができるのか．
[仮説]：タバコの税率を上昇させることは，タバコの消費量あたりの国の収入を上昇させることになる．消費量が減少することで，国の利益がプラスになるのかマイナスになるのかは，微妙なところである．
エネルギー価格を上昇させる場合，どのように上昇させるかが一つ重要な課題となる．国際的な炭素税で行なうと，その税収をどうするかという問題が発生する．フロンの削減のための税は，代替フロンへの促進に使用されたが，炭素税の収入の場合も，エネルギー効率などの資源利用効率の高い整備投資に使われることなどが考えられる．これによって円滑に社会的資源利用効率が向上するだろう．
課題1でも述べたように，石油全体に課税することは，経済全体に関わることであり環境の原則を振りかざしても，OPEC諸国や開発途上国に対する国際問題に発展しかねない側面を持っている．
また，炭素税などの経済的手法が，世界経済に影響を及ぼすとすれば，時間的スパンを考慮することも必要となってくる．世界的なイニシアチブを持っている集団としては，アメリカ合衆国とヨーロッパを中心とするOECDがあるが，どちらもエネルギーバランスの調査に力を入れているところが注目される．IMFなどの機関との連携により，経済的手法をより現実的な対応としてとらえることも必要だが，エネルギーデータベースを活用して，どの分野でエネルギー消費量削減を行なえるポテンシャルがあるかを検討することが重要といえる．
どの部分でエネルギー消費量を削減できるかは，未知なる領域だが，どの分野で社会的効率性を向上させることができるかは重要な課題といえる．

---

4. 被験者*D

[課題1] 地球温暖化（global warming, global warm）の原因とその対策について
（作成に要した合計時間＝　　　分）
地球温暖化が進行していることは確かである．その原因は人間活動に起因していると考えられる．産業革命により人間の活動が活発になった時期と，温度上昇の時期が一致しているからである．人間活動により排出されるCO_2が主な温暖化の原因と考えられ，CO_2をいかに減らすかが温暖化対策として考えられる．技術的にCO_2の排出量を少なくすることが考えられるが，経済的に規制をすることも有

付　録

力である．

[課題2] 地球環境問題のなかで，自分自身で関心のある任意な課題
(作成に要した合計時間＝　　分)
[自分で策定したテーマ]：酸性雨問題
[仮説]：酸性雨問題は中規模の地球環境問題である．中規模というのは局地的な汚染ではあるが，国境を越えて有害物質排出国と被害を受ける国が違うことがあることを意味している．酸性雨の原因としては SO_2 などであることは確かなので，技術的にはいかに有害物質を出さないようにするかが課題である．しかし，このような技術はコストが余計にかかるが，直接的に得るものはない．従って，有害物質排出国と酸性雨被害を受ける国が違うときに問題になる．排出国は他の国がどうなろうとあまり関心がないからである．これを解決するにはいかに低コストで有害物質を出さないようにするかだけでなく，酸性雨の原因と結果を広く一般に知らしめる必要がある．このような良心に頼った方法だけではうまくゆかないときには，エネルギー税のような経済的な方法で規制することも必要となるであろう．

---

5. 被験者*E

[課題1] 地球温暖化（global warming, global warm）の原因とその対策について
(作成に要した合計時間＝210分)
地球温暖化の原因としては，化石燃料の燃焼，森林破壊，その他と言った人間活動の影響が考えられるものの，湿地からのメタンなどの温暖化ガスの放出や火山活動などの自然活動が地球温暖化を左右する部分も大きく，また温室効果ガスが温暖化に及ぼす影響の因果関係も不確実であり，議論の余地があるところである．しかしながら，気候変動が仮に起こった場合，植生が変化し，これは農業生産の変化をもたらす可能性がある．また，海水そのものの膨張や極地の氷の溶解により海面が上昇し，沿岸部の国々では国土が水没する可能性がある．このような，温暖化によって引き起こされる種々の事象は，保健衛生，経済，国際政治といったあらゆる面で人間社会にとって致命的な影響を与えるため，そのような危険を回避すべく，化石燃料の燃焼や森林破壊による大気中への二酸化炭素の放出量を削減する対策を講ずるべきである．具体的な対策としては，炭素税の導入といっ

た経済的誘導や，先進国から途上国への技術援助といった方策が挙げられる．

[課題2] 地球環境問題のなかで，自分自身で関心のある任意な課題
（作成に要した合計時間＝60分）
[自分で策定したテーマ]：生態系の破壊と生物種の減少
[仮説]：人間活動の影響により，地球規模の生態系の破壊が進行しており，それに伴って生物種の減少が起こっている．熱帯雨林の破壊が進行していることは広く知られているところであるが，そればかりではなく温帯での雨林の破壊も無視できない問題となってきているし，陸上ばかりではなく海の珊瑚礁も減少している．また，環境汚染や生息地の減少，乱獲，農薬・殺虫剤の使用，酸性雨などによって，鳥類やその他の野生動植物の種の減少が起こっている．これらのことは，生物資源の経済的利用や生態系保全の観点からも，また遺伝子資源保護の観点から見ても，人類の生存に対する脅威となっている．この問題を解決するためには，生態系に関する研究を推進し，より良く生態系を保全して，環境的に持続可能な開発を行なう手法を開発する必要があると思われる．

---

6. 被験者*F

[課題1] 地球温暖化（global warming, global warm）の原因とその対策について
（作成に要した合計時間＝60分）
実験1の時点でほとんどの文献に目を通してしまったので，特に新しい仮説形成には至らなかった．課題の設定が，「地球温暖化」となっているが本来なら「気候変動」とされるべきであろう．つまり，温暖化と設定することによって寒冷化の要因が重視されなくなり場合によっては「地球寒冷化」の仮説を構築しようとするものの仮説形成を妨げることにもなる．本来なら，寒冷化と温暖化の双方の要因をかんがみて仮説が形成されるべきであろう．

[課題2] 地球環境問題のなかで，自分自身で関心のある任意な課題
（作成に要した合計時間＝60分）
[自分で策定したテーマ]：生物多様性減少の原因と対策
[仮説]：生物多様性が減少する原因は，生息地の破壊，過剰な捕獲，外来種の侵入，気候変動，汚染による免疫機能及び繁殖機能の低下が上げられる．よって，

付　録

生息地保護，捕獲及び取り引きの規制以外に汚染物質の環境蓄積を防ぐ対策を取らなければならない．

7.　被験者*G

[課題1] 地球温暖化（global warming, global warm）の原因とその対策について
（作成に要した合計時間＝60分）

私たち人間による人間活動，特に産業革命以後，活発になった産業活動が地球温暖化をもたらしたことは疑いようのない事実であるように思われる．特に，近年，化石燃料の燃焼によって排出の激しい二酸化炭素は気候温暖化の主原因とされているが，以前のように先進国のみなならず，発展途上国でも排出が増えてきている．また，発展途上国の急激な人口の増加に伴う，バイオマスバーニングによる二酸化炭素の排出も増加しており，まさに，「人間活動」によるものだと考えている．

二酸化炭素は大気中に蓄積するが，地球の物質循環で水圏や土壌にも循環し，大気からの直接の影響以外にも，人間や動植物に影響を与えることが考えられる．また形の上でも二酸化炭素としてのみならず炭素としても地球上の炭素循環を狂わせる恐れがある．エアロゾルとしても大気放射に影響を与える可能性があり，その影響は連鎖的に大きくなっていくことが考えられる．

森林を増やす．フロン類を減らす．リサイクルを進める．自動車をなるべく使わないような政策を提案する．などである．しかし，負債を抱える途上国にはこのような政策を実施する能力に劣るだろうから，先進国が経済的，政治的に援助することが必要になるだろう．

また，経済的な手法によってGDPを保ちつつこれらの方法を実現していくことが大切であろう．

[課題2] 地球環境問題のなかで，自分自身で関心のある任意な課題
（作成に要した合計時間＝60分）
[自分で策定したテーマ]：大気中微量成分気体と生物圏とのかかわりについて
[仮説]：近年，大気中の主成分である窒素や酸素ではなく，二酸化炭素やメタン，一酸化二窒素などの天然にも起源のある成分やフロンなど完全に人工起源の気体成分の大気中濃度の増加が報告されているが，それらを動物，植物が取り込んで

生体内で有毒なものに変化したりしないのか？
かりに，もし変化して，植物内で有毒に作用すると，収穫率に影響してきて，農業に響いてくるだろう．農作物のコストに効いてきて，経済的な問題を引き起こすことも十分考えられる．

---

8. 被験者 H

[課題1] 地球温暖化（global warming, global warm）の原因とその対策について
（作成に要した合計時間＝60分）
「高校などで，地球の温暖化には「温室効果」などが原因となっていて，それは森林の乱伐，工場や自動車などで化石燃料を燃焼させることによる二酸化炭素やNO_xによる大気汚染，人工爆発，などが起因していると言われて来た．そのため，地球の温暖化の原因はそういうものだと言う思い込みがあった．そのため，本課題においては，その思い込みを裏付けてくれる論文にざっと目を通すことを行なった．」「温室（効果）＝ greenhouse」を元に hyperlink をたどることにより，エネルギー問題に対象が絞り込まれて行った．実験1においては，大雑把に論文を拾い読みしていて今一つ焦点が定まらなかったが，1つの論文内でのキーワードマップを参照することによって論文の大体の内容の把握が容易になり，キーワードのインデックスを参照することによって関連する論文の関連する箇所に飛びやすくなったことが，その原因だと思われる．航空輸送の旅客が増えていること，ジェット燃料の消費が増えていることなどに関する記述は，二酸化炭素やNO_xによる大気汚染の進行に関わり，上記の仮説をより強く裏付けていると考えられる．

[課題2] 地球環境問題のなかで，自分自身で関心のある任意な課題
（作成に要した合計時間＝45分）
[自分で策定したテーマ]：人間の利便性の追求が，我々人間の生活を根底から脅かすことになる危険性を持っていると思われる．自動車・航空機など，輸送機器の発展の環境への悪影響の原因，とその対策について考えてみたい．
[仮説]：「航空機を使った旅行が増えている．モータリゼーションも地球規模で進んでいる．当然，燃料であるガソリンなどはどんどん消費されることになる．その対策として，(1)自動車などの性能（燃費，排気系）の技術革新，(2)交通量を制限する，(3)自動車・航空機の移動の必要性を減らす，などの対策が考えられる．

付　　録

(1)で劇的な燃料の消費を押えるのは出来ない．(2)は一般大衆のコンセンサス，特に発展途上国の積極的な賛同を得にくい．これからは(3)を進めるべきだ．そのために，在宅勤務や仮想旅行などの情報・通信技術がもっとも必要とされるのではないか．」第3世界の負債が増え続けていることが記述されていたが，このことは(2)が発展途上国に受け入れられにくいという上の仮説を支持していると考えられる．

---

9. 被験者 I

[課題1] 地球温暖化（global warming, global warm）の原因とその対策について
（作成に要した合計時間＝50分）
基本的には二酸化炭素やメタンの大量放出による温室効果のためと考えられている．そしてこれは産業革命以来の工業化による化石燃料の大量消費による影響が強い．しかし，同時に焼畑農業や木材伐採による森林の破壊なども影響しており，これは地域の貧困の問題ともつながり，社会問題・経済問題としても捉えなければならない．対策としては今のところは直接的に二酸化炭素の排出量を制限するほか，植林による二酸化炭素の吸収によって代替するなどが考えられる．

[課題2] 地球環境問題のなかで，自分自身で関心のある任意な課題
（作成に要した合計時間＝90分）
[自分で策定したテーマ]：食糧問題．人口増加に耕地面積の拡大や肥料の投入，品種改良などの技術革新で追い付けるかどうか．また，地球上の陸地面積に制限がある以上，単位面積あたりの収穫量をいかに増やすかが鍵になる．
[仮説]：穀物の用途には大きく分けて食用糧と飼料用があり，飼料用が増えれば増える程一人あたり穀物消費量は増えることになる．したがって飼料用に供給される穀物の量をあるレベルに押えることで食糧問題についてある程度の対策となる．また，インド・中国などでは現在，かんがいや土壌の改良によって米と小麦の二毛作が実現しており，実質的な耕地面積の拡大につながり，単位面積あたり収穫量の増加につながる．このことは熱帯地域など気候が一年を通じて耕作に適している地域において時間的に分割をよりすすめることで耕地面積の実質的拡大を期待できるのではないかと思える．

---

10. 被験者J

[課題1] 地球温暖化（global warming, global warm）の原因とその対策について
（作成に要した合計時間＝90分）
消費優先の経済構造（資本主義社会のもつメカニズム）は，より多くのエネルギーを消費することが経済の活性化につながり，人々が幸福になる．このことにより，西側諸国を中心として，過去何万年もかけて蓄積された化石燃料などのエネルギー資源を競って使うという構図ができあがった．これが根本的な原因．これに対して，産業革命以降の科学技術の進展により，高エネルギーをさまざまな資源から取り出す技術と，それらの高エネルギーを利用し何らかの財やサービスに変換する技術が確立したことが，地球の温暖化を決定的なものとした．また，生活の上で，エネルギーを大量に消費することが当たり前のこととなった．つまり，大量に消費するしくみができあがったことが，現実的には最大の原因．対策としては，人工の抑制，大量消費の規制，再利用技術の確立，地球外へのエネルギーの放出，などが考えられる．具体的にこれらの対策を実行するにあたっての，さまざまな問題点については，個々に検討する．世界人工の増加により，農作物を多く栽培することが必要となり，以前に増してより多くの自然が破壊される．また，住宅などの建設のための木材をばっさいすることも，自然破壊の原因となる．このようにして，自然が破壊されることにより，地球全体の生態系のバランスがくずれた．この原因に対する解決案としては，地球規模で一定のルールつくりを行なうことがまず重要である．また，マクロ的に見た場合，エネルギーの効率が悪くなったことも，地球温暖化の原因であろう．個々に見た場合，例えば内燃機械やタービンなどのエネルギー変換の効率は向上しているが，それらによって生まれたエネルギーが生活にとって最低限必要なことのみに使われているかというと，一人あたりの生活に必要なエネルギーに対して実際の消費量は莫大に多くなった．これによって，エネルギーの消費量は多くなり，地球が放熱するスピードに追い付かなくなった．この原因に対する対策は，人々のエネルギー消費を個々の単位ではなく，全体で減らすような町ぐるみ，地域ぐるみの取り組みが必要．

[課題2] 地球環境問題のなかで，自分自身で関心のある任意な課題
（作成に要した合計時間＝40分）
[自分で策定したテーマ]：南北間の政治的な対立をどう調整するかについて．（根本的な価値感の異なる人々をどのようにしたら，1つの目的のもとで協調させる

付　録

ことができるか）

［仮説］：地球温暖化という問題意識は北側先進国のものである．南側途上国の論理は温暖化の防止は必要と考えてはいても，最重要課題ではない．目的あるいは基本的な問題認識が異なる国または地域間での調整は，恐らく単純ではない．地球温暖化という問題が，それぞれの国または地域のその他さまざまな問題の中でどのように位置付けられているかを明確にし，その上でこの複合問題を各国または地域間のインタラクションを考慮しながら解決するためには，どのようにすればよいか，という問題解決のプロセスは，多目的，ダイナミック，複数主体，であり悪構造問題である．このような問題解決のためには，目的から手段を決定する方法ではなく，ある手段を目的の中で位置付けるというアプローチが必要．手段（オペレーション）としてあらかじめ選択枝をできるだけ多く用意し，それらを各問題解決主体における現実問題の中で位置付け，すべての主体においてプラスの効果があり，かつ効果の合計が最も大きいオペレーションを順次選択し適用していくという方法がよいだろう．対話が重要である．まず，対話を始めることから，取り掛かる．ただし，そのためには，なぜ対話をしなければならないかなど，それぞれの参加者がそれぞれの理由によって動機つけられる必要がある．対話するテーブルについた後は，それぞれの問題認知を相互に理解することが次の課題である．そのためには，それぞれの価値観をまず理解するように努力する必要がある．現状認識のためには，数値データを用いてそれぞれ自分の主張を行ない，議論をつくした結果，相互に妥協して解決策を練る．特に南北間（先進国と途上国），西欧と東洋との間に立場あるいは価値観の違いが大きい．なぜ，このような相違ができたのかを検討するために，政治的な要因，経済的な要因，文化的な要因，そして，宗教的な要因，などについて考える必要がある．産業構造，GDP，生産性，家族構成，生活スタイル，などについてそれぞれの国あるいは地域を比較検討することで，違いが想像できる．

11.　被験者K

［課題1］地球温暖化（global warming，global warm）の原因とその対策について
（作成に要した合計時間＝　　分）
主原因としてまずしい国により，化石燃料が利用され，それに伴って二酸化炭素が放出され，温室効果となる．対策：化石燃料の使用抑制のためには，まずしい

国が高技術の発電ができるように支援したりする．また，まずしい国を発展させることで，自然に人口の抑制ができると思われる．

［課題2］地球環境問題のなかで，自分自身で関心のある任意な課題
（作成に要した合計時間＝　　　分）
［自分で策定したテーマ］：必要総エネルギー量の抑制
［仮説］：エネルギー消費量は，高度に文明化された社会や，人口の多い国で多いと考えられる．高度に文明化された社会でエネルギーを抑制するには，極度にスピード化された社会システムを，もっとゆっくりとしたペースに落す．それに伴い，生産現場のスピードが落ち，それに伴って，必要エネルギーを抑制できる．人口の多い国は，まずしい国である．これらの国を先進諸国に近付けることで人口が抑制されると考えられる．（先進国は出生率が低い）

---

12. 被験者L

［課題1］地球温暖化（global warming, global warm）の原因とその対策について
（作成に要した合計時間＝100分）
化石燃料を燃やすことで発生する CO_2, methane, CFCS が大気中に温室効果(Green House Effect) を起こし，地球の熱バランスを崩して起こる．その対策としては，化石燃料の使用量を減らすしかない．が，活発な経済発展中の開発途上国にとってはこのようなことは不可能に近い．現在の大勢の炭素消費国はアメリカを中心としたOECD諸国なので，今から産業発展を目指している開発途上国に炭素税あるいは炭素消費量の凍結を要求するのはおかしい．しかも，なんの対策もなければ大切な地球環境と未来の人類の生存に大きな害になるため，いけない．政治的解決対策は，前述の理由で国別には対策が出ないはずなので国際政治的な話合いと協力体制をOECD諸国が積極的にとる必要がある．具体的には，先進国での炭素税で，化石燃料使用を凍結した途上国を支援すること，などがありえる．技術的解決対策としては，エネルギー効率の向上（燃費の良い車の開発，大衆交通手段の整備）炭素固定化技術の開発，などがあげられる．しかし，例えば大衆交通手段の整備などは，個人の自由な移動，時間の節約などを諦める要素があるので，人間を無駄に移動させる制度，習慣を改善することも裏にかくれている対策だとも言えるだろう．

付　録

［課題2］地球環境問題のなかで，自分自身で関心のある任意な課題
（作成に要した合計時間＝200分）
［自分で策定したテーマ］：森林破壊の原因はおもに紙の消費にあり，その対策とは？
［仮説］：Paper Recycle はその限界がある．だからその消費量を減らせる画期的な対策がなければいつかは世界の森林はなくなる．その対策としては，
1．紙の消費量を減らす文化を作ることであるだろう．数千年間紙中心の情報伝達体系を維持してきた人間文明は，電子化という波をむかえ，情報の保存に0に近い空間と，伝達に0に近い時間を要する電子文書文化が開きつつある．新しいメディアに対する社会的な違和感と保安性，無形の情報に対する価値認識の不足などが解決されたら，紙が（あまり）要らない時代がくると思う．
2．Recycle 率の限界を越えるため，recycle された paper を virgin pulp の質に近付ける技術（crisscrossing and layering the fibers for maximum strength）が開発されている．Cost の問題はあるが，これをもっと積極的に使うようにするべき．
3．nonwood pulp の source を開発する．原文：Agricultural wastes, such as cereal straw and bagasse（sugarcane stalks），and fiber crops such as kenaf and hemp（which is illegal in the United States）are examples of pulp sources for treeless paper. 以上のような対策がある．

13.　被験者M

［課題1］地球温暖化（global warming, global warm）の原因とその対策について
（作成に要した時間＝［実験1］＋4時間）
（実験1で得られた仮説に削除する部分はない．今回の実験でさらに以下の仮説，精緻化が得られた）．
後進国と先進国の環境，経済状況の間には以下のような構図が成り立つように思われる．後進国においては，衛生状態が悪くエイズも多い．それらのため短寿命で子供の死亡率も高い．いわゆる多産多死の状況にある．貧しく，教育環境も整っていなくて文盲率も高い．国の借金も多い．後進国の近代化は工業化すなわち第2次産業への重点の移行によって始まる．その過程において大気汚染の原因となるガスを大量に大気に放出することになる．近代化の途中においてはまだ富んでいないため，大気汚染に対して十分な対策を講じる余裕はなく，さまざまな経緯から大気などの環境は汚染される．先進国では産業構造が第3次産業主体（Energy-

non-intensive) に移行しつつあって近代化途中の後進国よりも環境問題に気をまわす余裕があるとは言っても，汚染されてしまった環境は戻らない．つまり汚染とひきかえに貧困を脱し富を得るという構図が見られる．先進国は Energy-intensive ではなくなってきているので，先進国はエネルギーをあまり消費しないで価値を生む，望ましい産業構造に代わってきているのだと主張するかもしれないが，それは違う．日本もかつては鉄鋼などエネルギー重視産業によって復興をしたが現在はむしろより技術を必要とし付加価値の高い産業に重点が移行している．これは決して日本が望ましい産業構造に近付いたわけではない．なぜ日本の鉄鋼業がすたれたかといえば他国の鉄鋼業に対してコストの面で敗北したからだと思う．言い替えれば日本に代わる鉄鋼の生産国が他に現れたから，日本の鉄鋼生産は廃れたのだ．環境の視点から見れば地球全体として鉄鋼の生産はおそらくたいして変わっていないだろう．ローカルに見ればエネルギー重視型の産業構造を持つ国とそうでない国があるだろうが，大局的に見ればその両者を比較して是非を問うことは意味を持たないだろう．このような視点にたてば後進国がなにかを輸出するために地球上で有数の貴重な自然環境を破壊しつつ開発を行なうことを責めることはできない．つまり，国際的分業が進んでいて先進国にいる私達は熱帯雨林が焼かれているのを他人事のように眉をひそめて見るけれど世界的に見れば第1次，第2次，第3次産業はバランスがとれていることが必要であって，熱帯雨林が減っていくことも他人事ではないはずである．後進国内のみに話を限定しても政策を決定する上で，貧困（貧富の格差），衛生状況など話に絡んで来て簡単にはいかない．それらに対処するにも多額の借金のために長期的な政策をとることができない．たとえ環境保護に重点を置かないとしても，多額の借金を返済するのはなお困難なのに，それらの環境保護にも気を使うとしたら事態は困難を究める．先進国による支援が必要不可欠である．つまり，世界規模でのバランスが重要．世界規模で経済構造を再考することが必要である．

［課題2］地球環境問題のなかで，自分自身で関心のある任意な課題
（作成に要した時間＝［実験1］＋3時間）
［自分で策定したテーマ］：森林破壊の原因とその対策
［仮説］：
〈原因〉酸を形成する硫酸塩，窒化塩，SO_2，オゾン，重金属などの大気汚染物が自然的要因と共に森林破壊に影響を持つ．空気汚染は工業や輸送，発電のために化石燃料が燃やされることが原因である．

付　録

〈対策〉酸性雨による森林破壊は地球の温暖化と比して影響が広範囲に及ばない問題である．SO_2はCO_2ほど長期的には大気中に漂わない．対策は国単位で，あるいは近隣の国との話合いで検討するので十分と思われる．具体的には石炭，石油の使用を減らすことと，それらを燃焼した際の排気ガスに最大限の注意を払うことが最大の対策のようである．そのためには天然ガス／太陽熱／水力／地熱／を利用すること，煙突や車の排気口に空気清浄器の設置，工場や乗物，発電所に対する排気ガス放出規制の徹底などが必要である．ただしこれらを徹底するためには多少なりとも現在のエネルギーシステムを抜本的に再構築する必要があるので容易には行なうことはできない．アメリカで森林破壊の調査がされた時に出された結果ははなはだ信憑性の低いものであった．これを製紙産業や電気機器産業からの圧力がかかったのではないかと考えている者もいる．問題であるのは利を受ける行動をした人とそれによって害を受ける人が異なることである．製紙産業や電子産業の廃棄物などを原因として酸性雨が発生するのに，森林破壊によって実害を受けるのは農業や林業に携わる人達である．また，温暖化に比して影響の及ぶ範囲が狭いとしても，国境を越えて影響が及ぶこともある．自然破壊による損害を，その破壊の原因となる行為をしたものが負担するような体制（意識）も必要である．

（以上は実験1で得られた仮説，以下が今回）エネルギーシステムを再構築するという大きな目標へむかう努力のうち，もっともわかりやすい方法はエネルギー源を変えること，エネルギーの使用量自体を減らすことである．しかし，どのような手段であれ現状から脱するためには相応のコストがかかる．それは家庭のレベルでも，国家のレベルでもコストがかかる取り組みになる．問題はどのようにしてこれらに敢えて取り組ませるか，ということである．人間は便利なものを好むのでほうっておかれれば，便利さを重視して環境に対して悪影響をもつエネルギー源を選んでしまうこともあるだろう．環境に与える悪影響が少ないエネルギー源をあえて選ぶように，さらには，エネルギー使用量の少ない生活を営むように，何かしらの方法で社会（地域社会，国際社会）にプレッシャーをかけなければならない．過去の例を見てみると，石炭や石油の使用量が減った時というのは，共産圏が崩壊した時や価格が急激に上昇した時である．そのような時には使用量は減らそうとしなくても，減らざるを得ないのである．また，現在，天然ガスの利用が伸びている点については，環境的な利点のみでなく経済性が高いことも理由になっている．環境に悪影響を与えるような行為をするのに金がかかるような社会システムを作ることができたら，自然とそのような行為はされなくなるだろう．

現在石炭の利用を抑制するために税率を高く設定するとか，環境法を制定するなどの方法をとっている国もある．しかしこれはあくまで一国の内での話であり，つまりは国の方針次第なわけである．先進国での石炭の利用はもはや鉄の精錬，火力発電所ぐらいに限られてきているが，開発国では安いからという理由でまだ多く利用されている．世界規模で大気汚染の問題を考えるためには国際法，関税など国に対して何らかの強制力，抑制力のある手段がとられなくてはならない．しかし，国によって石炭への依存度が違うことから一律に基準を作ってしまうと，影響を受ける国と受けない国ができてしまう．だから石炭を必要とする国（多くは開発国だろう）に対しては石炭使用の制限と，他のエネルギー源を使用する際に必要な設備や技術の援助の2本立てが必要になろう．その際には押しつけるような一方的な援助ではなく，その地域の参加を重視した援助が有効である．

---

14. 被験者 N

［課題1］地球温暖化（global warming, global warm）の原因とその対策について
（作成に要した合計時間＝90分）
（実験1の仮説）化石燃料の使用や森林伐採によって空気中のCO_2濃度が高まり地球の温暖化につながっている．対策としては，天然ガスの使用，エネルギ効率の向上，風・太陽エネルギの使用などによってとくに先進国，工業国のCO_2の排出を抑制する事があげられる．また，車やバスを使わないで，自転車を使う事も考えられる．
（実験2の仮説）（実験1への追加分）（原因）CO_2が増加すると温室効果により温度が上昇する．なぜなら，CO_2は太陽光を良く透過し，熱を宇宙空間へ逃す赤外放射を吸収するからである．（対策）面積の大きい国では，CO_2を吸収するために木を植えると言う事が可能である．先進国では，CO_2の排出を削減するために，政府としてCO_2の排出に税金をかけたり，CO_2排出削減のために補助金（研究費）を出したりすべきである．発展途上国では，まだ技術が成熟していないので，CO_2が出やすい石炭を燃料として使わざるを得ない．しかも，環境問題以前の問題（スモッグ，厚生）を差しおいて環境問題に資金を使うわけにはいかない．そこで，先進国が，CO_2排出削減の技術を提供したり，補助金を提供したりして，世界全体として地球の環境を保全するような方向に進む必要がある．

付　録

[課題2] 地球環境問題のなかで，自分自身で関心のある任意の課題（作成に要した合計時間＝80分）
[自分で策定したテーマ]：酸性雨の原因と酸性雨が及ぼす影響
[仮説]：（実験1の仮説）まず，酸性雨の原因は硫黄や窒素である．硫黄発生の最大の原因は，石炭の燃焼であり，他の原因として石油燃焼，金属の溶解などがあげられる．例えば中国では，排ガスをきれいにする技術がなく，またエネルギを石炭に頼っているので，硫黄の排出が多い．窒素発生の原因は，車，発電所，産業エンジンなどである．影響としては，酸によって土壌中のカルシウムやマグネシウム，リンをとかしてしまって木が育たなくなったり，かんばつや風，温度の変化に耐えられなくなったりして，森林が減少してしまう．人の健康に悪影響を及ぼす，物の生産の低下などがあげられる．例えば北東アメリカや南東カナダでは酸性雨によってカエデの木が減少し，シロップの生産が落ちてしまった．（実験2の仮説）（実験1への追加分）（原因）石油，石炭の燃焼によって SO_2 や NO_x が発生し，酸性雨の原因となる．ジェット機のジェット燃料の燃焼によっても SO_2 や CO や NO_x が排出される．またパルプを作ったり，漂白する時の化学薬品によっても SO_2 が発生する．（影響）SO_2 は地球をスモッグで覆い，気温を低下させる．SO_2 によって森林や畑，湖がダメージを受ける．また鳥類の中で絶滅の危機に瀕する種もある．

---

15. 被験者 O

[課題1] 地球温暖化（global warming, global warm）の原因とその対策について（作成に要した合計時間＝　　分）
地球温暖化と二酸化炭素に関係があることは以前から知っていたが，それに関係するらしい物質の存在は今日知った．
また第三世界の工業化が大気汚染と地球温暖化に影響するらしいことは以前から知っていたが，それらの食料生産特に蛋白質生成（動物飼育のことであろう）が何らかの形で地球環境に関係するらしいということは，今日初めて気がついた．
しかし，第三世界の食料生産特に蛋白質生成（動物飼育のことであろう）と大気汚染そして地球温暖化にどのような影響があるかは，自分は直接的な情報をまだ得ていない．
仮説に関係する他の要素として海洋生物と蛋白質の関係について考えついた．

［課題2］地球環境問題のなかで，自分自身で関心のある任意な課題
（作成に要した合計時間＝　　　分）
［自分で策定したテーマ］：農業生産と地球環境問題の関係
［仮説］：動物を飼育する農業（酪農や畜産）において飼料を用いて飼育すると，放牧する場合に比べて地球環境への悪影響が生じ易い．
それは，飼育するための牧場や餌を作成する畑を開墾することが環境のサイクルを狂わすためかも知れない．
穀物を人間が食べる場合よりも，穀物を飼育に用いる場合の方がより多くの開墾やエネルギーそして工業的なプロセスを必要とするためでもあるだろう．
また，第三世界の農業が小作化し，余剰農業労働力が必然的に工業に向かい産業構造を変換するためかも知れない．
海洋生物と蛋白質の関係に関して，海洋動物と海洋植物そして海洋植物の光合成について考えついた．
ここではプランクトンと紫外線の関係が興味深い．
植物性プランクトンの酸素生成つまり二酸化炭素分解が影響する際に，紫外線の作用が関わるのだろう．
海洋生物の変化がプランクトンに影響している側面もあるのかもしれない．
また温度上昇も海洋生物と光合成（特に植物プランクトン）のパフォーマンスに影響するらしい．

16．　被験者 P

［課題1］地球温暖化（global warming, global warm）の原因とその対策について
（作成に要した合計時間＝40分）
地球温暖化の直接的な原因は，地球をとり巻く大気中の気体組成が変化したこと，特に二酸化炭素やメタンガスなど「グリーンハウスガス」と呼ばれる気体の割合が増加していることによると考えられる．そしてその様な変化をもたらしているのは人間の活動，特に石油・石炭などの大量使用である．したがって，その対策としてはこれらの化石燃料に頼った現在のエネルギー政策を改めることであろう．実際，それらの気体の発生を制限しようという国際的な動きが経済的に豊かな先進国を中心に生じつつあるが，ここで問題となるのはその移行に要するコストである．貧しい発展途上国においては将来の環境よりも今日明日の経済的成長の方

がはるかに重要であり，いつ効果が現れるか分からないような政策によって大きな犠牲を強いられる事を強く警戒している．よって，二酸化炭素の制限といったような政策を世界規模で行なうためには，先進国が発展途上国に対して，経済的技術的な援助を行なう事が必要不可欠であると考えられる．また本質的にこの問題を解決するためには，そのような状況を生み出すおおもとの原因となっている「貧困」という問題を解決しなければならない．

[課題2] 地球環境問題のなかで，自分自身で関心のある任意な課題
(作成に要した合計時間＝30分)
[自分で策定したテーマ]：人口増加問題
[仮説]：発展途上国における人口増加は，近年先進国の医療援助などによって子供の死亡率が減ったにも関わらず，相変わらずこれらの国では女性が多くの子供を出産する事に起因している．そして，その原因の一つはそれらの国における教育の立ち後れ，特に女性の人権・地位がいまだ軽視されている事にある．これは結局のところこれら第三世界における「貧困」という問題に帰着されるが，過度の人口増加がその貧困をますます悪化させているわけだから，これは一種の悪循環を形成していると言える．したがって，この問題を解決するためには「教育」の問題と「貧困」の問題を独立に扱うのではなく，同時に改善していくことが必要である．

---

17. 被験者 Q

[課題1] 地球温暖化（global warming, global warm）の原因とその対策について
(作成に要した合計時間＝120分)
ピナツボ火山の噴火による噴煙が太陽光線を防ぎ，地球全体の平均温度が下がったという報告があった．上層の大気に散らばった粒子は地球の温度を下げるのに役立つようである．少し非現実的になるが，太陽熱発電用のプレートを地球上空におくことによって，エネルギー問題対策かつ太陽光線による温度上昇の防止，という解決策になるかも知れない．しかし，太陽光線が減ることの植物などへの影響についても考慮しなくてはならないであろう．
[課題2] 地球環境問題のなかで，自分自身で関心のある任意な課題（作成に要した合計時間＝100分）

［自分で策定したテーマ］：大気汚染の原因とその対応策について
［仮説］：大気汚染は深刻な問題で，森林などにも非常に大きなダメージを与えている．森林破壊は，二酸化炭素濃度上昇などにもつながる非常に大きな問題である．これらの大気汚染は原因については，たとえば，日常で利用されている車などの排気ガスや，主たるエネルギー源である石油の燃焼後の排気などが考えられる．しかし，車の生産量はここしばらく伸びていないという報告や，エネルギーが石油から風力などクリーンなエネルギー源へ移っているという報告があるので，こういった所から考えて行けば，大気汚染問題のとっかかりとすることが出来るであろう．

---

18. 被験者 R

［課題 1］地球温暖化（global warming, global warm）の原因とその対策について（作成に要した合計時間＝約 2 時間）
温室効果をもたらすガス（二酸化炭素，メタン）などが増加してきたためと考えられる．ただし，硫化物のように温度を下げる働きをするガスの効果や火山の噴火など不特定な要素があり，実際の気温と温室効果をもたらすガスとの関連は直接的ではない．対策として化石燃料の使用の制限や効率化が考えられるが，南北問題のような政治的な要素があり実行できるかどうか疑問である．現在のところ国際政治が取り組むべき課題としてはそれほど緊急のものとは思われていない．

［課題 2］地球環境問題のなかで，自分自身で関心のある任意な課題（作成に要した合計時間＝約 2 時間）
［自分で策定したテーマ］：大気汚染と森林
［仮説］：空気中の汚染物（酸性物，重金属）により木が弱っている．空気中から直接影響を受ける場合や，土壌から間接的な影響を受ける場合がある．ヨーロッパなどにおける酸性雨が問題となっているが，森林の破壊という問題では熱帯雨林の伐採などによる土壌の流失などの被害も出ている．

おわりに

　最近における情報科学の発展により，情報視覚化，知識発見，テキストマイニング，電子図書館など，本研究と関連のある研究は年々増加しており，現在もさまざまな目的と問題意識の下で，世界中で日々進展している．このような研究は，インターネットの急激な普及により，瞬時にして世界中が情報の氾濫の中に巻き込まれることになってきている現在，ますます重要性を増している．

　本書で提案したシステムの開発を始めたころは，インターネットの本格的な利用が始まったばかりであり，提供されている情報で有意義なものは極めて少なかった．しかしここ数年の間に様相は一変し，インターネットの商業利用が一般的になり，学術的な論文も数多く提供されるようになっている．そのためインターネットに公開された情報から，真に必要な情報だけを取り出す技術や，集めた情報を分析して新たな知識を見いだす支援システムの開発が必要になっている．

　このように変化の速い世界で，情報視覚化と問題発見支援というテーマでまとめた本書が，どれほどの価値を持ち，関係する領域でいかほどの貢献をなし得るか，明確には判断できない．今になって振り返れば，言い足りない部分や，言い過ぎた部分も多々ある．また自分だけの独断や偏見あるいは一人合点というような点も多く見られると思われる．

　これらは筆者の情報視覚化と問題発見支援に関する知識の足りなさや，システムと人間についての深い洞察や理解の不足に起因するものと言わざるを得ない．しかしあえて言わせていただけるなら，逆にこのような欠点が，本書の創造的な方法や独創的な議論と見解を可能にしているところであるかもしれない．今後に課題を残しておくことで，さらに研究を深めたいと考えている．

　いずれにしても本書でまとめた内容が，問題構造の視覚化と仮説生成に関

する研究を発展させ，問題発見・問題解決における発想を支援する研究のひとつとして，少しでも今後の世の中に役立つものであることを願うものである．

2000年立春
著者

索　引

a–z

2項関係　40
AA1　66
abduction　4, 17
AltaVista　115
Author Index　43
concept　10
concept network　11
concept structure　13
data mining　34
Figure & Table Index　43
FISM　66
HTML　69
hypothesis　12
idea unit　97
information visualization　35
Internet Explore　112
is-a　11
ISM　16
Keyword Index　33, 43
Keyword List　33
KJ法　5, 49, 58, 146
knowledge discovery　34
map　13
Message Browser　73
Mosaic　75, 88
Netscape　89
NM法　25, 130
part-of　30
problem　11
problem finding　13
problem solving　13
problem structure　11
scientific visualization　35
sentence　40
Title Index　43
visualization　12

WWW　50
Yahoo!　115

あ

アイディア　4
アイディアユニット　97
曖昧　3, 61
新しい視点　47
新しい用語　44
アブダクション　4
新たな概念形成　46
アンケート　86
意志決定　4
意図　86
意味内容　29
意味ネットワーク　11
イメージ　18
因果関係　26, 73, 129
因果関係推論　22
インターネット　60
インタフェース　153
インタラクティブ　115, 224
インデックス　33
隠蔽　57
引用関係　23
引用文献　71
英語辞書　38
演繹　22, 232
演繹推論　16
オペレーティングシステム　19

か

カード　50
解決のプラン　20
階層化　33, 218
階層構造　33, 217

索　引

回答　30, 91
概念　10, 29
概念形成支援　16
概念構造　13, 47, 179
概念ネットワーク　11, 29, 41, 49, 58, 146, 219
概念領域　27
科学的発見　6
確実性　17
学習効果　87, 91
学術論文　221
拡大　5, 17
獲得機能　39
学問　16
学問体系　89
可視化　18
仮説　12
仮説構造　36
仮説生成　4, 16, 20, 22, 68, 103, 194
仮説生成支援　15, 22, 65, 85
仮説生成支援システム　61, 65, 75, 230
仮説の検証　111
活用方法　224
仮定　12
考え方　19, 123
関連構造　3, 29, 52
キーワード　54, 82, 130
記憶　3, 35, 125, 199
帰結　20
技術者　18
帰納　20
帰納推論　4
客観的　85, 119, 164
境界領域　128
行数　99
局所的　19
組み合わせ　3, 40, 179
グラフ　78
グラフィックス　18
グルーピング　25
グループ化　222
グループの分離　52
経験的　117

経験的知識　19
計算機　→コンピュータ
計算結果　12
結果　17
結論　22
原因　17, 22
研究開発　5, 225
研究者　19, 71, 90
研究テーマ　15, 46, 128
研究分野　27
研究論文　71
検索過程　169, 177
検索機能　43, 69, 159
検索語　61, 110, 132
検索効率　87
検索要求　61, 69
検索履歴　75, 169, 176
検証　176
構成要素　3, 29, 123, 148
構造分析　61
五感　60
個人差　24
事柄　22, 107, 125, 144
言葉　3
コンピュータ　6, 233
コンピュータグラフィックス　18

さ

再現率　87
再配置　51
再表示　57
細分化　89
再マップ　53
作業効率　87
作業ファイル　53
作業領域　49
索引語集合　23
削除　34, 148, 158
作成過程　154
策定　15, 46, 101
酸性雨　11
支援機能　52, 61

索　引

支援効果　34, 85, 144, 153, 185, 231
視覚化　4, 12, 33, 46, 119, 179, 229
視覚化技術　19
識別番号　54
刺激　5, 13, 32, 135, 186, 219
刺激材　30
思考　3, 20, 30, 143, 199, 219, 232
思考過程　3, 65, 153, 219, 233
思考作業　26, 87, 168
試行錯誤　61, 177
思考に参加　147
事実　20, 123
事象　17, 186
システム開発　6, 217
システム統合　65
質疑応答　115
実験課題　94
実験時間　219
実験条件　154
実験方法　86, 87
質問紙法　91
視点　3, 52, 56, 169
視点の転換　56
視点の変更機能　52
自動獲得　39, 123
自動関係線付け　50
自動グループ化　50, 52, 223
自動初期配置　50
自動生成　60, 84
自動抽出　69
自動提案機能　136
自動翻訳機能　218
シミュレーション　12, 18
社会現象　16
社会工学　16
社会問題　36
修正　136
従属変数　87
柔軟な発想　43
重要語　179
主観的　119
出現回数　37
出現頻度　37

上下関係　11
常識　124, 223
情報科学　26
情報空間　35
情報検索　34, 61
情報工学　16
情報視覚化　19, 35
情報整理　67
情報世界　20
情報提供システム　147
情報媒体　16
情報メディア　60
情報モデリング　21
初期仮説　97
初期状態　118
初期データ　50
初期入力データ　49
初期配置　218
処理時間　37
資料　107
人為現象　26
人工知能　34
真実　17
新造語　40
心理学　29, 87
推論　4, 20
推論機能　16
推論方法　5
数値　57
数値データ　78
数理的知識　19
図表　70
スライダー　57
正規化　38
政策立案　27
政治　27
性質　11
精緻化　9, 140
静的　69
性能評価　92, 226
潜在　22, 192
全体　26
選択肢　91

索　引

前提知識　116
センテンス　40
先入観　51
全文検索　61
全文データ　230
専門家　89
専門外　108
専門用語　12, 37, 38, 39, 136
専門用語辞書　37, 123
相関関係　124
増減率　157
相互関連　26
相互作用　26
操作機能　49
創造　47
創造性　47, 135
創造性支援　9
創造的思考　153, 185
想像力　18
総体　29
増幅　5
双方向の作用　35
測定方法　86
素材　29, 47, 222

た

体系化　19, 227
対象世界　21
タイトル　33
多義的　10
多面的　7, 125
多様性　21, 25
多様な視点　24
単一文献　32, 53, 79, 121
探索　30, 224
探索手法　6
地球温暖化　98
地球環境研究　18
地球環境問題　4, 25, 98, 187, 215
知識　3
知識創造　34
知識の統合　26

知識発見　6, 34, 218
知識表現　6, 29
知性　18
知的活動　6, 20, 87
知的好奇心　186
知能工学　90
着想　4
抽出　12
直接操作　35
著者　33, 47, 121
ディジタル・ライブラリ　43, 50, 60
ディスクトップメタファ　19
ディスプレイ　123
定性的分析　85, 169
定説　99
定量的分析　85
データベース　76, 111
データマイニング　6
適合　7, 17
テキスト　35, 40, 124
テキスト情報　65
テキストマイニング　35
哲学　6
統計的手法　34
統合　34, 49, 65, 230
統合技法　66
同類語　57
特定の表現　32, 128
独立変数　87
都市工学　110
共出現　58, 70, 73

な

任意な課題　98
人間活動　26
認識　3, 49, 153, 188, 223
認知科学　87, 95
認知構造　13, 60, 135, 179, 207
認知心理学　18, 226
認知的限界　47
認知的な混乱　52
認定基準　97

索　引

は

パース　17, 22
排除　17
ハイパーテキスト　45
ハイパーメディア　43
発見　19, 128, 177, 185, 215
発散的思考　31, 126, 147
発想　18
発想活動　58
発想支援　18, 135
発想支援システム　5, 48, 85, 217, 232
発想法　17, 86, 130
場の設定　87
比較実験　97
被験者　89
非線形　30
非専門家　35, 90, 182, 231
ヒューマン・コンピュータ・インタラクション　19
ヒューマンインタフェース　16
ヒューリスティックス　117
評価　86
描画　13, 32, 229
評価基準　87
評価方法　85
ヒント　131
頻度の絞り込み　58
フィードバック　117
不確実　107
複合語　37, 82
複合問題　11
複雑化　3, 119
複雑性　15
複数文献　32, 53, 81, 125
不透明性　15
部分　26
不用語辞書　39
ブラウザ　50
ブラウジング　33
ブレインストーミング　148
プログラム構造　18

文献間　23, 42, 125
文献群　23
文章　4, 91, 144, 191, 221
分析結果　73, 84
分析手法　61
文脈　40, 124
編集機能　52
包含関係　11
方法論　27, 227
方略　24

ま

マージ　53
マスコミ　117
マップ　13, 50
満足度　86
未知の現象　12
矛盾　20, 158, 191
命題　17
メモ　25
網羅的な関係　36
文字数　99
文字列　42
モデル　60
問題意識　61, 111, 145, 185
問題解決　3, 13, 91, 153, 195
問題解決支援　6, 196, 229
問題解決能力　5, 90
問題回答型　94
問題構造　11, 90, 178, 219
問題構造図　13, 41, 79, 169, 209
問題設定　20
問題の本質　4, 25, 107, 114, 130, 186
問題発見　3, 95, 153, 185, 199, 231
問題発見支援　6, 94, 185, 215

や

ユーザ　35
ユーザインタフェース　30
ユニークな発想　164
要求　17, 69, 222

索　引

用語　4, 123, 182
用語数　97, 99, 155, 189
要素技術　60
要約機能　115, 217
予防的な発見支援　36

ら

ランダム　51
領域　27, 89, 180, 231
利用者　13, 72, 217, 222, 232
利用対象　77
利用目的　77
リンク　30
類型　17
類似性　23
類似度　71, 72, 127
類似文献　45, 71, 136
レビュー　117
連結の背景　52
連想関係　30, 68
連想検索　45, 69
連想能力　29
論点　111
論文　78, 218, 220, 232
論理　20
論理学　4, 16
論理構造　4
論理的関係　23

わ

枠組み　6, 16, 46, 229

著者略歴

土橋 喜(Dobashi Konomu)

1955年，福島県に生まれる
筑波大学大学院経営システム科学専攻において，計算機科学を学び，後に東京大学大学院先端学際工学では知能工学を専攻し，1996年に博士課程を修了．博士（工学）
現在，愛知大学現代中国学部助教授，情報処理，社会情報システム論を担当

情報視覚化と問題発見支援──問題構造の可視化による仮説生成
Information Visualization and Problem Finding

平成11年度文部省科学研究費補助金「研究成果公開促進費（一般学術図書）」出版

2000年2月29日 第1刷発行

著 者 土橋 喜 ©
発行所 株式会社あるむ

〒460-0012 名古屋市中区千代田3-1-12 第三記念橋ビル
TEL(052)332-0861 FAX(052)332-0862
http://www.nagoya-jp.com/arm/ E-mail : arm@a.email.ne.jp

印刷／松西印刷 製本／中部製本

INBN 4-901095-04-8 C3004